许安心 ◎著

企业品牌
危机管理研究

中国广播影视出版社

图书在版编目（CIP）数据

企业品牌危机管理研究／许安心著. —北京：中
国广播影视出版社，2017.3
ISBN 978－7－5043－7884－2

Ⅰ. ①企… Ⅱ. ①许… Ⅲ. ①品牌－企业管理－危机
管理－研究 Ⅳ. ①F273.2

中国版本图书馆 CIP 数据核字（2017）第 067678 号

企业品牌危机管理研究

许安心　著

责任编辑	杨　凡	
封面设计	文人雅士	

出版发行　中国广播影视出版社
电　　话　010－86093580　　010－86093583
社　　址　北京市西城区真武庙二条9号
邮　　编　100045
网　　址　www.crtp.com.cn
电子信箱　crtp8@sina.com

经　　销　全国各地新华书店
印　　刷　北京振兴源印务有限公司

开　　本　710毫米×1000毫米　1/16
字　　数　293(千)字
印　　张　18
版　　次　2018年3月第1版　2018年3月第1次印刷

书　　号　ISBN 978－7－5043－7884－2
定　　价　55.00元

自 序

无论是 2016 年 3 月 15 日被央视曝光的"饿了吗黑心作坊事件";还是 2016 年 4 月 3 日发生的"和颐酒店女生遇袭事件",把饿了吗、如家集团这两个知名品牌推上风口浪尖,品牌形象大大受损。继 2014 年华为成为首次进入 Interbrand(国际品牌集团〈公司名〉)发布百强全球品牌排行榜之后,华为、联想在 2015 年双双进入排行榜,这是中国品牌建设里程碑。改革开放近 40 年来,华为、联想、小米、阿里巴巴、腾讯、万科、万达、海尔、格力等众多本土品牌的崛起撑起中国经济的全球竞争力。但与此同时,近十年来万科、双汇、分众传媒、蒙牛、王老吉、五粮液、美的等国内知名品牌均发生过品牌危机事件,企业形象严重受损,甚至导致品牌衰落,而三鹿、三株、欧典、福喜等全国知名品牌因危机事件从此淡出市场。可见品牌危机对品牌伤害巨大,品牌企业应该建立品牌危机管理的常态机制。

中国文化自古就有危机管理思想的渊源,但未形成系统的理论体系。危机理论是西方政治学研究的传统课题,在 20 世纪 60 年代 – 80 年代形成一门学科,并分化为企业危机管理与公共危机管理两个分支学科。企业危机管理是一门跨学科的学问,其主题是研究企业在遭受外部危机时应该采取哪些对策,并探讨危机形势下的管理变革问题,并在长期的研究过程中形成三个基本学派:技术学派、过程学派和职能学派。品牌危机管理是 20 世纪 90 年代末以来才引起部分国内外学者的关注。并在近 10 年来,中国企业品牌处于危机爆发期,危机管理成为职能学派中探讨较多的话题。众多传媒惊呼:"中国企业进入品牌危机时代!"移动互联网的普及、消费者意识的觉醒、社会公众公民意识的觉醒、面对快速发展且不规范的市场等因素,都是中国大陆企业产生品牌危机的引爆点。企业在快速发展的市场上实现跳跃式扩张,企业管理与品牌管理相对滞后于企业的发展需要,一方面产生了内生型的品牌危机,另一方面导致企业驾驭品牌危机的能力较弱。这是本书选题的基本背景,本书的出版期待总结品牌危机管理的规律，保护中国最宝贵的经济财富：品牌。

本书第 1 – 9 章由许安心撰写，第 10 章由许安心、林扦扦、邓惠萍、关娜、郭建彬等人根据相关参考资料进行编写。第一章阐述品牌危机管理研究的理论渊源与研究现状；第二章阐述了品牌危机的分类、对企业与品牌的危害与特殊意义，并对品牌危机及其相关的若干概念进行辨析；第三章进行品牌危机管理研究的理论基础分析；第四章对品牌危机形成机理进行分析；第五章阐述了品牌危机的事前管理与预警管理；第六章研究了品牌危机的应急处理对策；第七章研究品牌危机后的管理完善与品牌资产恢复、提升。第八章对中国公司与跨国公司的品牌危机管理进行比较。第九章分析了跨国公司在华品牌危机及其对中国企业自主品牌国际化经营的启示。第十章对 2008 – 2015 年品牌危机管理案例进行汇编与分析。

在本书的编写过程中，作者参考和引用了国内外大量的研究成果和文献，在此向所有参考文献的作者表示感谢。本书的撰写过程中得到我的博士生导师乌家培先生、博士后导师吕一林教授与黄志刚教授以及福建农林大学管理学院陈秋华院长、石德金副院长、陈贵松副院长的指导，得到中央民族大学出版社的关心和帮助，并得到福建省商务厅研究基地海峡商业管理研究中心的资助，对此向他们表示衷心的感谢。

目 录
contents

第一章
品牌危机管理研究的理论渊源与研究现状

本章主要分析企业危机管理和品牌危机管理的渊源、发展过程及国内外文献研究情况。

1.1　中国古代危机管理思想与国外危机管理理论的渊源

擅于运用危机管理角度思考事物是中国古代民众的思维特点之一，危机思维方式也深刻地体现在博大精深的中国传统文化之中。作为精神层面的危机思维，往往是依赖着书籍、字画、语言等文化载体而繁衍昌盛。殷、周两大时期，是我国危机管理思想的萌芽阶段，随后便出现许多能够体现危机管理思想的著作，其中的典型代表便属《周易》和《孙子兵法》这两部巨著。

危机理论是西方政治学所研究的传统课题之一，主要利用它来分析政治危机，包括政治制度变迁、政权和政府的变更、政治冲突、战争、自然灾害等现象。在20世纪60至80年代，伴随着研究领域从政治领域向经济和社会领域、从自然灾害领域向公共危机管理领域的跨越式转变，危机管理研究迎来发展的第一次高潮。于是，危机管理不仅成为一门学科，并被分为企业危机管理和公共危机管理这两个既独立发展又相互联系的分支学科，而且成为高等教育学科与专业，成为一种社会职业。

1.2　企业危机管理的发展

关于企业危机管理的研究，国外最早可以追溯到第一次世界大战之后。当美国面临严重经济萧条的国情时，危机管理作为企业防卫管理而产生运行，此时的它只不过是单纯的危机对策、保险管理、安全技术和防灾计划。随后，由于企业经济条件、竞争环境和经营状况的复杂化和多样化，企业对危机管理便逐渐向组织化、系统化的方向发展。

20 世纪 60 年代，美国学者 R. 布莱克（R. Blake）和 I. 穆顿（I. Mouton）对领导行为的有效性进行研究，他们率先从企业组织因素来考察有效领导和无效领导的行为差异，并建立出一套指标系统来评价企业内部的不信任行为、冲突行为、无效行为、沟通障碍和失误等现象。20 世纪 80 年代初，部分学者开始将政治科学中的危机管理理论扩展到经济与管理领域，探讨企业在陷入危机后的紧急对策问题。20 世纪 80 年代末，美国学者在研究企业危机现象时，创新提出将管理失误作为危机产生因素来研究危机来源的过程机理。由此看来，国外学者对企业危机的概念界定、产生原因、预防措施、危机后的管理等方面都曾进行透彻研究，已形成较为完整的理论。企业危机管理作为一门跨学科的学问，它全面整合了企业管理、危机管理、公共关系、营销管理、财务管理、政治学、心理学、传播学、法律等多门学科，其核心主题是研究企业在遭受外部危机时应该采取哪些对策，并探讨危机形势下企业如何进行管理或变革。

1.3　企业危机管理的三个基本学派

1.3.1　企业危机管理的技术学派

对危机管理这一概念的研究，早期学者大多数都是针对"发生危机后，企业如何进行危机处理"这一问题进行思考，但对"如何有效地预防危机的发生"并没有回答。随后，便产生危机预警技术，本书称之为危机管理的技术学派。

1.3.2　企业危机管理的过程学派

随着危机管理理论的不断发展和深化，针对危机管理的过程研究随之产生，其中以芬克为代表。他们强调危机管理是一个过程，本书称之为危机管理的过程学派。

1.3.3 企业危机管理的职能学派

危机往往发生在企业的不同方面，美国学者针对领导行为的有效性进行了探讨，并开创出企业职能方面在危机管理中的研究，被称为危机管理的职能学派。随着危机管理职能学派的深入研究，危机管理逐渐被应用到企业管理的各项职能中，例如领导危机管理职能、财务危机管理职能、人力资源危机管理职能、营销危机管理职能等。本书以营销危机管理职能为例进行讲解，它研究的主要内容如下所述：

（1）营销风险、营销危机与营销预警理论

史密斯和罗伯特·J·托马斯、约翰·A·奎尔奇提出企业因退货而造成的营销危机，并阐明如何通过产品开发、沟通以及服务等措施来化解危机。谢科范、罗险峰提出市场风险预警系统，并进一步细化解释市场结构风险预警、市场需求风险预警、市场竞争风险预警、企业生存风险预警等问题。佘廉对企业营销的风险预警问题进行探讨，重点对营销自然环境风险、企业竞争风险、顾客风险、供应风险和第三方风险这五大问题进行研究，进而提出相应的指标体系，并在此基础上给出相应的警限。张云起主要探讨营销风险的识别、衡量、控制与处理方法，重点阐述营销过程中的客户资信风险、销售合同风险、贷款回收风险、人员道德风险等问题。杨剑英研究了优秀或不良的企业文化对营销观念和营销策略的潜在影响，深刻剖析不良企业文化对企业的营销危机（产品、分销、定价和促销策略危机及营销变革危机）的影响机理，并以企业文化的管理机理为立足点，依托危机预警理论和危机处理理论，简明讲解企业营销危机的文化层面的解决对策。

（2）营销安全与品牌安全理论

营销安全理论，是李蔚率先提出的。他以经济安全理论为依托，提出企业营销安全的结构模型，确立出企业营销安全预警的基本指标，构建出企业营销安全预警体系，并详细阐述出营销安全预警管理的主要措施。同时，他认为品牌安全管理的内容包括：品牌内涵安全（品牌理念安全、品牌联想安全、品牌个性安全）、品牌形式安全（品牌商标安全、品牌产品安全、品牌服务安全）、品牌策略安全；品牌安全的预警指标体系包括：品牌美誉度与毁誉度、品牌知名度（指名购买某品牌产品的顾客人数比例）与负知名度（指名不购买某品牌产品的顾客人数比例)、品牌满意度与抱怨度。

总而言之，以营销危机管理职能为主题的研究，为品牌危机管理的研究奠定了基础。

1.4　品牌危机管理理论研究综述

1.4.1　国外品牌危机管理理论研究综述

自 20 世纪 90 年代末以来，一些西方学者便兴起研究品牌危机的浪潮，媒体对企业品牌负面报道（negative publicity）频率，每天也都在增加。

（1）品牌危机发生的原因

Peter Farquhar 认为导致品牌危机发生的原因可分为两类，一类是高度清晰的由各种重大事件引发品牌危机，管理者对此会引起相当的重视；另一类是品牌蛀虫（brand gremlins），在大多数组织中可能是感觉不到的，不会引起管理者的重视。品牌蛀虫是指那些看起来很小却能反复给顾客带来伤害的人们、工序以及其他慢性影响品牌的活动。最常见的有信任消失（Loss of trust）、尊敬消失（Loss of esteem）、差异化消失（Loss of distinctiveness）、价值消失（Loss of value）、关联性的消失（loss of relevance）、渠道流失（Loss of distribution）这 6 种形式。企业品牌负面报道是影响消费者购买决策最主要的因素之一，但它的潜在影响却会令人惊讶的。首先，一般来说，由于媒体的公信力比广告更强，因而具有更大的影响力。其次，因为媒体更喜欢报导坏新闻，企业更有可能受到负面报道的影响。第三，负面的信息比正面的信息更具穿透力，即所谓的否定效应，这意味着消费者在品牌判断中更加考虑负面信息。相应地，负面的媒体报导，也颇受专家的青睐。随着产品的复杂性的增加、立法更为严厉、消费者要求更高、媒体更多的关注，可以预测品牌危机报道会更加频繁。

（2）品牌危机对品牌的影响

品牌的负面报道对公众焦点中的企业品牌有诸多影响，如降低品牌广告的效果、破坏品牌声誉、降低品牌资产、消费者否定的态度、不受欢迎的联想等。而米凯尔·达伦（Micael Dahlen），弗雷德里·兰格（Fredrld Lange）认为一个品牌危机会影响消费者对整个产品类别品性的评价，并且对相似品牌的评价也是负面的，而对不相似品牌评价是积极的；品牌的命运不仅控制在经营人的手中，而且还控制在消费者和媒体的手中，因为他们很大程度上决定了该品牌的信誉。戴维斯（Davis）认为若处理得好，一场品牌危机可使企业品牌更上一层楼；若处理不当，一场品牌危机也可让百年品牌毁于一旦，更有甚者导致企业灭亡。

（3）品牌危机处理对策

Micael Dahlen，Fredrld Lange 提出企业应该通过对品牌进行交叉定位（across – class）的措施来有效规避竞争品牌危机的风险并从中受益，品牌沟通和品牌形象必须得到经常的提升（Brand communication and tracking must be frequently updated）。Davis 认为处理品牌危机的技巧包括：正视品牌危机、诚恳、快速反应、显示出同情心和关切、不要自我保护和挑战、采取具体补救行动、企业最高领导人要向媒体公布信息、避免企业重犯类似错误。邓恩（Dunne），大卫（David）从研究 Tylenol 的品牌危机事件中得出品牌危机管理的五条教训：建设强势品牌、从一开始就诚实、准确而迅速的行动、负责任、给顾客一个理由再信任你。尼玛尔·库马尔（Nirmal Kumar）和纳德·特瓦所里（Nader Tavassoli）认为处理好质量产品召回事件是建设品牌的良好机会，要防止其成为整个企业品牌危机。

1.4.2 国内品牌危机管理理论研究综述

杨林在《福建标准化信息》1997 年 3 期发表"我国企业合资中的品牌危机及其对策"，郭惠民在《中国名牌》1999 年 1 期发表"控制品牌危机"，这两位学者率先拉开中国大陆品牌危机研究的序幕。到 2007 年 12 月，CNKI 检索显示我国大陆共发表论文 172 篇，其中期刊论文 94 篇，硕士论文 4 篇，报纸 72 篇，会议论文 2 篇。随着 2005、2006、2007 这三年中国品牌危机事件的频繁发生现象，众多学者和咨询界人士便纷纷开始品牌危机的研究，近三年发表的论文占一半以上。虽然品牌危机管理问题受到企业界和学术界的极大重视，但很少有学者对品牌危机进行持续、深入、系统的研究。经过大量资料搜寻，本文总结出我国大陆学者对品牌危机管理研究总体上分为以下六类：

（1）品牌危机的综合研究

卢冰将品牌危机周期划分为潜伏期、触发期、平台期、休眠期，并勾勒出品牌危机周期示意图。结合品牌危机周期，他认为品牌危机管理应包括品牌危机事前的防范与准备、事中的反应、事后的恢复与重振这三大部分。蒋波从品牌自身以及企业的内外部环境等角度入手，分析出企业品牌危机产生的原因，进而详细介绍品牌危机的处理方式和应遵循的原则，并从企业品牌危机的预防管理、反应管理（沟通管理、媒体管理、形象管理）、恢复管理这三个角度构建出企业品牌危机管理体系。

（2）品牌危机评价与预警

刘庆玉、吴烽在认为品牌本质是一个复杂的价值体系，具体内容见表1.1。以此为准则，他们提出品牌预警系统模式（应该坚持全程预警、全面预警、全员预警、互动预警等模式）和预警指标体系层次表，具体详见表1.2。吴旭燕经研究提出基于 AHP 的企业品牌危机模糊综合评价方法。钟唯希构建出品牌预警管理系统与品牌预警管理监测指标体系，如图1.1 所示。

表 1.1　品牌价值系统分层示意表

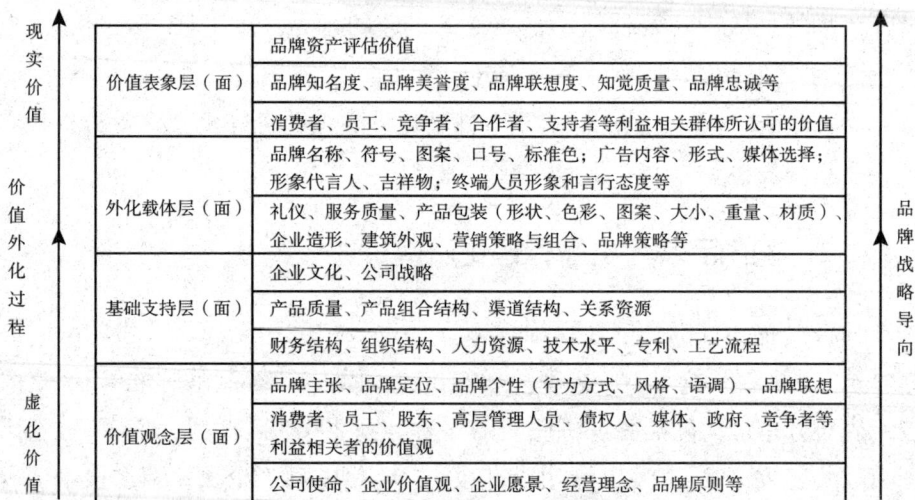

现实价值 / 价值外化过程 / 虚化价值	价值表象层（面）	品牌资产评估价值
		品牌知名度、品牌美誉度、品牌联想度、知觉质量、品牌忠诚等
		消费者、员工、竞争者、合作者、支持者等利益相关群体所认可的价值
	外化载体层（面）	品牌名称、符号、图案、口号、标准色；广告内容、形式、媒体选择；形象代言人、吉祥物；终端人员形象和言行态度等
		礼仪、服务质量、产品包装（形状、色彩、图案、大小、重量、材质）、企业造形、建筑外观、营销策略与组合、品牌策略等
	基础支持层（面）	企业文化、公司战略
		产品质量、产品组合结构、渠道结构、关系资源
		财务结构、组织结构、人力资源、技术水平、专利、工艺流程
	价值观念层（面）	品牌主张、品牌定位、品牌个性（行为方式、风格、语调）、品牌联想
		消费者、员工、股东、高层管理人员、债权人、媒体、政府、竞争者等利益相关者的价值观
		公司使命、企业价值观、企业愿景、经营理念、品牌原则等

（左侧纵向：现实价值、价值外化过程、虚化价值；右侧纵向：品牌战略导向）

表 1.2　预警指标体系层次表

外部环境指标	来自于政治、经济、行业、技术等方面的冲击
价值表象层（面）指标	市场占有率、品牌资产评估价值
	品牌知名度、品牌美誉度、品牌联想度、知觉质量、品牌忠诚等
	消费者、员工、竞争者、合作者、支持者等利益相关群体所认可的价值等

续　表

外化载体 层（面）指标	品牌符号、图像、口号；广告内容、形式、媒体选择；形象代言人、终端人员形象和言行态度等
	产品包装（形状、色彩、图案、大小、重量、材质）、营销策略与组合、品牌策略等
基础支持 层（面）指标	企业文化、战略等
	产品质量、产品组合结构、渠道结构、关系资源等
	财务结构、组织结构、人力资源、技术水平、专利、工艺流程等
价值观念 层（面）指标	品牌主张、品牌定位、品牌个性（行为方式、风格、语调）等
	消费者、员工、股东、高层管理人员、债权人、媒体、政府、竞争者等利益相关者的价值观等
	公司使命、企业价值观、经营理念、品牌原则、品牌联想等

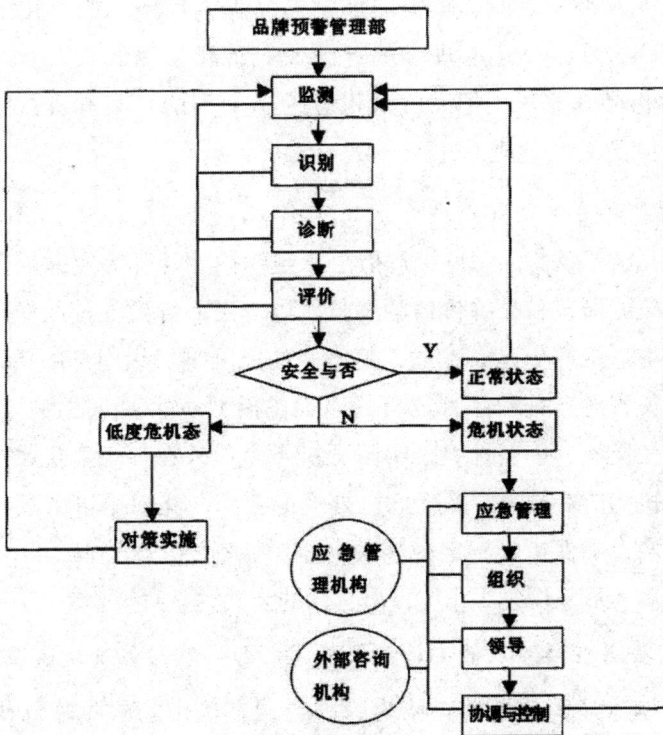

图1.1　品牌预警管理系统工作流程图

（3）品牌危机产生原因

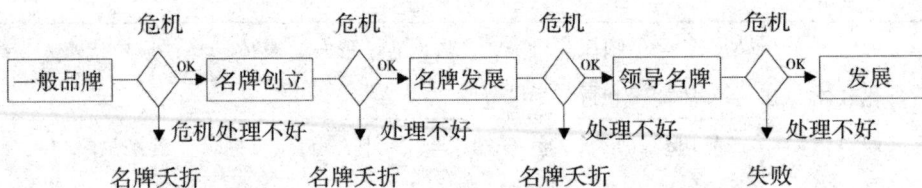

图1.2　名牌运动规律

　　王兴元、李建伟总结多个学者研究成果后，发现名牌危机运动规律，如图1.2所示。他们提出名牌危机形成机理，即适者生存机理、名牌生命周期机理、木桶机理、熵增机理、"骨牌"效应机理、排他性竞争机理、系统非平衡发展机理、逆水行舟机理。也论述了名牌危机的识别，并认为有宏观环境制约型危机、内部资源型危机、市场紊乱型危机、产品质量危机、对抗竞争危机、组织管理混乱危机、媒体舆论危机、技术失败危机、权益纠纷危机、形象破坏危机、信誉与信用危机、战略失误危机等名牌危机类型。张兵武认为消费者话语权的强化、信息传播的核裂变效应、竞争的加剧等品牌生存环境的变化会使品牌危机的危害程度加强。沈云林用心理学的近因效应解释品牌危机。李兴国则从"感受"的视角解析品牌危机，把品牌危机分为感受到的真实危机、感受到的虚假危机、未感受到的真实危机。

（4）品牌危机管理的公关策略

　　余明阳、杨芳平认为品牌危机是指由于组织内、外部突发原因造成的始料不及的对品牌形象的损害和品牌价值的降低，以及由此导致的使组织陷入困难和危险的状态。品牌危机产生是必然的，其产生的原因是组织内部的错误、组织外部的伤害、自然灾害等。处理品牌危机的原则包括主动性、快捷性、诚意性、真实性、统一性、全员性、创新性。余明阳分析了企业外在环境危机系统的构成、企业外在环境危机的应对策略、品牌危机处理的要点。沈海中讲解品牌危机影响中如何安抚经销商，确保市场稳定等相关问题。徐华松、王逸凡等一批学者从危机准备、危机处理、形象恢复等角度提出具体的公共关系对策。

（5）跨国公司在华市场的品牌危机产生的原因、对策及对我国企业的启示

　　华梅芳、宗永建等一批学者认为跨国公司在华市场的品牌危机产生的原因是对中国市场及本土文化不了解、对不同国家和地区的消费者存在歧视、质量监督检测体系不完善或不符合中国政府要求、忽视中国消费者意识的觉醒、态

度傲慢等。跨国公司应采取认真研究中国市场及本土文化，重视与媒体、消费者的沟通，尊重消费者，了解消费者态度变化，了解中国的政策与法律，加强供应链的管理等对策。对中国企业启示包括：构建强势品牌、树立社会责任感、尊重媒体与消费者的知情权、增强危机意识等。鄂立彬提出我国企业利用多国行业品牌危机的发展契机的对策。

（6）跨国公司在华购并、合资过程中给我国企业带来的品牌危机及相应对策

杨林提出自主品牌对我国企业的重要性，在合资中出现卖牌合资现象的四种情形（商标意识淡薄，名牌受冲击、压价买牌控股，国内商标沦丧、资金短缺，卖牌合资不断加剧、消费者误解，企业纷奔洋牌）以及我国应对合资中的品牌危机的对策（政府扶持、健全法律机制、企业不断创新、坚定意志，增强信心）。杨茂盛、郑悦等不少学者分析了跨国公司往往出于获取中方品牌、减少竞争对手、利用中方销售渠道等目的来购并中方企业或与中方企业合资，中方品牌面临被弃用、被排挤等品牌危机，因此中方企业及中国政府应注意对中国自主品牌的保护。

1.5　本章总结

中国文化自古就有危机管理思想的渊源，但未形成系统的理论体系。危机理论是西方政治学研究的传统课题，在 20 世纪 60 年代－80 年代形成一门学科，并分化为企业危机管理与公共危机管理两个分支学科。企业危机管理是一门跨学科的学问，其主题是研究企业在遭受外部危机时应该采取哪些对策，并探讨危机形势下的管理变革，在长期的研究过程中，逐渐形成三个基本学派：技术学派、过程学派和职能学派，近几年，营销危机管理成为职能学派中探讨较多的话题。品牌危机管理是 20 世纪 90 年代末以来才引起部分国内外学者的关注。国外学者研究主要集中在品牌危机发生的原因、品牌危机对品牌的影响及其处理对策，国内学者对品牌危机研究主要集中在品牌危机周期、品牌危机评价与预警、品牌危机产生原因、品牌危机管理的公关策略、跨国公司在华市场的品牌危机产生的原因、对策及对我国企业的启示，跨国公司在华购并、合资过程中给我国企业带来的品牌危机及相应对策。

第二章
品牌危机与品牌危机管理内涵

本章主要对品牌危机、品牌危机管理等相关概念进行辨析，并重点讲解品牌危机的分类、品牌危机对企业的危害与特殊意义。

2.1 品牌危机、品牌危机管理相关概念辨析

2.1.1 危机概念以及危机与突发事件、灾难关系辨析

危机原意是表示严重困难的关头，后引申为由意外事件引起的危险和紧急的状态。美国史蒂文. 芬克认为中国人早在几百年前就领会这一思想，组成危机的两个字在汉语中分别表示危险和机会。危机实际上是一个中性词，它表示组织由于内在矛盾的激化已经不能按照原有的轨道发展下去，同时新的秩序又没有建立起来，因而产生新旧摩擦现象导致新旧两种机制都不能发挥有效的作用，随之便出现大量的失控、混乱、无序。这本质上是旧机制的危机，危机根植于旧机制中，使其运转失灵。在古希腊时代，Crimein（柯莱门）一词表示危机，其意为决定（to decide），这项决定是在危机爆发后，已面对极其险峻状况才正式开始处理的。贝尔（Coral Bell）认为，危机一词原意仅代表转折点或决定性时刻，但亦可以界定为：危机是一段期间，该段期间内某种关系中的冲突将会上升至足以威胁改变该关系的程度。赫尔曼（Hermann）认为危机是一种情景状态，其决策主体的根本目标受到威胁，在改变决策之前可获得的反应时间很有限，其发生也出乎决策主体的意料。巴顿认为，危机是一个能引起潜在负面影响、具有不确定性的大事件，这种事件及其后果可能对组织及其人员、产

品、服务、资产和声誉造成巨大的损害。美国学者罗森塔尔认为，危机是指对一个社会系统的基本价值和行为准则架构产生严重威胁，并且在时间压力和不确定性极高的情况下必须对其做出关键性决策的事件。

危机与突发事件、灾难关系辨析：三者是相互联系的不同概念，危机是人类或其生命、财产、物资、环境等面临的威胁；突发事件指突然、意外发生的紧急情况，须立即加以处理的事件；灾难是突然发生的大灾祸，是在问题发生前后未合理处理或人为力量无法控制所造成的后果。突发事件是危机的导火线，而危机处理不当则可能酿成灾难。

2.1.2　企业危机概念

奥托·勒宾格（Otto Lerbinger）认为企业危机是会对于公司未来的获利率、成长甚至生存，发生潜在威胁的事件。它具有三种特质：管理者必须认知到威胁，而且相信这种威胁会阻碍公司发展的优先目标；必须认知到如果不采取行动，情境会恶化且无法挽回；突然发生的遭遇。凯瑟琳·弗恩－班克斯（Kathleen Fearn－Banks）认为企业危机是一个主要事件可能带来阻碍企业正常交易及威胁企业生存的负面结果。迈克尔·布兰德（Michael Bland）认为企业危机是严重意外事故造成公司人员的安全或公司、产品信誉被不利宣传，而使公司陷入危险边缘。迈克尔·里杰斯特认为企业危机是一种能够使企业成为普遍关注和不适宜关注的事件，这种关注来自于国内外的媒体以及其他群体，如消费者、股东、员工、政治家、工会组织、环境保护主义组织等。

2.1.3　企业危机管理概念

斯蒂文·芬克（Steven Fink）认为企业危机管理是：对于企业前途转折点上的危机，有计划地克服风险与不确定性，使企业更能掌握自己前途的艺术。其主要观点是对风险与危机的规避艺术。菲利普·亨克斯罗（Philip Henxlowe）认为企业危机管理是对任何可能危害组织的紧急情境的处理能力。伊恩·I·米特若夫＆克里斯坦 M. 皮尔森（Ian. I. Mitroff & Christime M. Pearson）将企业危机管理界定为协助企业克服难以预料事件的心理障碍，好让经营管理者在面对最坏的状况时，能做好最充分的准备。其观点主要侧重于危机的预防与企业核心管理人员面临危机时的心理培育上。我国台湾学者朱延智将企业危机管理界定为：有计划、有组织、有系统地在企业危机爆发前，解决危机因子，并于危机爆发后，以最迅速、有效的方法，使企业转危为安。

本书把企业危机管理定义为：企业在危机发生之前做好危机管理的准备及设法识别和预测企业自身内部及其外部经济与社会环境中的危机因子，并采取有效手段防止企业危机的发生；危机发生之后，企业采取有效手段进行危机处理，使得危机对企业造成的损失降到最低程度，并寻找和利用危机中的机会；危机处理后进行总结企业危机处理的经验教训，对企业的管理进行事后调整、恢复与完善。

2.1.4　品牌概念

"品牌"一词据说起源于 19 世纪早期，盛威士忌酒木桶上的区别性标志。人们对品牌的认识和理解经历了一个从浅到深、从点到面的过程。

第一阶段：认为品牌是一种名称和标志。美国市场营销协会对品牌下的定义为：品牌是一种名称、术语、标记、符号或设计，或是它们的组合。其目的是借以辨认某个销售者或某群销售者的产品或服务，并使之同竞争对手的产品和服务区别开来。

第二阶段：品牌不仅是一种名称和标志，还是一种表达和象征（企业角度）。菲利普·科特勒认为：一个品牌不仅仅是一个名字、标志、色彩、标语或标记，往往是一个更为复杂的符号系统，它能表达出六层意思：属性、利益、价值、文化、个性、使用者。一个品牌的本质，是营销者的许诺，是向顾客持续传递特定的特性、利益和服务。

第三阶段：品牌不仅是一种名称和标志，一种表达和象征，更是一种认知和感受（顾客的角度）。大卫·奥格威对品牌的定义：品牌是一种错综复杂的象征，它是品牌属性、名称、包装、价格、历史、声誉、广告风格的无形组合，品牌同时也为消费者对其使用的印象，以及自身的经验所界定。黄昌富认为：品牌是一个系统，一个包括产品功能要素（如用途、品质、价格、包装等）、厂商和产品的形象要素（如图案、色调、广告、音乐等）、消费者的心理因素（如对企业及其产品和服务的认知、感受、态度、体验等）在内的三维综合体。

第四阶段：品牌不仅是一种标志、表达和象征、认知和感受，还是一种关系。乌家培认为品牌是一种名称和标志、承诺和象征、认同和信任、关系和系统，反映企业及其产品与服务能满足消费者物质和精神需求的能力，能为利益相关者带来溢价或权益，可为企业或国家扩大市场占有率和提高核心竞争力。苏勇认为：品牌不仅仅是一种符号结构，一种错综复杂的象征，更是企业、产品、社会的文化形态的综合反映和体现；品牌不仅是企业一项产权和消费者的认知，更是企业、产品与消费者之间关系的载体。陆娟认为：品牌是一个系统，是产品或企业市场属性的综合体现，是企业与顾客之间的关系性契约。

从以上分析，可以得知：品牌不仅具有识别功能，还具有表意功能、促销功能、竞争功能等增值功能，因此具有价值性与资产性。

2.1.5 品牌安全与品牌危机概念及其关系辨析

尧军文认为品牌安全是指一个品牌给消费者带来的品牌联想具有高强度、高赞誉度、高独特性，并且具有高度的品牌危机意识。品牌安全包括在时间上的安全（今天、明天和未来）、在空间上的安全（在同一时间里，由内到外构成品牌的各个层次是安全的，主要包括品牌核心价值的安全、基于品牌核心价值的品牌识别的安全、用品牌识别所统帅的企业营销传播的安全）。李蔚认为品牌安全包括品牌内涵安全、品牌形式层安全、品牌策略安全，如图 2.1。

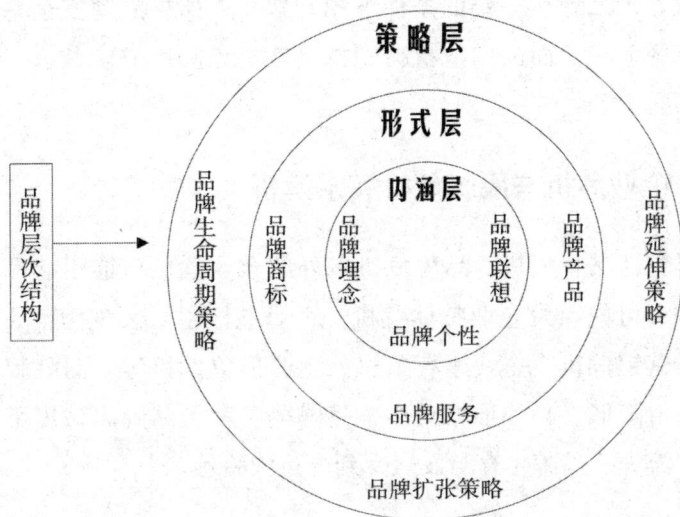

图 2.1 品牌安全层次结构图

卢冰认为品牌危机是指由于企业外部环境的变化或企业品牌运营管理过程中的失误，而对企业品牌形象造成不良影响，并在很短的时间内波及社会公众，进而大幅度降低企业品牌价值，甚至危及企业生存的窘困状态。蒋波认为品牌危机是威胁到品牌价值的突发事件，这类事件会产生一系列连锁的不良反应，对企业内部所有人员的心理会造成极大的震撼，要求管理者必须在尽量短的时间内迅速、明智地解决，而且处理的结果绝对会对品牌的生存和发展产生极大的影响。钟唯希认为品牌危机是指由于企业自身、竞争对手、顾客或其他外部环境等因素的突变，以及品牌运营或营销管理的失常，从而对品牌整体形象造成不良影响并造成社会公众对品牌的信任危机，使品牌乃至企业本身信誉大为减损，进而危及品牌甚至是企业生存的危机状态。品牌危机主要表现在品牌形象受损、品牌忠诚受到严重侵蚀、品牌生存受到严重威胁。

本书认为品牌危机是由于企业外部环境的变化、品牌战略管理、品牌运营管理及企业管理失误等各个因素引起的，可能造成品牌形象受损（如品牌美誉度与品牌忠诚度下降、品牌信仰消失、客户流失、品牌资产降低、品牌老化等）；或者品牌生存的法律权可能被剥夺（如品牌商标或域名被抢注、品牌被强制收购、拍卖等）；或者可能危及企业生存和发展而使品牌失去生存和发展的根基（如企业财务危机）。

品牌危机与品牌安全的辩证关系：辩证地看，品牌安全与品牌危机是矛盾对立统一的双方，二者在一定的条件下相互转化。如果品牌安全恶化到一定程度就会发生品牌危机；而品牌危机得到控制就进入品牌安全状态，品牌危机失控就是品牌不安全。

2.1.6　企业危机与品牌危机关系辨析

企业危机包括品牌危机，品牌危机以外的企业危机可能引起品牌危机，而品牌危机失控也可能引发企业整体危机。企业危机主要表现为：人员危机、财务危机、市场营销危机、企业生存危机、企业形象危机等。而品牌危机主要表现为：品牌价值降低、品牌形象受损、品牌美誉度与品牌忠诚度下降、品牌信仰消失、客户流失、品牌生存与发展受到严重威胁等。

2.1.7　品牌危机管理概念

卢冰认为品牌危机管理是指在品牌生命周期中，采取恰当的管理活动，以便尽可能避免导致品牌价值损失事件的发生，以及在发生品牌危机后尽可能降低品牌价值的损失。蒋波认为品牌危机管理是指企业针对可能发生的危机和已经发生的危机所采取的管理行为，包括为预防品牌危机的发生；或在危机发生后能有效减轻危机所造成的损害，使品牌能尽早从危机中恢复过来；或为某种目的而让危机在有良好控制的情况下发生等情况。

本书认为品牌危机管理包括对品牌战略与品牌具体运营的评价与诊断、品牌危机事前管理与预警、品牌危机的应急处理、品牌危机后的管理完善与品牌资产恢复、提升。

2.1.8　企业危机管理与品牌危机管理关系辨析

品牌危机管理是企业危机管理的重要组成部分，两者相辅相成，品牌危机管理有助于企业整体运行质量提高，减轻品牌危机对整个企业的冲击；企业危机管理也有助于提高品牌抗危机能力，减轻企业危机对品牌的冲击。

2.2　品牌危机的分类

按照品牌危机产生的时间及对品牌的影响方式不同，品牌危机可以分成以下两类：

2.2.1　急性品牌危机

这类品牌危机往往缺少征兆，爆发时间规律不可循，一般由外部环境急速动荡变化所引起，或企业内部重大工作事故、重大产品质量事故所引起的。例如：肯德基的涉红事件、雀巢奶粉的典超标事件、光明回炉奶事件、欧典地板虚假宣传事件、戴尔笔记本爆炸事件、力帆翻车门事件、华硕笔记本电脑爆炸事件、摩托罗拉手机电池爆炸事件等。

2.2.2　慢性品牌危机

这类品牌危机从表面上看起来似乎一切正常，但实际上危机在企业周围慢慢渗透发展，如品牌老化现象。而且一旦量变积累到质变，这样的品牌就基本上无药可救，如太阳神和许多中华老字号的命运。慢性品牌危机往往由于品牌战略管理、品牌运营管理不当所引起；或者是企业战略失误、组织机构不合理、管理体制不科学、公司文化落后因素导致；或是企业人力资源、财务、生产、研发、物流等管理不当所引起；也有可能是外界环境产生变化引起的，如目标市场慢慢萎缩、科技变革引发市场变革等。

2.3 品牌危机对企业与品牌的危害与特殊意义

2.3.1 品牌危机对企业与品牌的危害

品牌危机发生后，不可避免会对企业与品牌生存与发展产生威胁，对企业管理者构成巨大挑战。事实上，如果解决起来非常容易，并且对企业与品牌本身危害不大，危机也就不必称其为危机。

（1）影响品牌产品的销售

品牌危机发生后，在众多媒体高密度的负面报道下，消费者容易对品牌信任产生动摇，并会停止对品牌产品的使用与购买，这直接影响企业的品牌产品销售。

（2）破坏品牌声誉，降低品牌价值

众多媒体高密度的负面报道，会降低该品牌的美誉度与消费者的感知价值，使消费者的品牌忠诚度、品牌信仰产生动摇，消费者原有感知价值下降，降低消费者的购买欲望，取消或减少购买行为，最终使得品牌的市场份额降低，甚至在市场上消失。

（3）对企业管理的间接影响

当品牌危机发生后，企业的经销商、供应商、股东可能对该企业及相关品牌的信任感降低或消失，他们会采取不利于企业的行为来保护他们自己的利益，而银行也可能落井下石，停止贷款并催收已有贷款。以上品牌利益关系人的行为势必会进一步加深企业的财务危机，可能使企业正常的生产秩序受到干扰，使得企业的研发、生产技术与设备的投入受到影响。另一方面，品牌危机发生后，众多员工人心惶惶，这可能会影响员工队伍的稳定与工作的积极性。

2.3.2 品牌危机对企业与品牌的特殊意义

任何事物都是一分为二的，危险与机会是可以相互转化的，正所谓"祸兮福所倚，福兮祸所伏"。诺曼．R.奥古斯丁曾经说过的："每一次危机本身既包含导致失败的根源，也孕育着成功的种子。发现、培育，以便收获这个潜在的成功机会，就是危机管理的精髓；而习惯于错误地估计形势，并令事态进一步恶化，则是不良的危机管理的典型特征。"因危机管理得当而受益者更有之，如强生泰诺中毒事件、三鹿阜阳劣质奶粉事件、乐无烟形象代言人病逝事件等。

（1）利用品牌危机管理的教训与经验来强化品牌抵抗危机的能力

品牌危机事件不能笼统地被认为是只会对品牌起破坏作用的事件。事实上，企业可以利用该品牌危机来培养和强化品牌自身的抗危机能力。与品牌危机相联系的学习过程，依赖于是否对提供品牌危机知识的有关事件进行全面分析。不过，增加的品牌危机知识不会自动形成品牌的抗危机能力，这仅仅是第一个条件。第二个条件是变革和转换，它的完成需要在两个层次上进行操作，首先是要重新调整和开发新的企业组织规则，其次是鼓励品牌在危机冲击下对已失效的组织做出转换。

（2）利用品牌危机管理的教训与经验来提升企业的竞争优势

对品牌危机进行管理，是企业学习和培养新竞争优势的独特机会。抗危机能力已成为品牌的另一重要资源，它代表着增强品牌竞争优势的一种源泉。管理品牌危机的能力可以被作为一种战略资源，并加以分析。现代企业面对不稳定、不利环境的可能性越来越大，这些环境一方面会使企业陷入阶段性危机；但另一方面也正是由于危机的存在，会促使企业进行持续变革，不断反思它们的运作模式、控制机制和基础假设，把危机作为商业经营中正常的现象来对待。品牌危机能使企业与环境两者的复杂关系明朗化，它可以验证出品牌管理反应能力的限制因素，而所有限制因素在正常情况下都是具有隐蔽性，难以为企业所察觉，对这些限制因素的管理更是难上加难。危机发生过后，企业可以"亡羊补牢"，加强对这些限制因素的运作管理。

（3）品牌危机可能存在树立品牌形象，提升品牌资产的机会

企业对品牌危机的处理可以再一次证明和展示企业对客户的关心程度、对社会的责任强弱以及公司的道德标准。如果危机管理处理得当，可以树立或强化公司维护消费者权益、保障产品质量安全的诚信品牌形象，进一步提升品牌资产。

2.4 本章总结

本章重点对危机、企业危机、企业危机管理、品牌、品牌危机、品牌安全、品牌危机管理等若干概念及其关系进行辨析。本书认为品牌危机是由于企业外部环境的变化及品牌战略管理、品牌运营管理、企业管理失误等因素引起的，可能造成品牌形象受损；或者品牌生存的法律权可能被剥夺；或者可能危及企业生存和发展而使品牌失去生存和发展的根基。本书认为品牌危机管理包括对品牌战略与品牌具体运营的评价与诊断、品牌危机事前管理与预警、品牌危机的应急处理、品牌危机后的管理完善与品牌资产恢复、提升。按照品牌危机产生的时间及对品牌的影响方式不同，品牌危机可以分成急性品牌危机与慢性品牌危机。品牌危机发生后，一方面会直接影响品牌产品的销售、破坏品牌声誉、降低品牌价值，同时对企业管理产生间接影响；另一方面，企业可以利用品牌危机管理的教训与经验来强化品牌抵抗危机的能力、提升企业的竞争优势，同时品牌危机可能存在树立品牌形象，提升品牌资产的机会。

第三章
品牌危机管理研究的理论基础分析

本章主要分析品牌危机管理的经济学理论基础、管理学理论基础。

3.1　企业危机管理与品牌危机管理的经济学理论基础

3.1.1　企业危机管理与品牌危机管理的马克思主义经济学理论基础

在论述商品流通的 W－G－W 模式时，马克思提出著名的"惊险一跳理论"。他指出 W－G 是商品的第一形态变化或卖的阶段，认为商品价值从商品转换到金钱上，是商品的惊险跳跃。如果这个跳跃如果不成功，摔坏的不是商品，但一定是商品所有者。由"惊险一跳理论"可以得知，从产品到市场的过程充满着巨大的风险和危机。而市场营销的核心概念是交换，即马克思所言的 W－G 的过程。这一过程能不能实现，关键取决于产品是否满足顾客需要，当产品不满足顾客需求而出现滞销时就有可能出现企业危机、品牌危机。经济危机理论则是马克思另一个著名的理论。马克思在经济危机理论中阐明了以下观点，一是危机的必然性，二是危机的周期性，三是危机的破坏性。经济危机的发生会给企业与品牌的外部环境带来重大变故，会对企业与品牌构成威胁，企业必须尽快采取应对的危机管理措施来回避、克服和化解这些威胁，并试图把握企业外部环境危机中的机遇。例如，在 20 世纪 70 年代，全球爆发石油危机，日本的节能小汽车便大行其道。

3.1.2 企业危机管理与品牌危机管理的西方经济学基础

（1）西方经济学的经济周期理论与企业危机管理、品牌危机管理

经济周期理论认为经济波动有周期性的特征，经济周期主要包括繁荣、衰退、萧条、复苏四个阶段。经济周期会带来经济危机，从而给企业与品牌的生存与发展带来危机。对企业与品牌而言，最直接的危机是严重的产品积压和大量的销售货款难以回收，资金流产生断裂。当经济萧条之时，市场会重新洗牌，能满足消费者需求、管理能力与融资能力较强的品牌存活下来并成为市场的强势品牌；而竞争力不强的品牌消失或者被强势品牌所兼并。当经济复苏时，强势品牌凭借较高的市场占有率可以获得更大的发展。

（2）西方经济学的经济增长理论与企业危机管理、品牌危机管理

经济增长理论，探讨的是影响经济增长的因素和经济增长的规律：一是经济增长必须具有相应的支撑条件；二是经济增长具有波动性；二是经济增长具有一定的可控性。经济增长理论对企业危机管理与品牌危机管理的启发主要体现在两个方面：一是提出了企业与品牌的安全增长问题；二是企业与品牌发展过程中如何避免危机和应对危机。

（3）西方经济学的可持续发展理论与企业危机管理、品牌危机管理

可持续发展理论形成于20世纪80年代末期、90年代初，是一个新兴的经济学理论。可持续发展理论是"自然——经济——社会"复合系统的整体发展理论，涉及经济可持续发展、生态可持续发展和社会可持续发展的协调统一。可持续发展理论告诉我们，当我们的企业利益与环境利益相冲突，也就是会带来环境污染、环境破坏、环境和资源的掠夺性利用时，企业就会受到社会舆论的谴责而陷入危机，品牌形象与品牌价值也受到破坏，品牌可能由于受到媒体的大量负面报道而陷于危机。因此，品牌伦理与品牌社会责任建设对企业与品牌避免危机具有重要作用。

3.1.3 企业危机管理与品牌危机管理的中国社会主义经济理论基础

（1）不成熟市场经济理论与企业危机管理、品牌危机管理

中国社会主义经济理论认为目前中国的市场经济是一种不成熟的市场经济，

不成熟主要表现为市场化程度不够、市场体系尚不完善、市场信用体系也不健全、市场诚信还很差。中国企业面临的市场环境不成熟、不规范与不确定性，会使中国企业与品牌经营的政策性风险与市场风险增加，企业与品牌出现危机的可能性更大。

（2）转型经济理论与企业危机管理、品牌危机管理

中国社会主义经济理论认为，目前的中国经济是一种转型经济，是由计划经济向市场经济转型的经济。转型意味着变革，变革意味着打破旧体系、建立新体系；转型意味着不规范；意味着巨大的市场振荡；意味着环境的巨大变化；意味着各种不确定因素的存在。企业营销总是建立在一定市场格局上，当一种市场格局被打破，许多企业的营销基础也就随之发生变化，这时必须迅速建立以新格局为基础的新营销体系，以适应新的市场环境。当我们不能发现这种市场变化，或者发现之后又不能迅速建立新营销体系以适应新格局，企业与品牌就会陷入危机。

3.2　企业危机管理相关理论

危机管理研究已整合管理学、公共关系学、财务管理学、心理学、传播学、法律等多门学科知识，渐渐成为一套综合性的跨学科理论体系。

3.2.1　企业危机管理的系统论

起源于哲学的企业危机管理系统论，是将企业作为一个有机的生产经营组织，研究在市场所构建的平台上应如何适应环境的变化并与环境协调发展。系统论将企业自身的组织环境视为内部环境，企业实体赖以生存的环境视为外部环境，研究企业如何优化内部环境来提升企业危机处理能力（Michael Bland 1998），并通过和外部环境怎样实施有效的互动来达到企业自身的稳定状态。当作为一个组织的内部环境因某些危机因子（危机因子可能来源于实体内部或外部）与外部环境不和谐时，若内、外环境间的信息通道不畅或内部环境的信息传输受阻、决策反应迟缓、机制不完善（Stephe. P. Banks, 1995）等，企业危机就有可能发生。因此系统论的倡导者建议企业管理者从检测环境的变化（规避风险）、优化内部环境（完善组织结构）、构建畅通的环境信息渠道等方面来

实施危机管理策略。

3.2.2 企业危机管理的结构论

我国台湾学者朱延智，在美国学者波特提出"5 种竞争作用力"架构模型的基础上构建了企业危机管理的结构论。该理论着重强调：企业如何采取积极的反应来应对外部环境的变化压力，以达到规避风险与危机的目的；并将企业危机的来源主要锁定于企业所处的外部环境之中，而企业危机管理的重心不再只是注重内部效率性的规范管理。他分别从供应商的背离、同行业竞争威胁、替代品威胁、潜在竞争者的挑战等四个方面详细阐述了企业有可能面临的外在危机。企业危机管理结构论的观点从总体角度观察并深入剖析企业所处外部环境的变化，使企业可以从战略管理层面来实施应对环境威胁。可以说，该理论将企业危机管理纳入战略管理范畴，提升了危机在企业管理中地位。

3.2.3 企业危机管理的生命周期论

SIMON A. BOOTH 首先提出企业危机管理的生命周期理论。他根据企业危机的成长特性，将企业危机管理划分为危机酝酿期、危机爆发期、危机扩散期、危机处理期、危机处理结果及后遗症期这五个阶段，并详细阐述各个阶段的生命特征及企业的处理策略。罗伯特·希斯（Robert Heath）教授提出危机管理的"缩减－预备－反映－恢复"4R 模型。

3.2.4 企业危机管理的扩散论

企业危机管理的扩散理论是研究危机管理的新方向，它是危机理论、经济学、大众传播学、公共关系学、社会心理学等理论体系的结合体，在此基础上所构建的危机扩散架构如图 3.1 所示：

危机爆发 → 媒体效应 → 形象危机 → 财务危机 → 生存危机

图 3.1 企业危机扩散理论的扩散架构

该理论从危机杀伤力的强度、传播效果、认知结构、恐慌、从众行为、过去企业解决危机的能力表现，以及危机扩散与危机处理两者之间的时间落差等七个层面探析了危机得以扩散的动力与根源，从而为企业管理者指明遏制危机扩散的策略导向。针对企业危机扩散论，杰弗里 R. 卡波尼格罗（Jeffrey R. Caponigro）提出危机沟通管理理论。该理论研究的内容主要集中在发生危机中的企业如何与利益相关者（包括顾客、用户、企业成员、投资者、供应商、服务机构、债权人与债务人等）和利益弱相关体（媒体与其他施压集团等）的沟通与管理上。针对图 3.1 所示媒体效应的优先序列性，美国学者罗伯特·希斯（Robert Heath）建议将媒体管理纳入企业战略管理，并对如何从战略层面管理媒体深入研究。

3.2.5　危机管理的危机变化结构论

危机变化结构论，是由美国学者艾恩·I·米特罗夫（Ian I. Mitrof）提出。该理论指出危机形态与风险、危机管理机制、危机管理系统、利益关系人是企业危机管理中的四大关键因素，并强调企业必须对它们在危机爆发前、中、后实施有计划的管理。危机变化结构论指出企业高级管理层在危机处理中的核心作用，并建议高级管理者应加强危机警戒意识，及时做出正确抉择，转危为安或转危为机。同时，危机变数的动态与互动理论为企业危机管理者敲响了危机易变、易整合的警钟，并建议管理者在处理危机时要做出全面的应对策略。

3.2.6　基于核心能力的企业危机管理理论

经济全球化所造就的竞争环境，一方面使得企业有较大生存与发展空间，另一方面使得企业面对成长的压力也越来越大、甚至稍有疏忽就有可能出现危及存亡的危机。企业的核心能力被认为是企业健康、持续发展的特殊本质，是企业规避、处理危机的能动武器。企业核心能力的本质是企业特有的知识与资源，存在于人、组织、环境、资产（设备）等不同的载体之中，并以格式化知识、能力、专长、信息、资源、价值观等多种形式表现出来。实证研究表明：企业核心能力的提高与企业健康、持续的发展和规避、处理危机的能力是正相关的。

3.2.7 基于可持续发展的企业危机管理理论

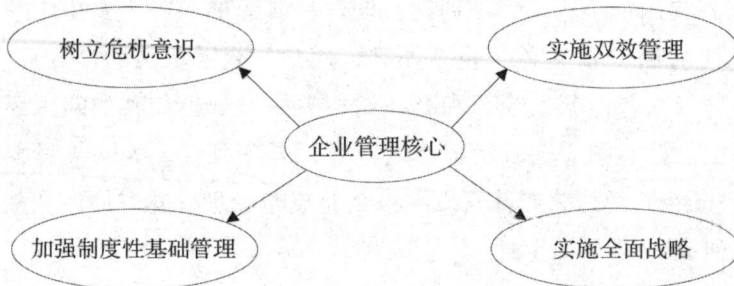

图 3.2 基于可持续发展的企业危机管理架构

企业危机管理可持续发展理论的提出,是对现有企业危机管理理论的拓延。它是以市场竞争中企业的危机意识为研究起点,综合分析、系统思考一般企业的发展问题,其目的是提高企业健康、持续发展的竞争能力。它一方面是研究企业如何发挥自身优势,获得持续、健康发展;另一方面是研究企业如何规避、处理企业危机。基于可持续发展的企业危机管理理论要求企业重视基础管理的制度性能动作用,并在发展中实施全面创新,而不能将危机管理仅限于预防危机、处理危机等层面的管理与创新。

3.2.8 企业危机预警理论

企业危机预警研究大致可以按照企业预警原理,以总体经营趋势、行业企业预警、职能预警进行归类。其中,职能预警可分为企业财务风险预警、企业营销风险预警、企业组织管理风险预警、企业战略预警、安全生产预警、研发预警、投资预警等。企业预警方法包括指标体系法、预警模型法和综合评分法,分别对应于预警系统不同阶段的处理方法。在指标体系建立阶段用指标体系法,可以完成指标的筛选、修正和处理;预警模型法用于确定警度,划分警限;综合评分法用于确定各指标运行状态最后汇总求值。

3.3　品牌战略理论

3.3.1　品牌资产的内涵

品牌资产可以从消费者层面和企业层面来理解。艾克（Aaker）认为品牌资产指与品牌、名称和标识等相关的一系列资产或负债，可以增加或减少通过产品或服务给企业或顾客的价值。品牌资产包括：品牌忠诚、品牌认知、感知质量、品牌联想、其他专有资产（如专利、商标、渠道关系等）五个方面，这些资产提供给企业多种利益和价值。

站在企业的立场上，强势品牌的价值根源是赋予企业以特别的市场力量，主要表现在以下三个方面：

（1）强势品牌能给企业带来品牌认知、品牌忠诚与品牌溢价

强势品牌与零售商、中间商的博弈中更加主动，降低交易成本与交易周期，并能以相对较高的价格实现较高的销售额。

（2）强势品牌使得企业经营能跨越市场界限

市场界限的跨越主要表现在时间、空间与文化这三个层次上。在时间上，进行有效管理的强势品牌能经久不衰，并有助于企业在经历逆境中少受波及；在空间上，企业可以借助已有的强势品牌进行品牌扩展，涉足其他行业；在文化上，一个著名品牌可以轻松跨越不同的文化意识形态，如可口可乐、麦当劳在全世界大部分国家和地区都能拥有一席之地。

（3）强势品牌对企业内部员工也有着积极影响

强势品牌可以鼓励企业员工，因为"最好的人，才想为最好的品牌工作；品牌使得复杂的内部决策变得较容易；强劲品牌将从内心激励人们"。

3.3.2　品牌资产的两重性

（1）真实基础性

首先品牌价值的形成往往是对品牌大量投资的结果，品牌价值的持续性也往往依赖于品牌投资的持续性。其次，就企业而言，品牌价值体现为品牌的财

务成果，而该财务成果可以通过特定的价值评估并以无形资产的形式在企业的资产负债表中体现出来。第三，品牌价值还表现为品牌溢价能力与品牌的市场竞争能力。

（2）空中楼阁性

品牌依托于企业的产品，但品牌价值又受制于消费者对品牌的感知、识别、联想、忠诚，它存在于消费者的心中。也就是说，品牌价值涉及消费者的心理，具有很大程度上的虚拟性，容易受外生变量的影响而出现大幅度变化。市场的变化既可能使产品取得很高的品牌附加价值，也可能由于企业营销活动的失误。未能有效保持产品质量、主观地更新产品性能、不能保证品牌承诺的兑现等行为，都会使企业的品牌价值迅速贬值。例如，2006 年宝洁公司旗下的 SK－Ⅱ化妆品事件使该产品在中国市场上迅速消失，并影响宝洁公司的整体形象；安然公司的假账风波导致一个名列世界五百强的公司破产。

品牌资产的真实基础性在很大程度上意味着品牌市场力量的稳定性，而其空中楼阁性则反映出拥有强大市场力量的品牌具有脆弱性，这就是品牌的"力量悖论"。因此，企业一方面要积极培育品牌资产、塑造品牌竞争力，另一方面要进行品牌危机管理、防止品牌资产被破坏。

3.3.3　品牌管理理论

品牌管理是指企业通过在企业品牌与消费者之间缔造更为深远和持久的互动关系，通过不断组织和整合企业的内外部资源提升企业的品牌资产，是最终使品牌资产得到提升的对品牌的全方位、全过程的管理。品牌管理应包含三方面的核心职能：品牌战略管理、品牌运营管理和品牌危机管理，它们构成了品牌管理"凳子模型"的三个支柱，共同支撑着"品牌价值"。三个职能在企业品牌价值管理过程中相互融合、彼此密切影响。从品牌资产的角度考察，它们分别代表了对品牌资产的设计、品牌资产的创造与积累、防止品牌资产下降这整个管理过程。

（1）品牌战略管理

品牌战略管理内容包括品牌目标市场选择、品牌定位、品牌愿景、品牌个性设计、品牌符号与品牌标志设计、品牌注册与保护、品牌延伸、品牌扩张、品牌培育、品牌变革（防止品牌老化）等。品牌战略管理为品牌管理的其他两项管理职能指明了基本方向。

（2）品牌运营管理

品牌运营管理包括品牌管理结构（包括品牌管理部门内部结构及其协同、品牌管理部门与企业其他部门的协同）与品牌管理制度、品牌营销策略组合设计与执行（包括产品设计与包装、价格策略、分销策略）、品牌传播与沟通（包括广告、公共宣传、人力推销、销售促进）等。品牌运营管理是对品牌战略管理的具体化操作执行，使品牌战略得以实现。

（3）品牌危机管理

如果说，品牌战略管理是在设计品牌资产基础，品牌运营管理是在累积品牌资产，那么品牌危机管理则是在维护品牌资产，并在危机中寻求品牌资产提升的机会。品牌危机的常态化，使得企业必须重视品牌危机管理的机制化和规范化。

3.4 本章总结

本章主要分析了品牌危机管理的经济学与管理学理论基础。马克思的"惊险一跳理论"与"经济危机理论"解释了企业危机与品牌危机的必然性。西方经济学的经济周期理论与经济增长理论解释了企业危机与品牌危机发生的外部环境原因，并提出了品牌安全增长的命题。西方经济学的可持续发展理论则提出品牌伦理与品牌社会责任对企业与品牌避免危机的作用的命题。不成熟市场经济理论与转型经济理论解释了中国大陆企业及其品牌的风险与危机的外部制度、经济环境根源。企业危机管理的系统论、结构论、生命周期论、扩散论、危机变化结构论、预警理论，以及基于核心能力的可持续发展的企业危机管理理论，为研究品牌危机管理提供了理论基础与分析工具。品牌资产的两重性说明品牌对企业的重要性，以及品牌资产的脆弱性，企业必须重视品牌资产的维护及品牌危机管理。品牌管理的"凳子模型"反映出品牌管理包括品牌战略管理、品牌运营管理、品牌危机管理三大职能，它们分别代表了对品牌资产的设计、品牌资产的创造与积累到防止品牌资产下降的整个管理过程，品牌危机管理是品牌管理的一个重要环节。

第四章
品牌危机形成机理分析

本章从内外因模式、危机因子综合模式的视角剖析品牌危机的形成机理。

4.1 品牌危机产生机理的内外因模式

4.1.1 品牌危机产生机理的内外因模式简介

引起品牌危机的具体原因多种多样，从大的方面可分为两种：一是内因，二是外因。突发事件是品牌危机的导火线，而品牌管理缺陷是根本原因，并且品牌管理能力也会影响外因引起的品牌危机的结果。内因是品牌危机的主要来源，大多数品牌危机看似是由企业的外部原因所致，但其根源还是在企业内部，即使一部分品牌危机纯粹由于外部因素所致，但不同企业应对品牌危机的不同做法，结果还是大不相同。品牌危机的发生不是一个孤立事件，尽管品牌危机可能在某个瞬间突然发生，却是品牌管理恶化、企业管理恶化的结果。从发生和发展过程看，品牌危机是从企业内部管理不善、品牌管理不善开始的，并在外部环境波动的冲击下，使得这些失误结果逐渐累积和放大，最终导致品牌危机的爆发。因此，品牌环境突变（外因）是品牌危机产生的直接诱因，企业管理不善、品牌管理不善（内因）才是品牌危机产生并对企业及品牌造成重大危害的深层次原因。根据以上分析，企业品牌危机产生的机理可用品牌危机产生机理内外因模式表示，具体见图4.1。

4.1.2 基于内外因模式的品牌危机产生机理分析

对品牌危机产生机理的理解如下所述，详见图4.1：内部环境波动、外部环境波动产生品牌危机因子；在企业未采取对策情况下，品牌危机因子将转化为品牌危机；因此企业必须及时发现品牌危机因子，并采取相应对策。当采取的对策正确有效时，会恢复品牌安全状态；当采取对策失败时，品牌危机因子将转化为品牌危机，具体表现出为品牌价值、品牌资产下降、品牌形象破坏、品牌美誉度下降、品牌忠诚度下降、品牌信仰消失。品牌危机产生后，客户进一步流失，可能引发企业严重的财务危机；企业财务危机又可能激发企业全面危机，即人才、生产、研发、财务、营销、采购、物流等全面危机爆发；员工人心不稳，人才流失，甚至严重的会"树倒猴狲散"，各奔前程，生产、研发停滞，财务、营销、采购、物流全面瘫痪。企业全面危机爆发迫使企业停产、破产、拍卖或被收购等，使企业品牌生存与发展的根基被架空，如三株、爱多、太阳神、孔家酒等品牌。企业品牌危机意识与危机管理能力直接影响整个品牌危机防范、产生与处理过程。在品牌危机产生过程中，品牌管理能力与企业管理能力起重要影响与加剧作用，并且，品牌管理失误与企业管理失误也可能产生品牌危机因子。

4.1.3　基于内外因素模式的企业品牌危机产生机理对企业品牌危机管理的启示

（1）改善企业管理、品牌管理，将有利于预防品牌危机的产生

在品牌危机发生后，减轻品牌危机对品牌的伤害，并有利于品牌危机的处理与品牌价值的恢复、提升。企业管理、品牌管理是品牌价值保值、增值的基础性工作。通过改善、优化企业管理、品牌管理，培育品牌危机抗体，是品牌危机管理的基础性工作。

（2）企业品牌危机意识的培养和危机消防演练对于品牌危机预防和品牌危机处理有重要意义

应培养企业全员品牌危机意识，及时识别危机因子。全员品牌危机意识可以做到。

防微杜渐，防患于未然。品牌危机消防演练可以提高全员品牌危机意识，企业若真发生品牌危机时，企业亦可有序应对。

企业品牌危机意识与品牌危机管理能力

内部环境波动　　　　外部环境波动

产生

企业管理能力　　产生　企业管理失误　　品牌危机因子　　产生　品牌管理失误　　品牌管理能力

无对策　　　正确　　品牌安全

对策

失败

品牌危机

品牌价值、品牌资产下降、品牌形象破坏、品牌美誉度下降、品牌忠诚度下降、品牌信仰消失

客户进一步流失

企业财务危机

企业全面危机

人才、生产、研发、财务、营销、采购、物流等全面危机爆发

企业停产、破产、拍卖、被收购等

品牌生存与发展的根基被架空

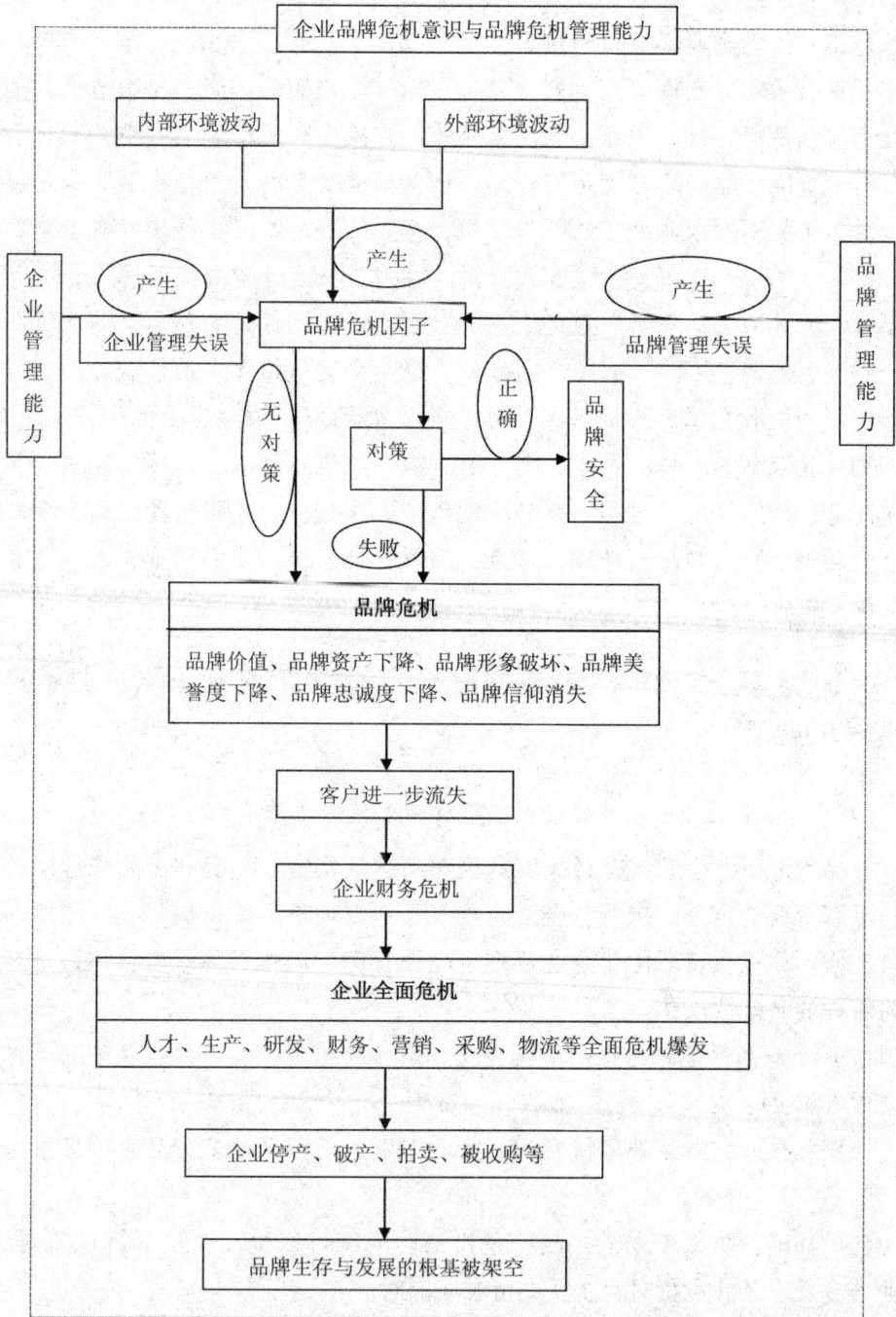

图 4.1　品牌危机产生机理的内外因模式

4.2　品牌危机产生机理的危机因子综合模式

4.2.1　品牌危机产生机理的危机因子综合模式简介

根据导致品牌危机的时间长短，引起品牌危机的原因可分为急性因子、慢性因子及模糊因子。急性因子会迅速引发急性品牌危机；慢性因子会引发慢性品牌危机；而模糊因子则在不同时空背景下、以及模糊因子本身强弱不同的情况下，既有可能引发急性品牌危机，也有可能引发慢性品牌危机。

急性因子一般包括：外部环境急剧动荡变化、企业内部重大工作事故、重大产品质量事故。例如，外部环境急剧动荡变化（如政府限制性法规与政策重大变化），不可抗拒的自然灾害与社会灾害，竞争对手的恶性竞争，行业集体信任危机引发企业品牌危机。产品缺陷、产品质量事故（竞争使得新产品推出频率更快、成本压力使得产品质量存在隐患，这两个因素使产品缺陷与产品质量事故难以消除）、企业工作事故（如工伤）、商业欺诈行为等被媒体强烈报道或误报道，亦将引发企业品牌危机。

慢性因子主要包括：品牌管理缺陷、企业管理不善、外界环境变化大趋势的负面影响。首先，品牌管理缺陷包括：品牌战略管理缺陷、品牌运营管理缺陷、品牌危机管理缺陷；品牌战略管理缺陷包括：品牌目标群体、品牌定位、品牌愿景、品牌个性设计、品牌符号与品牌标志设计、品牌注册与保护、品牌延伸、品牌扩张等方面的失误以及品牌老化；品牌运营管理缺陷包括：品牌管理结构与品牌管理制度、品牌营销策略组合设计与执行、品牌传播与沟通等方面的失误；品牌危机管理缺陷包括：企业品牌危机意识不强、缺乏品牌危机管理制度与组织、缺乏品牌危机诊断与预警、品牌危机发生后缺乏处理技巧与控制局面的能力等。其次，企业管理不善主要包括：组织管理危机（企业组织规模过大、效率低下、组织机构设置不合理、管理体制不科学）、组织文化落后、企业战略失误、技术创新与产品研发的失败等。最后，外界环境变化大趋势的负面影响表现如下：市场需求萎缩、消费者需求转移、技术变革使新的更有竞争优势的替代产品出现、供应商与经销商因购并、规模扩张、掌握核心资源等原因提高议价能力等。

品牌危机的模糊因子主要包括：品牌法律权益受损、人才危机、财务危机、企业并购、客户流失、竞争对手的竞争、政策法规变动等其他因素。

综上所述，品牌危机产生机理的危机因子综合模式见图4.2。

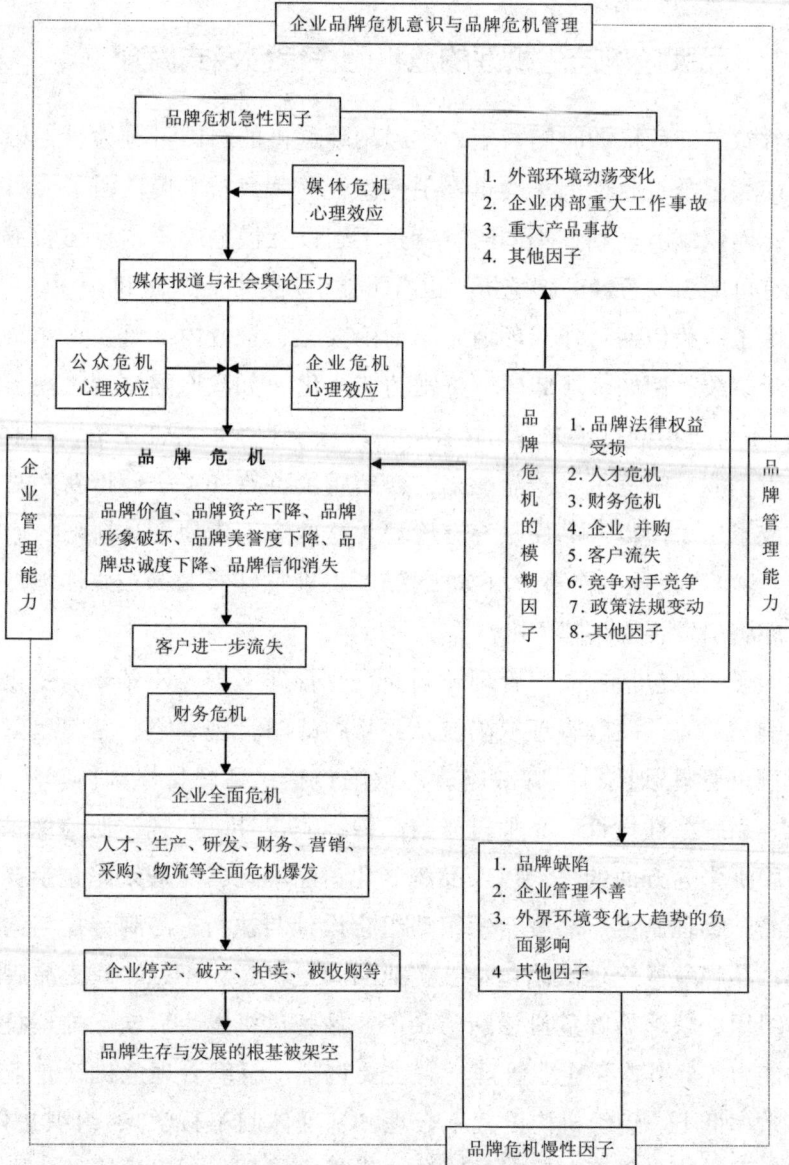

图4.2 品牌危机产生机理的危机因子综合模式

4.2.2　基于危机因子综合模式的企业品牌危机产生机理分析

如图 4.2 所示，品牌危机产生机理可解释如下：外部环境急剧动荡变化、企业内部重大工作事故、重大产品质量事故等急性因子在媒体的危机心理效应的释放下，对企业品牌产生了媒体报道与社会舆论压力；而媒体报道与社会舆论压力经公众的危机心理与企业的危机心理效应释放后便可能演变成巨大的品牌危机；品牌危机产生后，客户进一步流失，可能引发企业严重的财务危机；企业财务危机又可能激发企业全面危机，进而可能迫使企业停产、破产、拍卖或被收购等，使企业品牌生存与发展的根基被架空。在品牌危机产生的整个过程中，品牌危机产生、危害程度、危机进度受企业品牌意识与危机管理能力、企业管理能力、品牌管理能力、品牌危机慢性因子的影响。品牌危机慢性因子是品牌危机的来源之一，且会加剧品牌危机急性因子引发成品牌危机的进程和危害程度。品牌危机模糊因子在不同情况下分别以品牌危机急性因子、品牌危机慢性因子的形式起作用。

下面分别解释媒体的危机心理效应、公众的危机心理效应、企业的危机心理效应。

（1）媒体的危机心理效应

媒体是沟通品牌与公众的桥梁，企业的一举一动受到媒体的监督；公众同样依赖媒体报道来获悉企业态度、品牌危机真相，继而做出自己的判断。因此，媒体所持立场将直接关系到品牌危机的最终走向。媒体报道要求以客观、公正作为舆论报道的准则，但现实生活中，这些标准经常受到挑战。一方面，媒体工作者作为消费者的身份决定其自身无法避免公众心理，同样受消费心理影响，也有自己的主观判断。另一方面，当前眼球效应使得媒体工作者为满足公众追求新奇的心理及逆反心理的需要，往往刻意追求轰动，青睐于品牌的负面报导，有意引导受众，引起公众进一步恐慌。对于媒体而言，品牌丑闻在今天似乎具有更强的"喜闻乐见性"，尤其是在网络传播之中，不少品牌危机会被聚焦成更大的危机，就如阳光下的凸透镜，很多品牌就此被聚焦、被灼伤。媒体对传播速度的追求，网络的普及化应用使得负面信息的扩散越来越快。企业的商业活动不仅仅受到当地市场利益相关者的关注，也在被世界各地成千上万的人们关注着。

当品牌危机发生时，媒体会关注危机并进行广泛持续的报道。媒体之间的传播互动性、信息源的多样性、不同要素相混合，让信息产生核裂变效应。当品牌危机被媒体揭露出来时，必然损害企业品牌形象，形成品牌形象危机、信任危机。此时，相关的利益群体会采取一些相应措施来保护自己的利益，如客户转移购买、投资者卖掉股票、供应商停止供货，这将导致公司形成财务危机。若企业仍未妥善处理，媒体的继续报道、政府的介入、竞争者的落井下石更会等将进一步扩大品牌危机的破坏性，最终形成企业与品牌的生存危机。

（2）公众的危机心理效应

媒体对于某品牌的负面报导会产生心理学意义上的心理群体，即聚集成群的人。他们的感情和思想因外界刺激，可能转向同一方向，自觉个性消失，成为一群被组织化的群体。这类群体在智力上总体要低于孤立个人的智力水平，但从感情及其激起的行动的角度来看，群体可以比个人表现得更好或更差，这取决于群体环境。另外，消费者觉悟提高、网络社会带来的消费者话语权的强化，使得消费者长期被压抑的心理在外界较为宽松的环境下就会爆发，出现群体性的不理智、极端情绪与行为。而一直听不到消费者声音、处于强势地位的名牌厂商没有任何思想准备去应对突然的变化。在个人才智与个性被削弱、无意识的状态占上风的心理群体中，外部受到媒体对品牌危机事件报导的刺激，内部受到个人无意识控制，会表现出以下心理特征：

1）免责鼓励下的"集体无意识"

群体不必承担任何责任，而约束着个人的责任感更彻底消失了，个人便敢于发泄本能的欲望。很多"臆想、夸张、偏激、丑恶"等平时存在于个体潜意识的欲望，在心理群体中有释放的可能。如传播道听途说的小道消息，并加以自己主观臆想的改造。

2）群体倾向"形象思维"

不要指望群体能"理智"地思索，群体更像是个"感性动物"，它用形象来思维，常常将歪曲性的想象力所引起的幻觉和真实事件混为一谈。这时候品牌危机事件本身的事实并不一定重要，重要的是公众怎么想。在暗示和相互传染的推动下，个人或媒体编造的主观臆想或评价，立刻就会被所有人接受。因此，公众的危机心理效应可能加速和放大品牌危机的影响。

3）群体心理意向前倾

在外界刺激下，群体容易促发"行动"。由于群体处于"集体无意识"状态，在免责心理的鼓励下，传染心理的影响下，个体很容易将自己内心的动机表达出来，从而直接导致"行动"。

4）易于接受"暗示"的"心理传染"现象

心理学者发现"通过不同的过程，个人可以被带入一种完全失去人格意识的状态，他对使自己失去人格意识的暗示者唯命是从。暗示对群体中的所有个人有着同样的作用，相互影响使其力量大增"。心理传染如同病毒，迅速且感染力强。群体很容易接受暗示，通过相互传染的过程，会很快进入群体中所有人的头脑，群体感情的一致倾向会立刻变成一个既成事实。

（3）企业的危机心理效应

企业在品牌危机发生时，经常有三种反应：一是使事件的负面性合理化；二是谴责者；三对问题轻描淡写或干脆保持沉默，企图侥幸蒙混过关，这是企业一种自然的心理防御机制。心理防御是行为人在潜意识中本能地对本我和自我、超我冲突时所产生的焦虑进行克服，借以保护自我的一种方法。企业如此回应的目的在于减轻或冲淡由于负面新闻对企业品牌的冲击给整个企业带来的恐慌与焦虑。但事实上，公众此时恰恰希望获悉事件真相，至少是企业合乎情理的解释。这种回应方式难以满足他们的心理预期，并且不能减少企业内部员工的内心恐慌，为流言的滋生提供了温床。如果企业高层在危机事件发生后的第一时间内没有及时处理，把真相告诸公众，那么无论受害者、消费者还是内部员工，都会对企业失去信心。企业员工对企业能否顺利渡过危机、自身的前途茫然不知所措，产生恐慌心情。若不能妥善安抚员工，外部危机内部化只是时间的问题。

在企业品牌危机发生过程中，导致危机的事件只是诱因。企业无法满足公众信息透明的心理预期，以及媒体和公众对突发事件本身特有的心理反应是品牌危机产生的实质，而员工与股东的恐慌、供应商与经销商对企业失去信心、竞争者的落井下石进一步加剧危机。

4.2.3　基于危机因子综合模式的品牌危机产生机理对品牌危机管理的启示

在识别品牌危机因子后、在品牌危机发生初期阶段，应及时启动品牌危机管理程序。当品牌危机来临，企业必须克服上述的危机心理效应，必须正视危机并及时采取对策。品牌危机一旦发生，当务之急就是启动品牌危机应变程序。迅速解决问题以堵塞乱源、安抚各品牌利益关系人，特别是品牌危机事件中的受害者、并与媒体保持良好合作，防止品牌危机蔓延。

4.3　本章总结

引起品牌危机的原因有内因和外因两种，品牌危机产生机理的内外因模式认为外因是品牌危机产生的直接诱因，而内因是品牌危机产生并对品牌造成重大危害的深层次原因。因此，品牌危机管理应从平时完善与提升企业或品牌管理开始，培育品牌危机抗体，提升企业的品牌竞争力，提高品牌自身的免疫力。此外，企业应进行品牌危机意识培训与品牌危机消防演练，并建立预警管理体系，及时监控品牌危机因子。从品牌危机产生机理的危机因子综合模式可以看出，根据导致品牌危机的时间长短，危机原因可分为急性因子、慢性因子及模糊因子。品牌危机的急性因子在媒体、公众及企业自身的危机心理效应的释放下，可能会迅速演变成巨大的品牌危机。因此，当品牌危机发生后，企业应树立正确的危机处理观念，迅速启动应急机制安排，采取应急处理对策，安抚各品牌利益关系人，特别是危机受害者，并与媒体保持良好合作，避免品牌危机迅速扩大化。

第五章
品牌危机的事前管理

研究品牌危机管理的目的就像医学研究癌症，不是仅仅为了治疗癌症，更重要的是为减少癌症并消灭癌症。所以品牌危机管理要做的不仅仅是事后的补救，还要关注如何尽量预防和避免品牌危机的发生。品牌危机的事前管理与预警管理有利于规避品牌危机的发生或降低品牌危机对品牌形象与品牌资产的伤害，提高品牌抵抗危机能力。

5.1 提升品牌竞争力与品牌危机抗体培育

一个身体健壮的人，抵抗疾病的能力较强或遭遇疾病后受伤害较轻，并恢复健康较快。同样，一个品牌竞争力强的品牌能避免品牌危机的发生或发生品牌危机时受伤害较轻，并且从品牌危机中恢复较快。因此，提升品牌竞争力可以有效培育品牌危机抗体。

5.1.1 品牌竞争力的内涵

品牌竞争力是指企业在市场竞争中与竞争对手相较量时，由品牌所表现出来的一种市场力量，这种力量使企业的品牌区别于或领先于其他竞争对手并支持自身持久的发展。品牌竞争力包涵品牌市场能力层、品牌管理能力层、品牌基础能力层。品牌市场能力是品牌竞争力的外在的、显性的表现，包括市场占有率、销售额、利润率、品牌知名度、品牌认知度、品牌美誉度、品牌忠诚度、品牌联想度等；品牌管理能力层是指企业在一系列具体的企业品牌管理活动中所形成的能力体系，包括品牌战略、品牌培育、品牌运营管理、品牌危机管理；

品牌的基础能力是由企业运作系统中若干项最基本的工作所组成，包括企业管理、技术创新、人力资本、企业文化等。

5.1.2　改善企业管理、品牌管理，提升品牌竞争力

品牌管理能力、企业管理能力是形成品牌竞争力的基础。基础管理是企业及品牌高效、有序运转的基础。改善企业管理、品牌管理也将有利于预防品牌危机的产生，在品牌危机发生后，可减轻品牌危机对品牌的伤害，并有利于品牌危机的应急处理与品牌企业资产的恢复、提升。品牌环境突变是品牌危机产生的直接诱因，企业管理不善、品牌管理不善才是品牌危机产生并对企业及品牌造成重大危害的深层次原因。因此，企业管理、品牌管理是品牌资产保值、增值的基础性工作，通过改善、优化企业管理、品牌管理，可以培育品牌危机抗体，提高品牌竞争力。

5.1.3　进行资本运营，提升品牌竞争力

法国卡菲勒认为"企业要想实现品牌规模的跨越式提升，应在一定的发展阶段，坚持以资本运营为主的发展方式"。通过资本运营迅速扩大企业规模或募集企业扩张的资金，可以扩大品牌的市场规模；公司上市与企业购并本身会使企业成为媒体与社会公众关注的对象，可以扩大品牌的知名度与市场影响力；此外，公司资本运营过程中，证监会、证券市场与社会公众对企业及其品牌的监管、监督、期望会使企业管理与品牌管理更加规范。资本运营有合资、购并、上市等方式，如联想、雪花啤酒、青岛啤酒、新浪网、淘宝网、安踏、碧桂园、分众传媒等品牌正是通过资本运营实现跨越式发展。

5.1.4　进行技术创新，提升品牌竞争力

技术创新反映了品牌比其他竞争品牌具有更好、更快地满足消费者不断变化的、更高要求的需求能力，是品牌竞争力的核心基础要素，也是品牌竞争力的核心能力之一。中国品牌技术创新能力不强，是中国品牌在全球市场上竞争力不强的根本原因。中国企业技术创新必须向"引入→消化→模仿创新→自主创新"转型。首先，必须建立与完善技术创新机制、建立研发团队、吸引研发人才、提供良好的利益激励机制、必要时可以与其他企业、高校、科研机构联

合研发；其次，要提升研发投入水平；第三，引进技术与消化吸收、自主创新相结合。

5.2　品牌伦理建设与品牌危机抗体培育

5.2.1　良好的品牌伦理是品牌危机的抗体

品牌伦理影响一般社会公众与消费者对品牌的安全感、美誉度、忠诚度、品牌信仰，进而影响品牌资产。因此，品牌伦理是品牌生存的基础，一个"失德"的品牌将很难成为一个长寿的品牌。一个具有良好品牌伦理的高价值品牌能够培育品牌危机抗体，一方面避免品牌危机的产生；另一方面品牌危机产生后，减轻危机对品牌造成的伤害，并为企业赢得品牌危机处理的时间。

5.2.2　品牌伦理建设的内容

对品牌伦理建设内容的界定是基于品牌生态理论与利益相关者理论、品牌精神理论、品牌关系理论、企业伦理学理论基础之上，特别是以品牌生态理论、品牌关系理论与利益相关者理论为指导。本文所指的品牌利益关系人主要指目标消费者、经销商、供应商、金融企业、媒体部门、政府与相关权威部门、股东、企业员工、竞争者、社区公众、一般社会公众等。只有平时经营中，特别是在企业或品牌经营良好的时期，要注意维护利益相关人的利益，并与他们保持良好的联系。当品牌出现危机时，才有可能得到他们的支持。本文在此基础上把企业品牌伦理建设的内容界定为如图5.1。

品牌精神是品牌伦理的灵魂；消费者公众伦理是品牌伦理的关键内容；经销商公众伦理、供应商公众伦理、金融公众伦理、媒体公众伦理、政府与相关权威部门公众伦理、股东公众伦理、企业内部公众伦理、竞争者公众伦理、社区公众伦理、一般社会公众伦理是品牌伦理的基本内容，是消费者伦理的后台支撑，及其实现的重要保障。

（1）品牌精神包括品牌定位、品牌目标群体界定以及品牌所引导的消费文化、品牌文化内涵、品牌伦理精神，其最终目的是实现消费者对某品牌的消费成为其一种必需的选择、一种信仰。

（2）消费者公众伦理是指企业应尊重消费者的合理要求，在消费者消费过程注意保护消费者合理权益，确保消费者满意，为消费者提供物有所值的产品与服务，提高消费者福利水平，确保顾客忠诚，以实现企业与品牌可持续发展。市场竞争激烈使企业获得有限的新顾客资源的难度和成本加大，如何留住老顾客成为成熟企业的营销中心工作之一，消费者伦理便是确保顾客忠诚的法宝。

（3）经销商公众伦理是指把经销商纳入企业价值链的一个环节，当成为顾客服务的合作伙伴，以双赢的原则处理双方矛盾与冲突。

（4）供应商公众伦理是指把供应商管理纳入企业价值链的一个环节，企业与供应商相处时以双赢的原则处理双方矛盾与冲突，而不是把供应商当作利润的盘剥对象。

（5）金融公众伦理指企业按平等互惠的原则与金融企业进行合作，遵守合同承诺，树立企业与品牌信誉。

（6）媒体公众伦理指企业尊重媒体的工作原则，与媒体真诚沟通，配合媒体的新闻舆论监督。

（7）政府与相关权威部门公众伦理是指企业应守法经营、诚信纳税，并主动配合政府的产业政策，在力所能及的情况下为政府承担一些社会公益慈善责任，并平时与政府部门、相关权威部门保持良好的沟通与工作上的配合。

（8）股东公众伦理是指职业经理人或企业管理层在接受委托人的委托之后，应该诚信经营，恪守职业操守，确保股东利益，特别是股东的中长期利益。

（9）企业内部公众伦理是指企业善待员工，尊重员工，为员工提供良好的工作环境、薪水和其他利益。良好的员工伦理有助于建立雇主品牌，帮助公司吸引和留住优秀的员工。

（10）竞争者公众伦理是指以公平、平等、合作的原则处理与竞争者的关系，不搞不正当竞争，并共同致力行业的繁荣与规范。企业要做大，依赖于行业是否能做大，行业能否做大，关键在于是否存在推动行业做大的合力，中国企业应摆脱"同行是冤家"的宿命。

（11）社区公众伦理是指企业应为所在社区担当一定的社会责任，如生态责任、创造就业责任、提供公益活动赞助等。

（12）一般公众伦理是指企业应承担社会公益和社会慈善责任、影响社会文化观念的责任，以赢得良好的社会舆论与品牌伦理形象。

图 5.1　品牌伦理建设的内容

5.2.3　品牌伦理建设的策略

（1）塑造品牌精神

品牌精神决定了品牌伦理制度建设、品牌伦理传播活动的方式与内容，是品牌伦理的灵魂。品牌精神塑造首先要界定品牌目标群体，明确品牌市场定位，在此基础上营造品牌的文化内涵、消费文化及伦理精神。品牌的文化内涵、消费文化及伦理精神的营造必须反映目标群体的生活方式与心理偏好，并具有先进性与潮流性，能够引导目标群体，并成为其精神归属、精神向往与追求。只有当所有的观念和价值观趋向一致并与企业各项技能相互匹配的时候，即整个事物已在公司精神的管理和控制之中，公司才有望实现品牌精神。

（2）企业与品牌伦理制度化

品牌伦理涉及企业领导个人伦理和品牌背后的组织伦理两个层面，是两个层面伦理道德融合的结果。个人伦理有赖于社会舆论和内心信念的作用，组织伦理需要通过组织惯例、组织文化和组织理念来发挥隐性的约束作用，两者协同的结果是和谐和建设性的决策过程。但在隐性的组织惯例、文化和理念发生作用之前，组织伦理的形成需要以制度建设为基本手段和保障。

1）制定道德行为规范

企业道德行为规范是企业在日常业务活动中，当道德价值观和经营业务发生冲突时应遵循的基本方针。美国《财富》杂志上排名前 1000 家的企业绝大多数有成文的伦理准则。我国部分知名企业也开始重视道德行为规范的制度化建设，如万科公司的"职业行为准则"、华为的"商业行为准则"及海航的"员工守则"。

2）建立监督机制与反馈机制

设立伦理主管和伦理委员会。伦理主管对企业及品牌经营活动进行日常道德管理，预防和控制违反品牌伦理的事件发生，直接对公司领导人负责，而伦理委员会则负责制定和批准道德行为规范，协调不同部门伦理规范工作。企业与品牌伦理的实践情况、评价应反馈给公司领导人，企业部门和个人的伦理准则实施与评价也应反馈给部门和个人本身。反馈机制能够促进伦理制度的内化，诱发个体和部门的自我有效感。

3）尽量导入制度化的 SA8000

SA8000 是 Social Accountability8000 的英文简称，意即"社会责任标准"。SA8000 是根据国际劳工组织公约、世界人权宣言和联合国儿童权利公约等国际条约制定的全球第一个企业道德规范资质标准。SA8000 标准具有通用性，它适用于世界各国、任何行业、不同规模的企业和公共机构。SA8000 标准有 9 个要素，包括：童工、强迫性劳动、健康与安全、结社自由和集体谈判权、歧视、惩戒性措施、劳动时间、工资、管理体系等。这些要素规定了企业必须承担的对社会和利益相关者的责任，其中对工作环境、员工健康与安全、员工培训、薪酬、工会权利等具体问题规定了最低要求。SA8000 要求企业构建一个能够支持、维护和推行 SA8000 标准的管理系统。同时，强调企业在社会责任行动时必须在组织内部和超越自身组织边界的情况下发挥作用，即它涵盖了整个价值创造过程，组织必须要求它的供应商配合，以便在供应商那里也落实 SA8000 认证过程。

（3）品牌伦理传播

品牌伦理传播分为对内传播和对外传播。对内传播是指对企业内部公众进行伦理传播，统一员工伦理意识，并将品牌伦理、企业伦理规范内化为企业文化的组成部分与员工的自觉行为。对外传播是指对企业外部公众进行传播，一方面落实品牌精神、企业与品牌伦理规范，有计划策划企业与品牌伦理活动；另一方面有计划地在企业与企业外部公众之间进行沟通，树立良好的品牌伦理形象；此外通过对外品牌伦理传播，可以促进品牌伦理内化成为企业领导人及员工的自觉观念与行为，促进企业与品牌伦理的实施。品牌伦理传播的手段主要有公共关系广告、赞助与策划公益活动。

1）公共关系广告

公共关系广告是公共关系宣传的一种重要形式，它通过花钱购买大众媒体或公众传播机会，向大众传媒传递公关信息，树立、维持、改变或强化组织的公众形象。公共关系广告包括实力广告、观念广告、信誉广告、声势广告、祝贺广告、谢意广告、歉意广告、解释广告、响应广告、倡议广告、公益广告、纪事广告等多种方式。品牌伦理传播可以根据品牌本身特点及品牌建设不同阶段的需要，选择不同形式的公共关系广告。

2）有计划、有针对性的赞助社会活动

赞助是企业无偿提供资金或物质支持某一项事业，以获得一定的形象传播效益的社会活动。通过赞助来承担必要的社会责任，可以树立良好形象，提高企业及品牌美誉度；可以有效提高企业及品牌知名度；可以培养公众感情。赞助的类型主要有赞助体育运动、赞助文化事业、赞助科学教育事业、赞助社会慈善和福利事业、赞助地方性的节日活动、赞助大型展览、赞助出版物、赞助环保事业、赞助专业团体、赞助其他特殊领域。品牌伦理传播可以根据品牌本身特点及品牌建设不同阶段的需要，选择不同形式的赞助活动。

3）策划公益活动

策划公益活动与赞助活动有所不同，赞助活动是赞助社会上业已存在的社会公益活动，策划公益活动则是依据社会舆论热点与社会公益活动需要，策划反映品牌基本定位、品牌精神、品牌伦理的社会公益活动，具有新闻性与社会公益性的特点，能够执行企业与品牌伦理活动，传播企业与品牌伦理精神。农夫山泉，是公益活动策划典范。农夫山泉 2000 年成为中国奥运会体育代表团指定饮用水，唱响了"冠军的味道有点甜"，并在悉尼策划了"万名海外华侨签名支持北京申奥"活动。2001 年农夫山泉第一个成为中国北京奥申委的合作伙伴，并策划了"1 分钱支持北京申奥"的活动，每卖出一瓶农夫山泉就捐一分钱支持中国北京申奥。2002 年中国北京申奥成功，农夫山泉延伸了 2001 年的一分钱公益概念，推出了"学子阳光工程"，每卖出一瓶农夫山泉就捐出一分钱支持中国中西部小学购买体育器材。2004 年雅典奥运会，农夫山泉推出"大脚"篇的公益广告，延续"1 分钱"的公益概念，讲述了一个偏远农村少年"大脚"的奥运梦想，这背后则是农夫山泉"学子阳光工程"的结晶。农夫山泉以上的系列活动取得良好的社会效益，并树立良好的品牌形象。

5.3 品牌危机管理计划

史蒂文·芬克曾说："每一个当权人都应像认识到死亡和纳税是不可避免的并必须为之做计划一样，认识到危机也是不可避免的，也必须为之做准备。这样做并不是出于软弱或胆怯，而是出于知道自己准备好之后的力量……学会与命运周旋"。对于大公司与知名品牌来说，危机并不陌生，为了更好地应对危机，公司应该制定一个备用的危机管理计划，以备急需时之用。品牌危机管理计划的主要内容包括：品牌危机管理的组织设计、团队建设与制度安排、员工品牌危机意识培训计划、品牌危机消防演练计划、品牌预警管理等。

5.3.1 品牌危机管理的组织设计、团队建设与制度安排

品牌危机管理涉及行政、营销、公关、广告、技术、公共事务、财务、董事会、CEO 等不同部门与岗位工作。当企业发生重大品牌危机时，往往临时成立以董事长、总经理为首的危机处理小组，很被动地处理发生品牌危机时的忙乱情况，而平时监控品牌危机管理的相关活动则处于人人有责任又无人负责状态。因此，应该成立相关的危机管理团队，对品牌危机管理负责。

品牌危机管理的组织设计，首先应设立分管公共事务（含公司慈善活动、参与社会活动、媒体沟通等）、品牌危机管理的副总经理，直接对总经理负责。其次，副总经理领导品牌危机管理委员会，成员由行政、营销、公关、广告、技术、生产、质管、公共事务、财务、监察部（审计部）各部门的负责人及公司外部的品牌危机管理专家所组成，下设公共事务与品牌危机管理办公室与新闻发言人。第三，以上是品牌危机管理的常设机构，当品牌危机爆发后，应成立以董事长或总经理为首的品牌危机特别处理小组。

品牌危机管理的常设机构平时的工作重点在于防范、监控与预警。具体负责制定危机管理机制与制度，进行全员危机意识训练与危机消防演练、定期对

公司组织管理、品牌管理、品牌运行、品牌伦理、产品质量、媒体舆论、财务等方面进行监控、诊断及提出对策，收集与分析危机信息，定期与新闻媒体进行沟通，制定危机管理计划。在品牌危机爆发后，配合品牌危机特别处理小组行使全面的战略、执行与监控职能，进行品牌危机的应急处理、以及危机后的品牌形象的恢复与提升。

5.3.2　品牌危机意识培训

在美军太平洋司令部，随处可见一条醒目的标语——"今夜准备战斗！"。人们可以从中感受到美军高度戒备的思想和强烈的危机感。危机管理考验的不仅是成熟有序的应对，最重要的是有前瞻性的管理理念和防患未然的意识，让管理的效用发挥在问题演变成危机之前。强调"问题管理"，把危机管理理念贯策在品牌战略规划流程中，增强企业和组织的抵抗力；把危机意识转化到日常的工作细节，渗透在每个部门、每个人的工作上，有效地避免品牌危机的发生。因此，要对企业中高层管理者进行品牌危机意识培训，提高企业规避品牌危机的能力，提高员工识别和发现潜在品牌危机的能力。品牌危机意识培训的内容主要有品牌危机基本知识培训、品牌危机管理技巧培训、品牌危机案例分析；品牌危机基本知识主要包括品牌危机管理的意义、品牌危机的含义与品牌危机的类型、企业品牌危机管理计划；品牌危机管理技巧主要包括品牌危机的识别、品牌危机发生后的处理对策等；品牌危机案例分析主要学习其他企业品牌管理经验与教训；品牌危机消防演练也是提高全员品牌危机意识的重要途径之一。

5.3.3　品牌危机消防演练

当品牌危机发生时，尽管大多数管理人员都竭力希望解决危机，使业务恢复正常，但是在危机中，他们的决策会受到受害者、新闻媒体、幸存者及其他人的干扰，在和其他人一样经历了焦急、失落、恐惧和无奈之后，其决策难免失于冷静。然而，股东们及品牌利益相关者们却希望他们能保持镇静，并以适当的态度做出可信的判断。因此，有必要通过品牌危机消防演练，检测危机管理部门应对品牌危机的能力，提高各部门应对品牌危机的协同作战能力。品牌危机消防演练包括品牌危机案例讨论与解决方案设计、品牌危机计算机模拟演练、品牌危机实战演练等。品牌危机案例讨论与解决方案设计是对其他企业已经发生的品牌危机案例处理方式进行讨论，并进行情景置换，以小组为单位设计解决方案，然后小组之间对各自设计的解决方案进行讨论；品牌危机计算机模拟演练是指通过电脑软件设计品牌危机模拟情景，并让参与演练的员工根据品牌危机模拟的情景设计解决方案，并通过计算机进行方案模拟执行；品牌危机实战演练是指企业假设遭遇所在行业常见的某种品牌危机，企业调动企业内部相关部门及企业外部相关单位进行实战演练，解决假想中的品牌危机。

5.4　品牌危机预警管理

品牌危机预警管理是通过对品牌资产及可能引发品牌危机的内外因素进行监控与评价，并对可能引发品牌危机的因子采取校正行为，避免品牌危机的发生。品牌危机预警管理模型、品牌危机预警评价指标体系与评价方法是构建品牌危机预警管理系统的关键，通过合理的管理模型、评价指标体系与评价方法，就可以判断当前品牌所处的安全状态、危机程度。

5.4.1　品牌危机预警管理模型

如图 5.2，品牌危机管理部门对品牌危机因子进行监控，收集信息，然后进行品牌安全状况的评价与诊断，若属于正常状态，则继续对品牌危机因子进行监控；若属于低度品牌危机状态，则上报分管副总，分管副总指示品牌危机管理办公室制定校正对策，由分管副总召集品牌危机管理委员会讨论，修改、批准后交给各部门执行；若属于濒临高度品牌危机状态，则上报总经理，总经理成立以他为首的品牌危机临时应急管理机构，制定校正对策，并交给各部门执行。

品牌危机因子监测

品牌安全状况
评价与诊断

安全与否 —— Y —— 正常状态

N

低度品牌危机状态　　　频临高度品牌
危机状态

分管副总　　　总经理

品牌危机管理办公室　　品牌危机临时
应急管理机构

校正对策制定与执行　　校正对策制定与执行

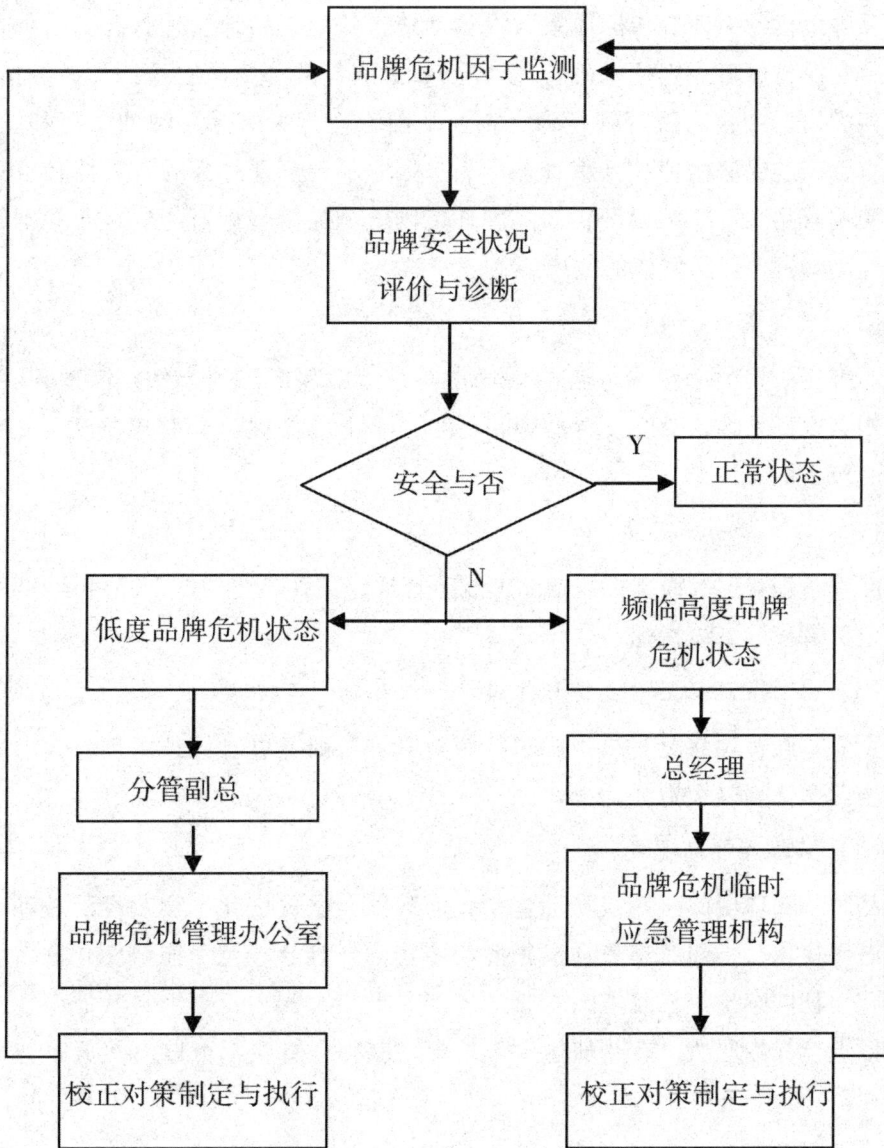

图 5.2　品牌危机预警管理模型

5.4.2 品牌危机预警评价指标体系

品牌危机预警评价指标体系共设品牌资产状况、品牌管理状况、品牌管理的后台支撑与保障（企业基础管理状况）、品牌外部环境威胁这四类一级指标。以上四类指标中，品牌管理行为、企业基础管理行为确保品牌的生存和发展，即品牌资产的保值增值；品牌管理行为、企业基础管理行为的有效性和可靠性直接影响着品牌资产的状况；而品牌环境则影响品牌管理行为、企业基础管理行为对品牌资产保值增值的效果。

（1）品牌资产状况

品牌资产状况一级指标包括市场占有率、品牌市场销售额、销售利润率、品牌知名度、品牌认知度（含品牌联想度）、品牌美誉度、品牌忠诚度、品牌信仰等二级指标。

（2）品牌管理状况

品牌管理状况一级指标包括品牌战略管理、品牌培育战略、品牌运营管理、品牌危机管理等二级指标。

（3）品牌管理的后台支撑与保障（企业基础管理状况）

企业基础管理状况一级指标包括企业管理与财务管理、技术创新、人力资本、企业文化等二级指标。

（4）品牌外部环境威胁

品牌外部环境威胁一级指标包括政府政策与法规变化、宏观经济波动、供应商态势变化、中间商态势（经销商与零售商）变化、竞争态势变化、市场需求变化、社会舆论等二级指标。

以上指标的取值，有些通过主观的评估获得，有些则可以直接通过数理分析获得。

5.4.3 基于层次分析法的品牌危机模糊综合评价

（1）建立指标体系

根据层次分析法理论，建立指标体系，如图 5.3 所示。

```
                                              ┌─────────────────────┐
                                              │ 市场占有率 U₁₁        │
                                              ├─────────────────────┤
                                              │ 品牌市场销售额 U₁₂    │
                                              ├─────────────────────┤
                                              │ 品牌销售利润率 U₁₃    │
                          ┌──────────────┐    ├─────────────────────┤
                          │ 品牌资产状况  │    │ 品牌知名度 U₁₄       │
                          │ U₁           │    ├─────────────────────┤
                          └──────────────┘    │ 品牌认知度 U₁₅       │
                                              ├─────────────────────┤
                                              │ 品牌美誉度 U₁₆       │
                                              ├─────────────────────┤
                                              │ 品牌忠诚度 U₁₇       │
                                              ├─────────────────────┤
                                              │ 品牌信仰 U₁₈         │
                                              └─────────────────────┘
```

图中各指标如下：

- 品牌资产状况 U_1
  - 市场占有率 U_{11}
  - 品牌市场销售额 U_{12}
  - 品牌销售利润率 U_{13}
  - 品牌知名度 U_{14}
  - 品牌认知度 U_{15}
  - 品牌美誉度 U_{16}
  - 品牌忠诚度 U_{17}
  - 品牌信仰 U_{18}

- 品牌管理状况 U_2
  - 品牌战略管理 U_{21}
  - 品牌培育战略 U_{22}
  - 品牌运营管理 U_{23}
  - 品牌危机管理 U_{24}

- 企业基础管理状况 U_3
  - 企业管理与财务管理 U_{31}
  - 技术创新 U_{32}
  - 人力资本 U_{33}
  - 企业文化 U_{34}

- 品牌外部环境危机 U_4
  - 市场需求变化 U_{41}
  - 政府政策与法规变化 U_{42}
  - 宏观经济波动 U_{43}
  - 供应商态势变化 U_{44}
  - 中间商态势变化 U_{45}
  - 竞争态势变化 U_{46}
  - 社会舆论 U_{47}

品牌危机预警评价指标体系 U

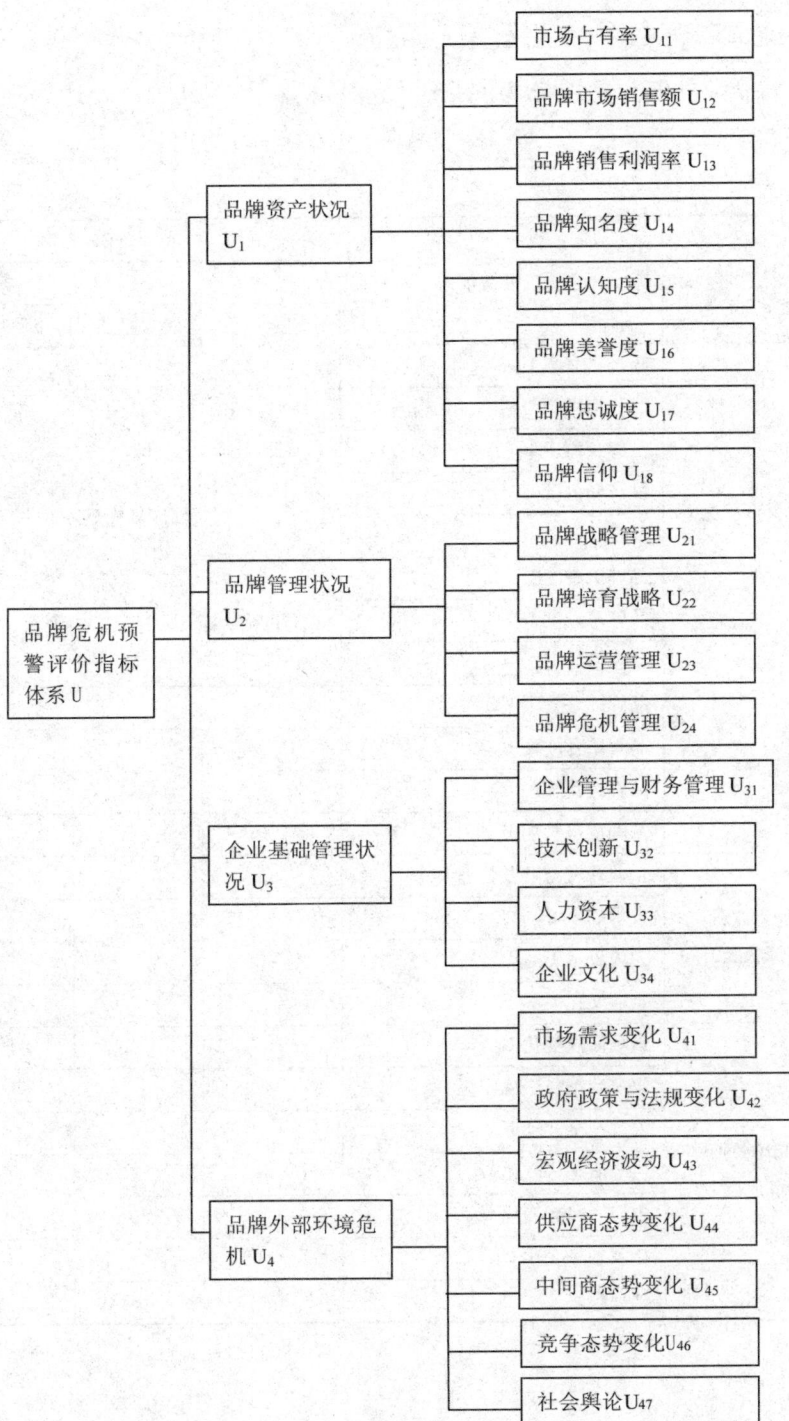

图 5.3　品牌危机预警评价指标体系

（2）建立评价集

本书将企业的安全状况分为安全、低度危机、严重危机，以达到预警的目的，如表5.1。

表5.1

一级指标	二级指标	评价值		
		安全	低度危机	严重危机
品牌资产状况 U_1	市场占有率 U_{11}	隶属度模糊矩阵 R		
	品牌市场销售额 U_{12}			
	品牌利润率 U_{13}			
	品牌知名度 U_{14}			
	品牌认知度 U_{15}			
	品牌美誉度 U_{16}			
	品牌忠诚度 U_{17}			
	品牌信仰 U_{18}			
品牌管理状况 U_2	品牌战略管理 U_{21}			
	品牌培育战略 U_{22}			
	品牌运营管理 U_{23}			
	品牌危机管理 U_{24}			
企业基础管理状况 U_3	企业管理与财务管理 U_{31}			
	技术创新 U_{32}			
	人力资本 U_{33}			
	企业文化 U_{34}			
品牌外部环境危机 U_4	市场需求变化 U_{41}			
	政府政策与法规变化 U_{42}			
	宏观经济波动 U_{43}			
	供应商态势变化 U_{44}			
	中间商态势变化 U_{45}			
	竞争态势变化 U_{46}			
	社会舆论 U_{47}			

（3）确定指标权重

有关专家讨论，根据表5.2确定各级的判断矩阵，来确定指标的权重。

表5.2

相对重要度	定义	说明
1	同等重要	因素i和j同样重要
3	略微重要	因素i比j略微重要
5	相当重要	因素i比j重要
7	明显重要	因素i比j明显重要
9	绝对重要	因素i比j绝对重要
2，4，6，8	介于两相邻重要程度间	

比如，对于一级指标，我们来确定其权重步骤如下：

① 根据专家讨论，给出判断矩阵 $A = (a_{ij})n*n$

② 将矩阵按列归一化

计算矩阵 A 所有元素之和 $\sum a_{ij}$（i，j = 1，2……n），然后计算 $b_{ij} = \frac{a_{ij}}{\sum a_{ij}}$ i.

得到以 b_{ij} 为元素的矩阵 B

③ 按行求和 $v_i = \sum_{j}^{n} b_{ij}$　（i，j = 1，2，……n）然后做的归一化，即：$w_i = \frac{v_i}{\sum_i v_i}$　（i = 1，2……n），w_i 为特征向量的近似值。

归一化：$w_i = \frac{v_i}{\sum_i v_i}$　（i = 1，2……n），w_i 为特征向量的近似值。

④ 进行一致性检验　如果一致性检验通过，则 w_i 即为所求的特征向量，即本层次各要素对上一层某要素的相对权重向量

偏差一致性指标：$C.I. = \frac{\lambda_{max} - n}{n - 1}$，其中 $\lambda_{max} = \frac{1}{n} \sum_i \frac{(AW)_i}{w_i}$

随机性、一致性比值：$C.R. = \frac{C.I.}{R.I.}$，其中 R.I. 为平均一致性指标。如表5.3：

表5.3

阶数	R. I.	阶数	R. I.
1	0.00	2	0.00
3	0.58	4	0.90
5	1.12	6	1.24
7	1.32	8	1.41
9	1.45	10	1.49

当 C. R. ＜0.1 时，判断矩阵的一致性是可以接受的。

这样，一级指标的权重就确定完了。对于各个二级指标的权重，也就可以按照这个步骤一步步的算出权重来。

（4）建立模糊隶属度矩阵。即对各因素评价的隶属度的向量的组合 R。

（5）利用模糊评价法进行综合评价

1）一级指标评价 $Bi = Ai * Ri$，其中 Ai 为二级指标权重的行向量，如 A1 为（1×8）的矩阵，Ri 为每个二级指标的模糊隶属度矩阵，如 R1 为（8×3）的矩阵。于是 Bi 为（1×3）阶矩阵，如 Bi 为（1×3）的矩阵。于是得到矩阵 B 为（4×3）阶矩阵。

2）二级指标评价

矩阵 BB = 矩阵 AA × 矩阵 B，其中，矩阵 AA 为一级指标权重的行向量矩阵，阶数为（1×4），矩阵 B 为第一步求出来的矩阵，阶数为4×3）。于是矩阵 BB 为1×3阶矩阵。分别对应着（安全、低度危机、严重危机）的模糊隶属度评价结果。

按照最大隶属度原则，取其中最大的，其对应的安全状况就是品牌的安全状况。

到此为止，"品牌危机安全状况诊断"进行完毕，如果"安全"则继续监控，如果是"低度危机"就反馈到分管副总，如果是"严重危机"就反馈到总经理。企业根据品牌危机安全状况诊断情况总结、撰写品牌危机综合评价报告，包括总体报告、品牌资产状况诊断报告、品牌管理状况诊断报告、品牌管理的后台支撑与保障状况（企业基础管理状况）诊断报告、品牌外部环境威胁诊断报告五部分。

5.4.4　校正对策制定与执行

根据品牌危机综合评价报告，品牌危机管理办公室或品牌危机临时应急管理机构制定品牌危机校正对策，经公司高层领导组织品牌危机管理委员会讨论，提出反馈意见，修改后报公司高层领导审批，最后交给各部门执行。

5.5　本章总结

品牌危机管理要做的不仅仅是品牌危机发生后的补救工作，还要关注如何预防和避免品牌危机的发生。因此，品牌危机管理应从平时完善与提升企业管理、品牌管理开始，进行品牌伦理建设，提升品牌竞争力，培育品牌危机抗体，提高品牌抗危机能力。本章提出品牌伦理建设的内容包括：品牌精神、消费者公众伦理、经销商公众伦理、供应商公众伦理、金融公众伦理、媒体公众伦理、政府与相关权威部门公众伦理、股东公众伦理、企业内部公众伦理、竞争者公众伦理、社区公众伦理与一般社会公众伦理。品牌危机管理计划是管理品牌危机的重要手段，主要内容包括：品牌危机管理的组织设计、团队建设与制度安排、员工品牌危机意识培训计划、品牌危机消防演练计划、品牌预警管理等。品牌危机预警管理模型、品牌危机预警评价指标体系与评价方法是构建品牌危机预警管理系统的关键。本章设计的品牌危机预警管理体系中，评价指标体系包括：品牌资产状况、品牌管理状况、品牌管理的后台支撑与保障（企业基础管理状况）、品牌外部环境威胁等四类一级指标；评价方法则采用了层次分析法和模糊数学的综合评价方法对品牌危机安全状况进行诊断；最后形成品牌危机综合评价报告，企业在此基础上制定校正对策。

5.6　链接：品牌危机案例

5.6.1　家乐福遭遇网络抵制导致连锁拒购危机管理案例

（一）家乐福遭遇网络抵制导致连锁拒购危机事件回顾

2008 年春，在中国接连发生了 3.14 "藏独"打砸事件、奥运圣火法国被抢事件，谁知这两个事件竟然引发了国内"抵制家乐福"的浪潮。

4 月 10 日，一条呼吁抵制家乐福的短信开始流传，大致内容如下："5 月 8

日—24 日，正好是北京奥运会的前三个月，所有人都不要去家乐福购物，理由是家乐福的大股东捐巨资给达赖，支持'藏独'。那我们现在就来抵制家乐福，为期与北京奥运会同长，前后 17 天。让他们看看中国人和中国网络的力量。请转发。"

与此同时，网上一篇号召大家 5 月 1 日不要去家乐福购物的帖子被广泛转载和热烈讨论，数十家海内外网站论坛的一部分中国网民先后发起了一场抵制家乐福的行动。

4 月 13 日下午 1 点 13 分，就在网络上的抵制活动风起云涌之际，在北京白石桥家乐福超市门前，一名红衣少女迈出了现实抵抗的第一步。她带着国旗、展板，来到白石桥家乐福门前，4 名女生主动上前，帮她手持国旗和展板，并对法国政府的一些言行表示抗议。

4 月 14 日，家乐福方面表示，短信内容经查证并不属实，公司将一如既往支持北京奥运，目前公司业务暂未受影响。

4 月 15 日，在例行记者会上，外交部发言人姜瑜表示："最近一些中国民众表达了他们最近的意见和情绪，这些都是事出有因，法方应很好地反思和深思。我相信这些中国民众会依法表达他们的合理诉求。我希望法方能够倾听中国人民的声音。"

4 月 16 日，针对网友呼吁抵制家乐福等事件，家乐福集团特此授权家乐福中国向媒体发出声明，表达家乐福对北京奥运会的支持，并称家乐福总裁和家乐福中国区总裁兼首席执行官将亲临奥运会开幕式。声明同时称，"家乐福集团从来没有，将来也不会做任何伤害中国人民感情的事情。有关家乐福集团支持个别非法政治组织的传闻完全是无中生有和没有任何依据的。"

4 月 17 日，家乐福总部高层迅速和中国商务部等政府主管部门进行了沟通，并要求中国区积极做好在华各分店的内部管理工作，特别是要求员工"要保持高度克制"，不要与可能出现的抗议群众发生冲突。

4 月 17 日，法国驻华大使苏和表示："我不认为网民或手机短信要求抵制法国公司和法国产品是正当的，也不认为它们有意义。"

4 月 17 日下午，家乐福中国网站一度被黑，有不明人士在该网站上贴出了抵制家乐福的诗歌。15 时 10 分左右，页面恢复正常。

4 月 18 日上午，家乐福网站再度被黑，其官网一直无法打开，不得不在首页上发布公告称正在进行网站的维护与更新。

4月20日，法国家乐福集团总裁迪朗在法国《星期日报》发表的一篇专访中说，家乐福从未资助过"藏独"势力。他同时还明确表示反对抵制北京奥运会。

5月1日，在形势逼迫下，"五一"期间家乐福临时取消正常促销活动。同时家乐福高层辟谣，澄清家乐福的五一促销活动室之前就部署的正常假期促销活动，并非专门针对抵制活动，做出临时取消的决定是为了表达对目前中国广大人民情感的充分理解和高度尊重。

5月12日，汶川发生8级地震。家乐福当天在第一时间采取紧急救援措施，决定向受灾地区捐赠人民币200万元，作为第一批救灾资金。

5月14日，家乐福又捐赠了人民币一百万元，用于灾后学校重建。

5月23日，家乐福又在宣布再追加2000万捐款。至此，家乐福捐款达2300万，成为在华法资企业中捐款额最多的公司。同时，利用这一捐赠事件，公司高层频频接受媒体访问，再三重申：没有给予达赖集团经济资助，同时对奥运火炬在巴黎遭受攻击表示愤怒，并强调自始至终支持北京奥运会。

7月29日，针对抵制危机，家乐福总裁兼首席执行官罗国伟表示，7月营业额恢复正常，此次风波将不影响家乐福在华战略，中国依是家乐福除法国以外最重要的市场。

（二）家乐福遭遇网络抵制导致连锁拒购危机事件处理的案例分析与评价

根据危机公关5S原则，对案例做如下点评：

1. 承担责任原则（Shoulder the matter）

品牌危机发生后，公众和媒体对企业形成一种期望，希望企业有所作为，承担责任。因此，不管责任在于谁，企业应首先表现出对受伤害者、品牌利益关系人负责任的态度与行为。本案例中，针对抵制活动，家乐福集团授权家乐福中国向媒体发出声明，称"家乐福集团从来没有，将来也不会做任何伤害中国人民感情的事情。有关家乐福集团支持个别非法政治组织的传闻完全是无中生有和没有任何依据的"以此方式来否认传闻，表达出家乐福方面对于事件的责任感。符合承担责任原则。

2. 真诚沟通原则（Sincerity）

品牌危机沟通要诚意、诚恳、诚实。本案例中，一方面，家乐福中国发表官方声明，与媒体、广大公众进行真诚沟通；另一方面，法国家乐福集团总裁迪朗、法国驻华大使苏和也均借助有效途径，与公众进行沟通；与此同时，家乐福总部迅速和中国商务部进行真诚沟通。这一系列的正面真诚沟通，在很大程度上控制了事件发展的态势。符合真诚沟通原则。

3. 速度第一原则（Speed）

要求在第一时间里正确地处理品牌危机事件。本案例中，在抵制发生之后的第一时间内，声明短信内容不属实；第一时间内发出媒体声明，表达家乐福对北京奥运的支持，并称高层将亲临奥运会开幕式；第一时间对汶川地震制定出紧急救援措施，充分展现了家乐福的社会责任感，从而在很大程度上化解了这次抵制事件的反面影响。符合速度第一原则。

4. 系统运行原则（System）

品牌危机管理涉及多方面的系统运作，各部门的配合。本案例中，家乐福一方面进行媒体声明，说明事实真相；另一方面积极与商务部等政府主管部门进行高层公关；与此同时，考虑到中国人民的情感因素，果断取消了"五一"促销活动，避免了事态的非理性发展。更为难能可贵的是，及时、有效的借助于对汶川大地震的捐助，扭转了家乐福在广大公众内心的不良品牌形象。符合系统运行原则。

5. 权威认证原则（Standard）

品牌危机管理要求企业充分发挥和随时调动新闻媒体的权威传播功能；争取权威机构的支持；争取消费者代表的支持。本案例中，与抵制事件时隔三个月，在2008年7月份家乐福的营业额就恢复了正常，这直接证明了家乐福在抵制事件发生后应对策略的正确性。符合权威认证原则。

虽然这次事件对于家乐福来说是祸从天降，但家乐福方面却进行了系统的、积极主动的应对策略，但也有需要改进的地方，主要有以下几点：

（1）没有及时引导民众情绪

民意的不满情绪在网上波涛汹涌，来势汹汹，家乐福行动迟缓，缺乏应对网络危机的策略，没有表现出对网民情绪的及时引导，遂形成了全国很多大城市的抵制风波。

（2）谣言猛于虎，家乐福没有对谣言进行"戳穿"和"挑明"

这次危机事件最先来自手机短信："5月8日—24日，正好是北京奥运会的前三个月，所有人都不要去家乐福购物，理由是家乐福的大股东捐巨资给达赖，支持'藏独'。那我们现在就来抵制一下家乐福，为期与北京奥运会同长，前后17天。让他们看看中国人和中国网络的力量。请转发给你所有的手机、MSN等的联络人，并且让他们的家人一起参与，让家乐福门可罗雀17天。"对于家乐福大股东路易威登"捐钱"给达赖集团，家乐福在进行危机公关时，最好的办法莫过于邀请路易威登家族澄清事实真相，给公众一个明确答复，而家乐福自身忙得不亦乐乎，十句辩驳也顶不上谣言的主要角色路易威登的登台讲话。

（3）没有处理好媒体关系

对于媒体的报道，家乐福声明中说"家乐福将保留对恶意制造和传播上述谣言的组织和个人采取法律行动的权利。"从语气来看，似乎有种威胁的意味。此时的家乐福正处于"四面楚歌"的境地，媒体是其向外界传达讯息，恢复企业形象的最重要途径，如果再和媒体关系搞僵，无异于火上浇油。

家乐福不幸成为中法两国博弈的牺牲品，这次危机非常特殊，与一般性的产品危机、内部危机不同，其涉及民族统一，属于性质更为严重的危机。分析整个事件的起源、发展、高潮到结束，可以明显看到政府的意志决定着整个事件的进程。当中国政府谴责"藏独"分子在巴黎冲击奥运圣火传递时，抵制法国公司的声浪开始出现，家乐福危机乍现。随之，全国的主流媒体与网络掀起一轮强烈的家乐福批判与抵制的浪潮，而当法国政府派遣参议院院长来到中国，亲自向中国政府递交道歉信时，中国政府也从官方的角度暗示事件可以平息，家乐福的舆论危机自此逐一消散。很明显地，在涉及政治类型的危机事件中，与政府沟通与协调是处理危机的核心所在。

品牌是在企业和消费者的不断交流中形成的，而危机的发生则往往是由于交流不畅。在这个情感充沛的时代，维系好企业与消费者的情感交流，自然是品牌工作的重中之重。作为企业，要意识到企业行为在消费者的眼中早已被无形中放大了无数倍，即使是单纯的商业事件也有可能被消费者感性地上升到民族利益的层面。另外，网络的巨大力量增加了品牌危机管理的不可控性，网络使舆论如葡萄藤般迅疾而又恣意地蔓延，为情感的形成和传播推波助澜，这增加了危机公关的最不可控因素，令企图控制舆论、扑灭情感火焰的"媒介人"感到无所适从。今后就如何妥善处理由网络助力舆论蔓延所形成的品牌危机这一问题，将会成为企业需要深入研究和解决的课题。

5.6.2 美的"紫砂门"危机管理案例

(一) 美的"紫砂门"危机事件回顾

2010 年 5 月 23 日中午,中央新闻频道"每周质量报告"节目使"紫砂门"事件的黑幕曝光。据购买紫砂煲的部分当事人称:美的紫砂煲所谓的"纯正紫砂"根本不是紫砂,是混合了包括三氧化二铁、二氧化锰、田泥等化工原料、泥巴的混合物,美的公司宣称的"纯正紫砂"完全和紫砂没有一点关系! 最便宜的却要卖 400-500 元以上。

实际上由于紫砂土资源有限,过度采集后,紫砂土矿已经所剩无几了。紫砂行业的"潜规则"是 1000 元以下的紫砂制品,含紫砂很少,都是掺杂其他黏土,再加重金属铅等着色,然而遇到不良厂家,即使掏出 1000 元以上也未必买到优质的紫砂制品。行业里除了美的以外,还有依立、九阳等只要上紫砂系列产品的名企都或多或少参与紫砂行业"紫砂门"造假事件。

"紫砂门"事件在广大消费者中引起极大反响,不少已购买美的或九阳紫砂煲的市民在论坛上发帖表示愤怒,并打算退货。有市民表示,"花高价购买了一个泥巴做的锅,如此知名的品牌与企业也做这样的虚假宣传,欺骗消费者,实在让人痛心",也有市民怀疑"不知道其他没被曝光的紫砂煲产品是不是也是假的"。

2010 年 5 月 23 日下午,美的生活电器事业部在回应"假紫砂煲事件"时,正式向消费者和媒体表示道歉,并解释称,被曝光的美的紫砂煲是由美的生活电器制造有限公司的子公司美的电炖锅公司生产,该子公司将该产品的内胆宣传为"天然紫砂内胆",属于不实的宣传。

同时,该事业部承诺立即纠正不实宣传,对美的电炖锅公司立即停产整顿,停止销售。美的电炖锅公司的相关负责人因管理不善已被停职。对于已经购买了紫砂锅的消费者,美的生活电器事业部承诺:"按照国家有关规定,在全国商场和售后服务网点,设立退货点,接受消费者的退货,并设立了消费者咨询处理热线。美的公司还称,根据《国家陶瓷及水暖卫浴产品质量检验中心》检测报告,美的紫砂煲内胆、紫砂盖,无毒无害,请消费者不要恐慌。

2010 年 5 月 24 日,记者走访发现,一夜间,美的、九阳品牌的紫砂煲在广州各大家电商场销声匿迹,被全部撤架。美的生活电器事业部就此向消费者道歉，并称已停止销售相关产品，接受消费者的退货。

又陷"改口门"。曾经承诺无发票也可以退货的美的27日下午"改口"，记者受消费者委托前往退货时得到答复，没有发票概不退货。美的紫砂煲被央视曝光后，美的曾一度承诺全面退货，只要购买的是美的紫砂锅，无论是否保留原始发票，均可退货。不过，美的已经在27日下午调整了退货方案，称只有具备原始发票，带上身份证复印件，到原购买点才可以进行退货。美的生活电器的售后服务中心的员工告诉记者，28日下午4时左右，美的公司发出通告，说美的紫砂煲已经进过国家权威部门的鉴定是无毒无害，所以出台新的退货规定，购买美的紫砂煲的顾客必须持有正规发票或电脑小票，且发票的日期在一年之内，即2009年5月27日以后（包括5月27日），才可以在所购买的门店或售后点办理退货。对于美的所说的"国家权威部门"，工作人员表示是广东省质检总局，根据质检总局新做的检测报告，美的紫砂锅鉴定为无毒无害，符合3C认证，也符合食品安全法，因此可以放心使用。记者致电广东省质监局求证时，省质检部门并没有承认这一说法，并表示不可能由美的方面来发布信息。不过，省质检部门也没有否认已经在做相关的工作。在美的对待消费者的口径中，媒体的报道成为"不当"报道——就是把普通的陶瓷锅作为天然紫砂来宣传。但当记者质疑表示"因为锅上写的是紫砂，明明买的是紫砂锅，怎么突然之间变成了普通的陶瓷锅"时，工作人员只含糊地表示"美的会停止生产'不当'宣传里面涉及的产品，并停止销售和回收，用来改正不当宣传"。

对此退货机制，记者咨询了北京市汇佳律师事务所苗运平律师。苗律师表示，美的明知其紫砂煲产品的原材料是普通陶土还宣传成紫砂，这是美的的故意行为，这种行为就是欺诈。既然是欺诈，理应遵循《消费者权益保护法》第49条的规定，双倍赔偿消费者，而收取折旧费则是不合理的，消费者是听信了美的"富含紫砂、健康养生"的虚假宣传才购买了紫砂煲，属于误买，退货时收取折旧费是一种强迫交易的行为，是没有道理的。

6月17、18日，由中国家电协会与中国陶瓷协会主办召开《家电用陶瓷内生产应用情况研讨会》，6月21日上述协会的官方网站公布了企业抽检结果和专家论证鉴定结果，并由两家协会发布了联合声明：与会专家一致认为紫砂隶属陶器，紫砂是一种更为安全的无机材料、是稳定的物质、是无毒无害，安全卫生的。紫砂矿并非江苏宜兴独有，在我国广大地区都有比较丰富的储量。其他地区的紫砂矿材料同样也可以生产紫砂产品，但"宜兴紫砂"的文化内涵最为突出。

从 5 月 23 日央视《每周质量报告》开始，历经近一个月的在社会上引起轩然大波的"紫砂门"事件到此权威部门终于做出结论。

2010 年 7 月 13 日下午，北京市宣武法院开庭审理一名消费者向美的公司双倍索赔案，此案系由央视《每周质量报告》曝光美的紫砂养生煲含有化工原料后，消费者以欺诈为由，起诉美的厂家和销售方。消费者尹先生拎着一台美的养生紫砂煲到了法庭，他介绍说，今年 5 月 25 日，他通过媒体了解到，该产品并不是由紫砂制成，而且添加了化工原料铁红粉、二氧化锰、氧化镍等。他认为，美的公司构成欺诈，要求偿还货款 299 元，赔偿损失 299 元及精神损失费8000 元。

法庭上，美的公司的代理人否认欺诈，称美的紫砂煲完全符合紫砂陶器产品生产和检验的国家标准，无毒无害。代理人称，整个事件都基于央视《每周质量报告》的报道引起，但他认为该报道有误，比如没有采访紫砂专家、科研机构，使社会公众错误地认为"紫砂"是一种比黄金还要贵的原料，不了解在紫砂陶器表面加入极少量的三氧化二铁或二氧化锰是制作紫砂陶器的工艺之需，误导了消费者。该代理人还称，目前广东省的工商、卫生和安检部门正在调查此事，结果还没出来，希望法院中止审理案件。法院暂时未对美的公司代理人的申请做出决定。

（二）美的"紫砂门"危机事件处理的案例分析与评价

根据危机公关 5S 原则，对案例做如下点评：

1. 承担责任原则（SHOULD THE MATTER）

品牌危机发生后，公众和媒体对企业形成一种期望，希望企业有所作为，承担责任。因此，不管责任在于谁，企业应首先表现出对受伤害者、品牌利益关系人负责任的态度与行为。本案例中，事件发生后，美的声称被曝光的美的紫砂煲是由美的生活电器制造有限公司的子公司美的电炖锅公司生产，该子公司将该产品的内胆宣传为"天然紫砂内胆"，属于不实的宣传。把责任推给子公司，再加上部分媒体的负面报道，使得顾客产生恐慌，产生退货潮，甚至导致顾客对整个紫砂产业的质疑。不符合承担责任原则。

2. 真诚沟通原则（Sincerity）

品牌危机沟通要诚意、诚恳、诚实。本案例中，美的紫砂煲被央视曝光后，美的曾一度承诺全面退货，只要购买美的紫砂锅，无论是否保留原始发票，均可退货。不过，美的已经在 27 日下午调整退货方案，称只有具备原始发票，带上身份证复印件，到原购买点才可以进行退货，出尔反尔让顾客的不满再度升级。事件发生后，美的并未主动与媒体沟通，导致媒体报道的"专家称"添加物将对人体造成伤害的传闻散播开来，致使美的的信誉受到严重打击。在后期的论证阶段，美的将解释的重点放在该产品的安全上，经质检总局新做的检测报告，美的紫砂锅鉴定为无毒无害，符合 3C 认证，也符合食品安全法，但忽略了消费者是相信该产品使用了"紫砂"材质而选择购买，这其中涉及的虚假宣传乃至"欺诈"行为被淡化了。不符合真诚沟通原则。

3．速度第一原则（Speed）

要求在第一时间里正确地处理品牌危机事件。5 月 23 日中午央视新闻曝光，5 月 23 日下午，美的生活电器事业部就出面回应"假紫砂煲事件"，正式向消费者和媒体表示道歉，能比较快的应对此突发事件。符合速度第一原则。

4．系统运行原则（System）

品牌危机管理涉及多方面的系统运作，各部门的配合。本案例中，美的公司并未启动由公司高层领导领头的危机处理系统，也没统一新闻发言人，质检部门动作迟缓，没做好内部沟通，在后来的退货政策上出现口径不一致的情况，整个品牌危机处理过程缺乏主动，处于被动灭火的状态，危机处理整体效果欠佳。不符合系统运行原则。

5．权威证实原则（Standard）

品牌危机管理要求企业充分发挥和随时调动新闻媒体的权威传播功能；争取权威机构的支持；争取消费者代表的支持。本案例中，后期，广东省的工商、卫生和安检部门介入调查此事，由中国家电协会与中国陶瓷协会官方网站公布了企业抽检结果和专家论证鉴定结果，并由两家协会发布了联合声明认为紫砂是一种"更为安全的无机材料"，"紫砂是稳定的物质，是无毒无害，安全卫生的"，对缓解公司的舆论压力有一定支持，另外，美的公司同时还应主动争取媒体的同情与支持，通过媒体向真诚向消费者道歉，表达企业为消费者负责任的态度，公布加强生产管理的措施。符合权威证实原则。

总结整个事件，我们可以发现，从 5 月 23 日央视《每周质量报告》曝光美的电炖锅公司早前对外号称"纯正紫砂烧制"的"紫金风火内胆"，不仅只使用田土、红土等普通陶土配制，其中还添加了三氧化二铁、氧化镍、二氧化锰等化工原料，相关专家表示，这几种化工原料都有毒性和致癌性，如果摄入过量，将对人体造成危害，并且存在虚假宣传，甚至涉及"欺诈"行为，到美的公开处理相关责任人。这一过程，虽然采取了积极的应对措施，但不少消费者仍然表示，美的已丧失了诚信，对"美的"品牌的印象也大打折扣，可见一旦出现质量问题，即使解释再冠冕堂皇，信任危机总是无法避免的，而此事件主要存在两个问题，一是那些添加物会否给顾客带来伤害？二是美的宣传的"紫金风火内胆"是否是真的紫砂材质？能切实解决这两个问题，那么危机就不会愈演愈烈。

5.6.3 双汇"瘦肉精"危机管理案例

（一）双汇"瘦肉精"危机事件回顾

2011年3月15日央视《每周质量报告》曝光出济源双汇食品有限公司收购"瘦肉精"猪肉，新闻发布的当天下午，双汇集团旗下上市公司双汇发展封住跌停，双汇对外回应正在调查济源"瘦肉精"事件。次日，双汇集团发布致歉声明，同时责令济源工厂停产自查。3月17日双汇集团再就"瘦肉精"事件发布声明，称将召回济源双汇在市场上流通的产品，并对济源双汇总经理、主管副总经理、采购部长、品管部长等部分高管予以免职。3月23日双汇紧急召开4000多人规模的全国经销商视频会议，对产品的下架危机寻找应对的措施，以保住市场和经销商不被雨润挖走。3月25日双汇集团再次召开了全国供应商视频会议，试图安抚处境艰难的供应商，鼓励大家一起共渡难关。

3月26日双汇集团董事长万隆，曾小规模邀请部分媒体进行沟通并表示双汇是"代人受过"，真正的罪魁祸首是生猪养殖业秩序混乱和动物检验检疫标准过于宽松。"代人受过"的言论再次引起媒体的广泛评论。

3月31日双汇召开"万人职工大会"，会议包括双汇集团所有管理层、漯河本部职工、经销商、部分新闻媒体等万人参加。此次会议是双汇陷入"瘦肉精"风波后召开的第三次公开会议，也是规模最大的一次。在大会上，万隆代表管理层向消费者再次致歉，并对曝光"瘦肉精"事件的央视等媒体也表达了感谢，期望继续得到在场的经销商、供应商、投资者以及金融部门的支持。为消除影响，杜绝类似事件的再次发生，万隆宣读了双汇集团的六项决定：1. 强化源头控制，执行生猪头头检验，原辅料强化批批检查。2. 成立双汇集团食品安全监督委员会，监督企业各个环节。3. 建立双汇集团食品安全奖励基金，每年"3·15"做总评。4. 建立食品安全举报制度。5. 引入"中国检验认证集团"作为独立监督机构进行第三方监；6. 加快养殖业发展，进一步完善产业链，提高企业对产业链上下游的控制力。

在大会上，万隆承认"瘦肉精"事件对双汇影响巨大：3 月 15 日双汇发展（17.64，－0.03，－0.17%）股价跌停，市值蒸发 103 亿元；半个月以来双汇被影响的销售额达 15 亿元；济源双汇处理肉制品和鲜冻品直接损失预计 3000 多万元；由于"瘦肉精"事件实行生猪头头检查导致全年预计增加检测费 3 亿多元；品牌美誉度受到巨大伤害。按照万隆公布的数字，双汇能够计算的损失已超过 121 亿元；对于品牌形象伤害带来的经济损失，双汇没有给出具体的估算。

但双汇努力用行动挽回信心，让公众看到了双汇的诚意与大企业的责任感。最终，"瘦肉精案"在焦作中院一审宣判，五名被告系共同犯罪，"以危险方法危害公共安全罪"罪名成立。其中，瘦肉精生产者刘襄被判死刑，缓期两年执行；同伙奚中杰被判无期徒刑。值得庆幸的是，双汇没有成为第二个三鹿，遭受灭顶之灾。

（二）双汇"瘦肉精"危机事件处理的案例分析与评价

根据危机公关 5S 原则，对案例做如下点评：

1. 承担责任原则（SHOULD THE MATTER）

品牌危机发生后，公众和媒体对企业形成一种期望，希望企业有所作为、承担责任。因此，不管责任在于谁，企业应首先表现出对受伤害者、品牌利益关系人负责任的态度与行为。本案例中，在央视曝光"瘦肉精"事件后，可以看到双汇第一时间承认央视的报道属实；并向公众发布致歉声明；同时责令出问题的工厂停产自查。之后采取一系列的措施去补救：召回了济源双汇在市场上流通的所有产品；将济源双汇的部分高管免职，整顿管理层；在万人大会上提出六点双汇集团的整顿之策"执行生猪头头检验，原辅料强化批批检查"；成立双汇集团食品安全监督委员会，监督企业各个环节；把 3 月 15 日定为"双汇食品安全日"；建立食品安全举报制度；引入"中国检验认证集团"作为独立监督机构进行第三方监测；加快养殖业发展，进一步完善产业链。但是事情发生后，万人大会中万隆没有把消费者的利益放在首位，转而向媒体大篇章的叙说双汇损失了 121 个亿，集团万隆董事长不关心消费者的身体健康，却只在乎双汇集团的盈利情况，极大地伤害了消费者的利益。看不到企业对消费者补偿的迹象，由此让消费者难以快速消化这样的危机事件，从而引发对企业的信任危机。不符合承担责任原则。

2. 真诚沟通原则（Sincerity）

品牌危机沟通要诚意、诚恳、诚实。本案例中，事件发生后，双汇集团对待出现的问题没有选择逃避，而是不断召开会议，每次的会议上都会向公众表示深深地歉意，这一点可以看出双汇的首态是真诚的。在万人大会上，双汇的掌托人万隆在会议上先行鞠躬道歉；再公布采取的一系列措施补救，例如实行"生猪头头检验，原辅料强化批批检查"；也通过电视、网络、报纸等平台广泛重新拾回公众的信心。但在沟通方面也有些地方做得不足，双汇董事长万隆曾小规模邀请部分媒体进行沟通并表示双汇是"代人受过"，真正的罪魁祸首是生猪养殖业秩序混乱和动物检验检疫标准过于宽松。"代人受过"的言论引起媒体的广泛评论，这点难免有把责任推给他人之嫌。在召开万人大会的现场，众多经销商对万隆和游牧的发言给予了掌声，且有经销商用"万总万岁！双汇万岁"的口号表达对双汇的支持、还出现企业名称拼音出错的乌龙事件。双汇并没有高姿态的承担责任，却有推卸责任之嫌。不符合真诚沟通原则。

3. 速度第一原则（Speed）

要求在第一时间里正确地处理品牌危机事件。本案例中，双汇在央视报道曝光后的当天下午，旗下上市公司双汇发展封住跌停，并对外回应正在调查济源"瘦肉精"事件。次日，双汇集团发布致歉声明，同时责令济源工厂停产自查。48 小时后，双汇集团再就"瘦肉精"事件发布声明，称将召回济源双汇在市场上流通的产品，并对济源高管予以免职。双汇对待事件，不断地与时间赛跑，在舆论的风口抢夺时间，道歉并施加补救措施，通过媒体给公众一个交代。之后又不断召开视频会议，安抚处境艰难的供应商一同渡过难关。但是在 3 月 15 日央视报道后，一直到 3 月 16 日 11 时才首次发表声明，中间间隔将近 24 小时没有任何形式的说明，这一时差导致了消息的肆意传播，导致了事态的恶劣发展。不符合速度第一原则。

4. 系统运行原则（System）

品牌危机管理涉及多方面的系统运作，各部门的配合。本案例中，双汇在事件发生后，第一时间对旗下上市公司双汇发展封住跌停。次日对"瘦肉精"事件公开道歉先承担起企业的责任，安抚民众挽救企业名誉。之后，对济源工厂停产整顿、免职高层负责人，查找出现问题的原因。不断召开会议，先安抚媒体和公众，再召开视频会议安抚企业员工和经销商，陆续采取一系列的措施补救，可以看出双汇在对待危机事件处理上，有其轻重，牢牢地以消费者为优先，危机应对措施妥当，有系统性。符合系统运行原则。

5. 权威证实原则（Standard）

品牌危机管理要求企业充分发挥和随时调动新闻媒体的权威传播功能；争取权威机构的支持；争取消费者代表的支持。本案例中，双汇在处理危机上，与中国检验认证集团签订长期战略合作协议。中检集团是独立的第三方质量检验机构，此次与双汇合作，将全方位监督双汇质量安全。截至2011年4月18日8：00，全国各地执法部门对双汇产品进行普查和抽检，100多个地区的执法部门相继公布普查和抽检结果，双汇产品全部合格，均未检出"瘦肉精"。但遗憾的是，在如何确保食品安全的实际行动中，除了广告投放外，双汇并未进行相应有足够影响力的公关活动，更没有与媒体和公众进行很好的互动以使双汇重拾公众的信任。不符合权威证实原则。

综上，双汇虽然采取一系列应对危机的措施，但仍然没有完美地解决危机的影响。其实，对企业而言，一旦发生危机，在其出现的最初12－24小时内，坏消息会像高致病病毒一样，以裂变的方式呈几何倍数速度高速传播，这对企业而言是非常危险的。因此危机发生后，公司必须当机立断，快速反应，争取在第一时间与媒体和公众进行沟通，防止事态的恶性发展。在危机爆发过后，作为有责任企业应该，站出来首先提出如何对消费者的损失进行赔偿，这才是王道。而在面对质疑时，与其掩耳盗铃，还不如自曝真相，表露出企业的诚，企业坦诚有利于让关心企业发展的人消除顾虑，重新树立对企业的信心，赢得更多的口碑。

5.6.4　光纤被挖断事故中的支付宝危机管理案例

（一）　光纤被挖断事故中的支付宝危机事件回顾

2015年5月27日下午5：30左右，支付宝出现全国范围的系统瘫痪。大批网友反映，支付宝出现网络故障，淘宝购物、第三方网站付款、支付宝钱包各项功能全部无法使用，连支付宝头像都无法显示。这些行为引得网友们一阵紧张，而大家最关心的问题是支付宝里的资金是否安全。

对此，傍晚6：05，支付宝无线支付官方微博做出官方回应："由于杭州市萧山区某地因市政施工过程中光纤被挖断，导致支付宝一个主要机房受影响，造成全国部分用户无法使用支付宝，运营商正在抢修，支付宝工程师正在紧急将用户请求引流至其他机房，受影响的用户正在逐步恢复。您的资金安全并不会因此受到任何影响。如果出现交易信息不同步的情况，在修复后会恢复同步。所以，请大家放心"。

晚上7：30，支付宝再次发声，表示支付宝已恢复正常使用："亲，之前由于杭州萧山某地光纤被挖断导致部分支付宝用户无法正常使用，目前已经恢复正常服务。欢迎继续使用"。同时发布声明，对网友关心的问题一一做出回应。

随后，不少网友又留言给支付宝的修复速度点赞，并调侃："再次看到钱乖乖躺在余额宝里，竟然有种莫名的幸福感"。支付宝相关人士表示，将继续推进技术升级，完善异地多活的系统架构，即使未来出现类似情况，异地切换时尽量做到让用户最小感知甚至无感知。

虽然支付宝已恢复正常，也发出了声明，但还是引发了人们对支付宝灾备能力的种种猜测，甚至有人怀疑"挖断光纤"的说法是否真实？支付宝及背后的阿里云的安全体系是否存在重大隐患？

于是，5月28日，中国电信向财新记者证实，支付宝使用的光纤属于中国电信，昨日确实有施工方不慎挖断了光纤。

财新记者获得一份由中国电信杭州分公司发给阿里巴巴的故障说明函影印本。该函件称，5月27日16：40分杭州市政建设工程（杭州萧山机场公路改建项目西兴互通工程建设市政配套电力管线工程）在杭州市钱江三桥南与风情大道交叉口施工，在没有通知电信的情况下，擅自在管道上施工，导致管道内的四条大对数光缆中断。中国电信称，被影响的管线是已经按照指挥部规划新建的管道，以此说明自身并不对这一意外事件负有责任。中国电信称，5月27日20：40至5月28日3：57，光缆陆续抢修联通，业务逐步恢复。电信在信函中对此次事故对阿里造成的影响表示道歉。实际上，由于该光纤被挖断，阿里巴巴云业务、网易LOFTER业务都受到影响，网易方面在5月27日通过认证官方微博做出了声明，但相对用户量巨大的支付宝，并未引发公众关注。

据财新记者了解，中国电信得知光纤被挖断之后，第一时间给阿里云发去了通知，也告知阿里云何时抢修完成。5月28日下午，中国电信的相关负责人与阿里云相关业务负责人一起召开了会议，专门复盘事故，旨在更好的合作保障网络安全。

而随着中国电信证言的发布，支付宝瘫痪事件总算是告一段落。

（二）光纤被挖断事故中的支付宝危机事件处理的案例分析与评价

根据危机公关5S原则，对案例做如下点评：

1. 承担责任原则（Shoulder the matter）

品牌危机发生后，公众和媒体对企业形成一种期望，希望企业有所作为，承担责任。因此，不管责任在于谁，企业应首先表现出对受伤害者、品牌利益关系人负责任的态度与行为。本案例中，支付宝发布声明的态度端正，并没有推卸责任，而是先向用户道歉，然后再做出客观事实陈述，既解释故障原因，又承诺支付宝系统本身并无隐患，维护了支付宝声誉。也许关于技术解释或保证不容易让人信服，但至少敢于做出承诺，多多少少让用户和网友安心了。符合承担责任原则。

2. 真诚沟通原则（Sincerity）

品牌危机沟通要诚意、诚恳、诚实。本案例中，支付宝官方声明用词诚恳，且对网友、竞争对手、专业人士提出的问题都一一做出回应，站在用户和客户的立场上去思考问题、解释问题、提出解决方案，一切以事实为基准。符合真诚沟通原则。

3. 速度第一原则（Speed）

要求在第一时间里正确地处理品牌危机事件。本案例中，支付宝方面在事件发酵时，及时进行问题排查，事发后半个小时即做出官方回应。140个字的限制下，在微博中对事故原因、修复措施、用户资金等关键问题一个也没落下。事故中，官网持续回复，保持用户信心。事件解决后，再次通过官方进行详细解释，使得危机迅速平复，遏制流言产生。即使声明的说服力有待考量，但至少在第一时间给了用户一个明确的交代，稳定了民心。符合速度第一原则。

4. 系统运行原则（System）

品牌危机管理涉及多方面的系统运作，各部门的配合。本案例中，危机发生后，支付宝公关快速、冷静、有效，掌控全局。符合系统运行原则。

5. 权威证实原则（Standard）

品牌危机管理要求企业充分发挥和随时调动新闻媒体的权威传播功能；争取权威机构的支持；争取消费者代表的支持。本案例中，为消除大众的疑虑，支付宝通过财新记者得到的中国电信杭州分公司发给阿里巴巴的故障说明函影印本，作为权威机构来证实支付宝使用的光纤属于中国电信，也确实有施工方不慎挖断光纤这一基本事实。符合权威证实原则。

总的来说，阿里不愧是公关大手，整个事件，支付宝处理得冷静、有序。而在支付宝本次危机事件背后，也有一些问题值得思考。

在互联网越来越与人们日常生活密不可分之际，互联网公司的网络安全问题成为越来越重要的命题。部分网友认为阿里巴巴既没有预防到来自网络运营商的风险，也没有做预防措施以应对这样的风险，更无法保证今后出现类似的故障能够第一时间恢复服务。当然，也有网友表示，像支付宝这样的故障，其实不少的银行网银服务在此之前也有过。对支付宝网络故障这么关心，只能说明大家对支付宝的依赖程度更高，或者就是竞争对手在黑支付宝。有业内人士评价本次事件，认为从5点到7：30，支付宝整个瘫痪过程长达2.5小时，尽管用户资金并未发生问题，但相当于大楼突然断水断电，给人们的日常生活带来不便。业内人士普遍认为，系统故障对数据机构而言实属正常，但这次支付宝故障时间偏长，一定程度反映出互联网公司在风险控制、灾备工作等方面的缺陷。

网友吐槽"再牛的互联网公司，也干不过挖掘机"，虽然有娱乐成分，但这也确实给有关部门和互联网企业提了个醒，如此重要的网络，不能再这么脆弱了。

一名有十多年网络通信技术经验的专家对支付宝回应表达了一些看法："从技术理论上讲，像支付宝这样涉及大量用户资金安全的系统是应该做到多地、多服务器实时备份以及热切换的，即使在支付系统集群网络里面的某个节点因为不可控制的因素而瘫痪，其他节点也是应该自动和实时地进行热切换，以保证用户资金的安全以及无间断的工作。所以，支付宝因为杭州某地光纤被挖断就出现整个这样的故障情况，也让人们对其可靠性产生了一定的疑问"。

可见，从数据安全的角度去考虑，一个完善的支付系统应该要同时做到数据记录的完整性以及工况的无间断性。从支付宝本次故障事件看来，它显然在后者上有所欠缺。要彻底解决这两个问题，除了可以引入高成本的实时热备份方案去解决中心化支付系统中存在的问题，也可以引入近年来比较流行的区块链数据和传输的技术结构。

像 BitShares（比特股）这个近年来不断流行起来的跨境支付系统采用的就是区块链技术。在数据记录存储的这方面，比特股的区块链包含了整个系统中所有用户的数据，每一台下载了比特股钱包的电脑都是这个网络中的数据节点，从这个意义上讲，整个比特股网络可以有几千个、几万个甚至几十万个数据存储中心，而且数据存储成本非常低。目前，在中心化的支付系统数据存储解决方案里，还没有任何一种方案能超越比特股系统在数据存储上的分布性和安全性。

至于异地实时热备份的问题，由于比特股采用了技术界称为 DPOS（多微处理机操作系统）的共识机制，并提供整个网络的交易最少在 10 秒钟内就能同步到整个区块链的所有节点里面，而且负责转账记录打包和处理的关键节点是可以通过动态选举产生的，不容易发生因某个节点瘫痪而影响整个支付系统运作的情况。

支付宝可向区块链系统学习。得益于这样的设计，比特股系统实现了 BitC-NY（比特元）、BitUSD（比特美元）等实用的支付功能。这样基于区块链的去中心化支付系统近年来已经获得了金融界和技术界的持续关注。就连 IBM、Facebook、Overstock（美国大型折扣网站）这样的巨头以及各家跨国风投资本也开始往区块链行业进行巨额的投资，期望能在早期介入而获得更多的回报。

像美国这样的发达国家，也在讨论如何更好地监管和规范这样的系统，以使区块链应用更好地服务各行各业，那么，支付宝是否可以向比特股这样的区块链系统学习其技术上的优点呢？我们拭目以待。

第六章
品牌危机的应急处理对策

本章主要针对品牌危机发生后，企业应该采取的应急处理对策，以避免品牌形象与品牌资产迅速恶化。

6.1 组织决策与应急机制安排

互联网与手机短信的普及使企业品牌危机扩散更加便捷、迅速，也使企业品牌危机管理的时间更加紧迫。当企业爆发品牌危机时，企业应迅速启动品牌危机处理机制，以避免事态的扩大化。在最短的时间里成立以董事长或总经理为首的品牌危机特别处理小组，下设品牌危机调查组、危机对策决策组、媒体与社会公众沟通处理组（新闻中心及新闻发言人）、危机紧急抢救组（对受害者进行救护、产品召回、其他紧急对策的执行等）、受害者处理组、员工沟通处理组、其他利益关系人（政府部门及相关权威部门、经销商、供货商、股东、金融公众、竞争者等）沟通处理组、后勤组等，全面启动品牌危机管理工作。

当品牌危机发生时，企业最高领导人有必要亲自赶到危机现场。企业最高领导人也许对情况的细节了解得没有本地管理层多，但他们赶往危机现场可以向媒体与社会公众传递了企业对品牌危机事件很关注与负责任的态度。当品牌危机发生时，品牌危机特别处理小组要迅速调查品牌危机爆发的成因、现状、主要涉及的利益关系人，迅速提出有效的危机对策，并迅速执行，安抚主要涉及的品牌利益关系人，以期迅速平息品牌危机。"如果你站着不动，那么即使你在正确的道路上，也会被撞倒"。品牌危机发生后，迅速采取行动很重要，同时制定的应急处理对策也要得到迅速执行。

6.2　品牌利益关系人理论与品牌危机应急处理

6.2.1　品牌关系、品牌生态与企业利益相关者理论

体验经济的到来，品牌消费导向的盛行，顾客关系资产的认同及品牌个性的奠基性研究，使品牌与消费者的关系逐渐成为品牌理论的研究焦点。于治江认为品牌是一种复杂的关系整合体，品牌关系不应该局限于品牌与顾客之间的关系，它包含了产品、顾客、公司，以及其他利害关系者之间的关系总和。品牌是这四种关系属性在一定时期的商业整合与互动过程中形成的相对统一的关系模式，并为关系者创造和带来价值的一种模式。

随着研究与实践的深入，人们发现品牌与其外部环境构成一个生态系统，品牌的发展不仅要处理好与直接消费者的关系，而且还要处理与品牌整个外部环境的关系。张锐等人提出品牌生态系统及生态型品牌关系的概念。其中，品牌生态系统是指由品牌与品牌产品、品牌拥有企业、企业股东、供应商、最终顾客、中间商、竞争者、金融机构、大众媒体、政府、社会公众、相关企业，以及品牌生态环境（包括社会、经济、文化、自然环境）等所组成的人工生态系统；生态型品牌关系是指企业品牌与品牌生态系统成员之间的和谐关系，也可称为品牌生态关系，其实质就是经营品牌生态系统中的各种互动关系网络。

所谓利益相关者（stakeholder）是从股东的英文单词 stockholder（股票持有者〈股东〉）一词演化而来的，当代西方企业伦理学家把凡与企业产生利益关系，从而与企业发生双向影响的个人和团体，包括股东、雇员、顾客、供应商、零售商、社区及政府等，都视为企业的利益相关者。公司利益相关者的观点是从另一个角度思考公司"是什么"，并且从利益相关者的角度思考公司应有的经营方式。

6.2.2　品牌危机处理的品牌利益关系人理论

在以上分析前人研究成果的基础上，本文提出品牌危机处理的品牌利益关系人理论，其主要理论基础是品牌关系理论、品牌生态理论、企业利益相关者理论，阐述具体如下：

正如第五章中所述，本文所指的品牌利益关系人主要指目标消费者、经销商、供应商、金融企业、媒体部门、政府与相关权威部门、企业股东、企业员工、社区公众、竞争者、一般社会公众等。品牌是一种承诺，品牌价值存在于消费者心中，同时也存在于其他利益关系人心中。利益是社会经济行为主体在市场交换过程中的所得（这里所述的利益是指广义意义上的利益，不是指狭义上的经济利益）。企业品牌的本质是不同个人与组织参与市场价值交换的一种形式，而企业品牌管理的本质就在于如何通过个人或组织间的协作使各行为主体，即品牌利益关系人取得更大的利益。利益既是品牌利益关系人的行为出发点，又是市场交换过程中不断博弈的结果，因此，利益关系问题贯穿企业品牌关系管理的始终。当发生品牌危机时，原有的品牌利益关系人的利益平衡受到破坏，品牌利益关系人就会倾向于采取措施来规避自己利益的损失，而他们的行动可能会进一步扩大企业的品牌危机，从而可能破坏各品牌利益关系人的利益。品牌利益关系人之所以愿意采取合作行为，是基于对利益的期望，以及相信企业将来对其所期望利益的履约能力的信任。因此，当品牌危机发生后，企业应当识别关键的品牌利益关系人，按轻重缓急列出危机处理与危机沟通的先后顺序，并采取有效的行动和沟通活动来说服关键的品牌利益关系人配合企业的品牌危机处理工作，以真正维护各品牌利益关系人的中长期利益。

6.3　基于品牌利益关系人理论的品牌危机应急处理对策

当品牌危机事件发生后，一般来说，受害者、媒体、政府部门及相关权威部门等三类品牌利益关系人的处理对迅速平息品牌危机是至关重要的。第一，受害者受到伤害程度、受害者对企业的态度、受害者对企业的控诉成为媒体报道的最重要的素材。因此，企业要迅速安抚受害者，保护和补偿受害者的利益，避免受害者成为媒体负面报道的根源。第二，媒体的报道左右了品牌危机事件的社会舆论，直接影响其他品牌利益关系人的态度与行动。因此，企业要主动与媒体沟通，争取媒体报道中的主动权，引导有利于品牌形象的社会舆论，避免品牌负面报道引发多米诺骨牌效应，确保其他品牌利益关系人对企业和品牌的信心与支持。第三，政府部门和相关权威部门的态度会影响媒体报道的态度与方式，影响其他品牌利益关系人的信心。因此，企业要争取政府部门和相关权威部门的支持。

在安抚受害者、争取政府部门及相关权威部门支持、媒体正面报道的基础上，企业还要与内部员工、顾客、经销商、股东、金融企业、竞争者等其他品牌利益关系人进行真诚沟通，并适当承诺，争取他们的支持，共渡难关。

第一，越来越多的成熟企业在发生品牌危机后能做到迅速而有效地与外部利益相关者进行沟通，而往往忽视了与企业员工进行危机沟通的重要性。公司员工往往从广播、报纸、电视、网络或者公司内部的小道消息得知企业正处于品牌危机，而不是从管理层那里得知，这可能导致员工对公司与自己的前途感到迷茫、失落、恐慌、无所适从、人人自危。当危机来临时，员工可能没有坚守岗位，公司内部经营秩序乱成一团；当接受媒体采访时，员工可能会发泄自己内心的不满。因此，在品牌危机来临时，企业应及时与员工进行沟通，确保员工的工作热情及对公司的忠诚与责任心，与公司共渡难关。

第二，在所有的品牌关系中，品牌与顾客的关系是最重要也是最基本的关系，这是因为顾客是品牌价值创造的真正资源，而另一方面，现代工业的大规模生产使得商品流通问题更加突出，品牌与经销商的关系也值得关注，在现代经济中，经销商正扮演着一个日趋重要的"通路守门人"角色。所以，许多著名企业如宝洁、通用汽车等卓越品牌在强调消费者关系的同时，也开始改变传统的交易型营销渠道策略，强调与经销商建立长期的品牌关系，期望最终拥有一批忠诚的经销商。当发生品牌危机时，经销商很容易对品牌失去信心，加上竞争品牌的引诱，经销商很容易动摇与背叛。因此，企业很有必要在品牌危机中及时安抚经销商，确保销售通路安全。

第三，品牌危机期间，对生产性企业来说，供应商停止供货并催收货款会使企业正常生产受影响；对服务性企业来说，特别是零售业，某些供应商一旦停止供货并催收货款，容易引起其他供应商连锁反应，零售企业经营就会陷入困境，并引发资金链断裂，使品牌危机进一步扩大。因此，在品牌危机中，确保供应商的支持也成为企业的一项重要工作。

第四，企业发生品牌危机时，股东的行为（如抛售股票）可能会加剧品牌危机。1999年可口可乐在欧洲发生由于产品质量问题而导致的产品召回事件，公司股东迅速反应，抛售股票，致使公司股票下跌25%。股东作为企业的所有者，有权享有知情权。因此，品牌危机中，与股东、投资者的关系处理非常重要。对上市公司来说，股东、投资者数量多而分散使得品牌危机中与股东关系处理显得很困难。

第五，当企业发生品牌危机时，出于对自身风险的规避，金融企业往往会停止对企业的贷款，并催收到期或尚未到期的贷款，可能引发企业资金链断裂，使危机进一步扩大。所以，品牌危机中，企业应确保金融企业能继续为企业提供信用支持。当企业发生品牌危机时，竞争者很可能落井下石，以蚕食企业市场。因此，企业应关注竞争者的行动，并说服竞争者共同维护行业的繁荣。

6.3.1 迅速安抚受害者

直接受害者一般情况下是指品牌消费者，但也有可能是员工或其他品牌利益关系人。品牌危机中，直接受害者认为自己受到企业伤害（不管事实上是企业的责任还是受害者本身的责任），情绪比较不稳定，态度偏激，并且其态度与行为易被媒体关注。如果受害者面对媒体时，能主动维护企业的品牌形象对于引导社会舆论是最具说服力的。而企业在安抚和保护受害者利益方面的负责任的态度与采取的措施，也将成为媒体正面报道的最重要的素材，将有助于企业在品牌危机中树立良好的品牌形象。因此，企业与直接受害者关系处理成为品牌危机处理的一个关键环节，企业在处理品牌危机事件中要关注直接受害者的利益和感情，尽量避免受害者面对媒体时走到企业的对立面。

（1）对受害者及时进行救护，采取措施避免受害者继续受伤害

要采取措施及时救护受害者，避免受害者继续受伤害，避免给消费者及媒体落下口实。即使责任不在企业，也要给消费者以人道主义的关怀，为受害者提供应有的帮助，避免由于受害者的不满，而使品牌危机升级。

（2）迅速沟通，安抚受害者，达成和解

以最快的速度，派专人负责与被害者接触、沟通，主动表示承担责任，并诚恳地道歉，有必要时可通过媒体向所有受影响的消费者及公众致予诚挚的歉意，安抚直接受害者的情绪，避免直接受害者偏激言行；避开在事故现场与受害者发生争辩，即使受害者有一定责任，也不要现场追究，不要一味地为自己辩解，推脱责任只能使品牌丧失信誉，毁坏原有的形象；认真了解受害者的情况，冷静地听取受害者的意见，了解和确认有关赔偿要求，和消费者达成和解，尽量避免通过司法途径来解决与消费者的纠纷。此外，尽快向受害者及其家属公布及实施补偿办法及标准。通过以上措施，可使品牌危机影响朝着有利于企业的方向发展。

（3）若品牌危机是产品质量事故引起的，应对存在质量问题的产品及时进行召回

产品召回是重大事故，一次产品召回足以毁坏品牌的信誉，减少现在和将来的销售，并让消费者怀疑公司提供的其他产品或服务的安全性。但如果政府及相关权威部门、企业质量检测部门已经确认产品存在严重缺陷，特别是会危及消费者健康或生命，那么企业就必须迅速召回产品，并采取相关补救措施，树立一种负责任的品牌形象。

（4）2006 年宝洁公司的 SK－Ⅱ事件案例回放

宝洁旗下的 SK－Ⅱ品牌成为 2006 年度企业危机的一大"亮点"，发人深思。宝洁公司由于对消费者利益处理不当，使得 SK－Ⅱ被迫退出市场。2006 年 3 月，宝洁公司因为 SK－Ⅱ紧肤抗皱精华乳的成分包括氢氧化钠、聚四氟乙烯、氨烯香酸钠等化学材料，其中氢氧化钠俗称"烧碱"，具有较强的腐蚀性，而聚四氟乙烯俗称"特富龙"，是用于电饭煲不粘锅制造的常见化学材料，且在产品的标识中没有标出，江西消费者以此作为凭据，将宝洁推向了被告席。同时，也因为 SK－Ⅱ涉嫌虚假宣传等原因被其他消费者和打假人士投诉，并因为宝洁的盲目自大而遭受媒体攻击，并最终受到江西省工商管理局的处罚。国家质检总局、卫生部就 SK－Ⅱ化妆品问题联合发表声明称，9 月 14 号质检总局从九种 SK－Ⅱ化妆品中检出铬和钕，检验依据明确，检测结果准确。9 月 22 日，SK－Ⅱ因为被国家质检局检测出含有铬和钕等国家明令禁止的物品，不得已而宣布撤柜的时候还依然坚持"虽然 SK－Ⅱ相信其产品是安全的，但是仍然做出此决定"，委屈异常。面对致命性的质检问题，宝洁公司采取的不是积极应对的策略，而是被媒体和消费者们一致认为的"傲慢"的态度：退货的重重设障，要求消费者签署含有"不存在质量问题，本着对消费者负责的态度，我们决定为您作退货处理"，以及"此处理方案为本案例一次性终结处理"等条款，引起广大消费者的强烈不满，有的地方的消费者甚至与宝洁工作人员发生冲突。一时间，SK－Ⅱ成为不受欢迎的产品，并沦落成"地摊货"被沿街叫卖。2006 年 9 月 22 日，宝洁宣布 SK－Ⅱ暂时退出中国市场，业务人员放假。

6.3.2 主动与媒体沟通，引导社会舆论

品牌危机的本质是形象危机、信誉危机，其典型的表现形态是舆论危机，即媒体和社会公众对品牌负面意见的公开报道、流传和表达。社会公众的态度与社会舆论相当大的程度上是取决于媒体部门的报道，媒体部门的报道又取决于企业的媒体沟通策略及企业品牌危机应急处理的措施。当舆论危机发生时，品牌的形象和信誉面临巨大的压力或损害，组织需要动员所有的传播资源去应对和处理，以帮助组织渡过难关，其中最重要的环节之一就是危机中的媒体管理。大众传媒是组织和公众沟通的桥梁，是公众获取信息最主要的渠道，因此对危机的解决起着重要作用。当危机发生后，公众和媒体迫切需要相关的信息，企业的传播压力很大。正如前面品牌危机产生机理所论述的媒体的危机心理效应与公众的危机心理效应所分析的，企业必须真诚、自信、负责任地与媒体、社会公众进行沟通，方能获得主动权。正如前面企业的危机心理效应所分析的，企业在发生品牌危机后，往往更不愿意与记者交谈，他们觉得记者狂轰滥炸式的提问是一种威胁，担心在混乱的状态下情绪当众失控，因此自我保护的心理会使他们常常以无可奉告应对媒体。记者们只好去采访所谓的知情者和专家，最终的报道就使企业非常被动；而社会公众对企业无可奉告的所持态度是"如果他们连谈都不愿谈，其中必有鬼"，于是流言四起。因此，企业必须采取正确的媒体策略与传播策略。

(1) 成立临时记者接待机构

成立新闻中心，指定新闻发言人，专人负责发布消息，开通新闻记者热线，统一口径，统一处理与品牌危机事件有关的新闻采访，使企业成为媒体的第一消息来源，避免谣言产生与流行。

(2) 真诚合作，及时沟通

品牌危机在发生的最初几小时里，沟通显得最为重要。媒体与社会公众迫切希望了解关于组织所发生的品牌危机的信息：到底发生了什么，为什么会发生，公司将会怎样做？正如美国企业家沃伦·巴菲特所说的："首先，清楚地说明你并不了解全部情况，然后迅速将你知道的说出去。你的目的是正确对待、迅速处理、公布消息，最后将问题解决。你一定懂得，问题不会因时间的推移而自行得到解决"。诺曼·R·奥古斯丁也说："我对危机的最基本的经验，可以

用六个字概括：说真话，立刻说。"因此，要对新闻界表示出合作、主动和自信的态度，主动提供公众关心的信息，及时向新闻界与社会公众阐述公司的危机处理措施，给记者提供权威资料。

（3）谨慎传播，态度第一

谨慎传播，要明确表达公司负责任的态度，对已明确的事情要表明态度及应对措施；同时在事实末完全明了之前，在表达负责任态度的同时，不要轻易表示赞成或反对的态度。

（4）选择合适的新闻发布媒介模式

常用的媒介模式有新闻通稿、新闻发布会、卫星连线采访、电话或网络连线采访、群发电子邮件或传真、企业官方网站、电话回复等，企业应根据现实需要有所选择。

（5）发布歉意广告或解释广告

除新闻报道外，若品牌危机发生是企业的责任，可在刊登有关事件消息的报刊上发布歉意广告，并向有关公众公开表示道歉及承担责任，以及企业采取的应对措施；若品牌危机不是企业的责任（如媒体误报道、企业与消费者之间的误会、竞争对手造谣或假冒伪劣）则可在刊登有关事件消息的报刊上发表解释广告，并由责任相关者或权威机构（如媒体、消费者、竞争者、政府部门等）发表声明，说明事件真相。

6.3.3　争取政府部门及相关权威部门的支持

在危机发生后，企业应积极邀请代表公众利益和公正的第三方，如政府、质检部门、研究机构、专家学者、消费者协会等权威机构参与调查和处理危机。他们的声音具有公信力，能够赢取公众的最大信任，这些权威机构的意见往往对扭转危机局势起决定性的作用。

（1）争取政府部门的支持

在中国，政府掌握、控制着权力资源、经济资源与媒体资源，在社会公众与媒体中极具权威性，政府的态度往往影响舆论的导向。因此，企业在品牌危机发生后，应以企业对就业、政府税收、当地经济的贡献等理由说服政府部门表态支持。在品牌危机时，政府的表态支持、协助企业解决危机的行为，将有助于危机态势的控制，并有助于保持其他品牌利益相关人（如金融企业、供应商、经销商、股东等）对企业的信心。

（2）若品牌危机涉及问题属谣言或夸大，还可通过相关权威社会团体、政府相关部门、研究机构与有关专家出面澄清和证实

若品牌危机涉及问题属谣言或夸大，和相关权威部门（如消费者协会、证监会、卫生部门、质检部门等）密切配合，发布权威检测数字，避免夸大或无中生有的谣言流行与公众恐慌。如 2005 年 7 月初，部分国内媒体引用匿名消息称 95% 的国产啤酒在生产中添加甲醛，长期饮用可能致癌。2005 年 7 月 11 日，韩国、日本方面做出激烈反应，对从中国进口啤酒严格设限。随后，青岛、燕京等大品牌纷纷表示自己在生产工艺中早已不使用甲醛。2005 年 7 月 15 日，国家质检总局火速召开新闻发布会，称抽查 221 种中外产品的结果显示，国产啤酒的甲醛含量符合国家强制性标准和世界卫生组织有关规定，而且青岛、燕京等品牌的甲醛含量甚至略低于国外品牌。又如百事可乐罐装可乐饮料中发现注射针头事件发生后，百事可乐公司与美国食品与药物管理局密切合作，由该局出面揭穿这是件诈骗案，政府部门主管官员和公司领导人共同出现在电视荧屏上，使事实得以澄清。

6.3.4　真诚沟通，同舟共济

品牌危机事件发生后，除了通过媒体向社会公众进行危机传播外，还应就所发生的品牌危机有针对性地向顾客、员工、经销商、供应商、股东、金融企业、竞争者等品牌利益关系人迅速作客观的简要介绍，让公司成为他们获取信息的第一来源，避免谣言流行与恐慌，让他们相信企业能够控制和处理品牌危机，鼓励他们与企业共渡难关才能确保他们的长远利益。适时向他们通报品牌危机处理的进展，让他们心里有底，知道公司正在努力控制品牌危机的恶化与漫延，避免他们产生恐慌与过激行为。要争取大客户、重要的经销商与供应商、大股东、主要合作的金融企业能发表力挺企业的公开声明。

6.3.5　适当承诺，争取品牌利益关系人的支持

品牌危机事件发生后，企业为取得员工、客户、经销商、供应商、股东、金融企业、竞争者等品牌利益关系人的信任和支持，可以根据实际情况向他们做出一定实际利益的承诺，作为他们在品牌危机中对企业特殊支持的回报或弥

补各品牌利益关系人在品牌危机中可能遭受的损失。如对于大客户和经销商可以提供优先供货、返点与折扣优惠、购买信用支持等优待，对于供货商可提供采购量、缩短现金支付周期、减免进场费、提供特殊陈列与广告支持等。

6.4　品牌危机中的机会捕捉与利用

对于企业的领导者来说，建立完善的品牌管理，是企业在整个营销行为中非常重要的一环。因为在企业运营过程中，危机随时都有可能发生。领导者所要做的是，不要期望危机永远不会出现，而要建立起一套行之有效的危机处理体系，并且在面对危机时，绝不轻言放弃，并在品牌危机中迅速寻找超出常规的第三条路。

6.4.1　借品牌危机来整改和完善企业管理与品牌管理

在残酷的商业竞争环境里，"好的企业，如果中间没有几个苦难，这个企业好不到哪里去。"严介和面对 2006 年危机时所提倡的这种逆向思维，是否值得其他企业借鉴呢？通过对企业管理与品牌管理的整改与完善，可以推动品牌新一轮的增长。

6.4.2　寻求产品的改进与新产品研发的契机

品牌危机中，企业可以发现并解决暴露出的产品缺陷方面的问题。如中美史克在康泰克胶囊 PPA 事件中改进产品，重新赢得市场，而强生公司在泰诺中毒事件中改进包装，重新树立良好品牌形象。

6.4.3　借品牌危机来树立品牌负责任的正面形象

由媒体误报道、消费者误解或自身责任、竞争者或其他人陷害等因素所导致的品牌危机可能会存在机会，如三鹿阜阳毒奶粉事件、强生泰诺中毒事。自然与社会灾难或外界突发事件等外界大环境突变导致的品牌危机也可能存在机会，如非典中的同仁堂成功树立良好的品牌形象。

（1）乐无烟纪念傅彪活动策划

2005 年 8 月 30 日上午 9：35 分，"乐无烟"健康无油炒锅的形象代言人傅彪病逝！金秋九月，正是厨具行业消费火爆的时期，再加上中秋节的送礼市场和国庆节婚礼潮、购物潮，9月份对于作为国内无油烟炒锅老大的乐无烟来说，绝对是一个黄金季节！继续使用傅彪形象宣传，会冒中国人之大不韪；停止使用傅彪形象，悄然变脸，不仅前期的品牌形象投资可能就付之东流，还会给注重感情的中国消费者一种薄情寡义的印象。乐无烟最后决定：同时用电视广告、报纸广告及零售终端发起一场纪念活动。用纪念傅彪之情传承健康理念，让乐无烟情深意重地为傅彪做一次"为了忘却的纪念"。乐无烟形象代言人傅彪去世的品牌危机处理取得圆满成功，借助纪念傅彪活动，乐无烟成功提升了品牌的知名度、美誉度，传承了品牌的健康概念。

（2）强生泰诺中毒事件案例

1982年秋季，据报道，强生公司所生产的泰诺退热胶囊被发现有氰化物，在芝加哥地区造成了7人死亡，其销售陷入绝境，市场占有率从37%下降到6%。强生公司迅速采取措施。第一，公开承认确有其事，是有些产品含有氰化物，是有人服药后中毒身亡。第二，主动与联邦调查局人员合作，证实胶囊里的氰化物是有人投毒，他们把调查结果及时公布于众，并悬赏10万美元捉拿凶手。第三，及时主动与传媒沟通，采取真诚的态度与传媒合作。他们为此抽调了50名精干的公关工作人员，配备了通信工具，负责接待记者，保证信息的准确、畅通、统一，防止信息的讹传和失真。此举得到了新闻传媒的理解和客观、公正的报道，有效地控制舆论和危机的恶化。结果显示：90%以上的公众在事件发生的第一周就知道不要再服用泰诺，有90%的公众第一周就知道了不是强生公司的责任。第四，采取有效措施向消费者负责，不惜巨资损失，收回全国市场库存药品和消费者手中的全部泰诺胶囊2200万瓶，加以检验和销毁。第五，迅速设计一种防撬的新包装。第六，举行大型记者招待会，向全国宣传这种新包装，并请联邦食品和药物管理局局长讲话，然后进行广泛的新闻和广告攻势，消除了公众的余悸。在危机发生的两年内，泰诺不仅收复失地，使市场占有率重新回到原有水平，并且在危机后获得新生，保住企业的品牌形象，并使企业知名度、美誉度进一步提高。美国公关协会为其颁发银钻奖，成为世界品牌危机管理的经典案例。

6.5　综合案例：创维董事局主席黄宏生涉嫌盗取公司资金被抓事件

2004 年 11 月 30 日，香港廉政公署在代号为"虎山行"的行动中，拘捕了"涉嫌盗取公司资金"的创维董事局主席黄宏生。当日，创维数码在香港被停牌，创维董事局副主席张学斌及公司多名高管当晚召开紧急会议以商议对策，并在深圳创维大厦紧急约见媒体记者。

2004 年 12 月 1 日，国美、苏宁、永乐、大中四大家电连锁巨头发出声明力挺创维。

2004 年 12 月 2 日，黄宏生以百万港元获保释。同日，北京松下、长虹、三星等八大彩管企业发表声明，表示将优先保证创维的原材料供应。

2004 年 12 月 3 日，深圳 7 家银行分行行长聚集深圳创维大厦，表示将鼎力支持创维。而在公司内部，全体员工更是表示要齐心协力、共渡危机。

2004 年 12 月 5 日，创维高管在京召开新闻发布会。创维自始至终都在强调两件事：一是创维方面会积极配合香港廉政公署的调查；二是整个集团的各项事务一切运转正常，不会因此受到不良影响。

2004 年 12 月中旬，深圳副市长到创维表态：创维本部发展非常稳定，市政府将全力支持。

2005 年 1 月 1 日，创维新任 CEO 王殿甫的"促销秀"在京城开演。

2005 年 2 月 4 日，创维等离子体显示器/液晶显示器技改项目正式获得深圳市政府财政贴息，从侧面向公众告知了政府对创维公司的信任。

2005 年 8 月 26 日，创维数码在香港发布年报，显示上一个财务年度营业额再创新高，达 104.66 亿港元，利润增长远远高过同行。

2006 年 1 月 21 日，黄宏生案件正式在湾仔法院审理。

在此期间，创维不仅实现销售和回款的双增长，还完成从家族企业管理向现代企业制度的过渡，黄宏生也打破了企业家涉案被捕后企业"树倒猢狲散"的宿命。

创维在品牌危机中，迅速启动危机处理机制，坦诚与媒体沟通，并未向公众隐瞒或辩解，果断地让黄宏生承担责任，黄氏家庭成员集体撤离创维管理层；聘请王殿甫出任公司 CEO，并通过媒体向外传达黄宏生并未参加创维日常管理的信息；此外，迅速妥善处理好经销商、供应商、金融企业、政府部门等品牌利益相关人的的关系，成功化解了危机。

6.6　本章总结

当企业爆发品牌危机时，企业最高领导人有必要亲自赶到危机现场，并迅速启动品牌危机处理机制，以避免事态的扩大化。在最短的时间里成立以董事长或总经理为首的品牌危机特别处理小组，迅速调查品牌危机爆发的成因、现状、主要涉及的利益相关人，迅速提出有效的危机对策，并迅速执行。在品牌关系理论、品牌生态理论、企业利益相关者理论等前人研究的基础上，本文提出品牌危机处理的品牌利益关系人理论，认为：品牌利益关系人主要指目标消费者、经销商、供应商、金融企业、媒体部门、政府与相关权威部门、企业股东、企业员工、社区公众、竞争者、一般社会公众等。利益关系贯穿于品牌关系始终，当发生品牌危机时，原有的品牌利益关系人的利益平衡受到破坏，品牌利益关系人就会倾向于采取措施来规避利益损失，进而加剧品牌危机。因此，当品牌危机发生后，企业应当识别关键的品牌利益关系人，并说服关键的品牌利益关系人配合企业的品牌危机处理工作，安抚主要涉及的品牌利益相关人，以迅速平息品牌危机。在企业品牌危机事件中，可能存在提升品牌形象的机会，企业应加以利用。

6.7　链接：品牌危机管理案例

6.7.1　三鹿奶粉含三聚氰胺危机管理案例

（一）三鹿奶粉含三聚氰胺危机事件回顾

6月28日，位于兰州市的解放军第一医院，收治了当地首例因食用三鹿婴幼儿奶粉患"肾结石"病症的婴幼儿。

7月中旬，甘肃省卫生厅接到医院婴儿泌尿结石病例报告后，随即展开了调查，并报告卫生部。随后短短两个多月，该医院收治的患婴人数就迅速扩大到了 14 名。

9 月 11 日，除甘肃省外，陕西、宁夏、湖南、湖北、山东、安徽、江西、江苏等地都有类似案例发生。卫生部指出，近期甘肃等地报告多例婴幼儿泌尿系统结石病例，调查发现患儿多有食用三鹿牌婴幼儿配方奶粉的历史。经相关部门调查，高度怀疑石家庄三鹿集团股份有限公司生产的三鹿牌婴幼儿配方奶粉受到三聚氰胺污染。石家庄三鹿集团股份有限公司发布产品召回声明称，经公司自检发现 2008 年 8 月 6 日前出厂的部分批次三鹿牌婴幼儿奶粉受到三聚氰胺的污染，市场上大约有 700 吨。为对消费者负责，该公司决定立即对该批次奶粉全部召回。

9 月 13 日，党中央、国务院对严肃处理三鹿牌婴幼儿奶粉事件作出部署，立即启动国家重大食品安全事故 I 级响应，并成立应急处置领导小组。卫生部党组书记高强在"三鹿牌婴幼儿配方奶粉"重大安全事故情况发布会上指出，"三鹿牌婴幼儿配方奶粉"事故是一起重大的食品安全事故，三鹿牌部分批次奶粉中含有的三聚氰胺，是不法分子为增加原料奶或奶粉的蛋白含量而人为加入的。

9 月 14 日，卫生部部长陈竺带领有关司局领导及专家飞抵兰州，针对有关三鹿奶粉事件应急处置工作展开专题调研。

9 月 15 日，甘肃省政府新闻办召开了新闻发布会称，甘谷、临洮两名婴幼儿死亡，确认与三鹿奶粉有关。

10 月 27 日，三元股份首次正式承认正与三鹿进行并购谈判。

10 月 31 日，经财务审计和资产评估，三鹿集团资产总额为 15.61 亿元，总负债 17.62 亿元，净资产 –2.01 亿元，已资不抵债。

12 月 8 日，三元股份公告称，其董事会已经批准了《关于在河北石家庄成立子公司的议案》。三元股份以现金出资人民币 500 万元，在河北省石家庄市注册成立全资子公司。

12 月 13 日前后，三鹿二厂开工复产，这是三元在"托管"模式下，启动生产的首个厂区。此后传出消息，三鹿集团的七家非核心企业已陆续开工生产，但全部更名。

12 月 19 日，三鹿集团又借款 9.02 亿元付给全国奶协，用于支付患病婴幼儿的治疗和赔偿费用。

12 月下旬，债权人石家庄商业银行和平西路支行向石家庄市中级人民法院提出了对债务人石家庄三鹿集团股份有限公司进行破产清算的申请。

12 月 23 日，石家庄市中级人民法院宣布三鹿集团破产。

12 月 24 日，三鹿集团收到石家庄市中级人民法院受理破产清算申请民事裁定书，一切工作正在按法律程序进行。三鹿将由法院指定的管理人（三鹿商贸公司）来管理，管理人将对三鹿资产进行拍卖，最后偿还给债权人，这一过程将在六个月内完成。河北石家庄市政府、三鹿集团选取 20 多个代理商代表，到三鹿集团商谈，最终三鹿与代理商达成还款意向。

12 月 25 日，三元回应三鹿破产：重组方案调整须董事会决定。

12 月 31 日，石家庄市中级人民法院开庭审理了三鹿集团股份有限公司及田文华等 4 名原三鹿集团高级管理人员被控生产、销售伪劣产品案，庭审持续 14 小时。

（二） 三鹿奶粉含三聚氰胺危机事件处理的案例分析与评价

根据危机公关 5S 原则，对案例做如下点评：

1. 承担责任原则（Shoulder the matter）

品牌危机发生后，公众和媒体对企业形成一种期望，希望企业有所作为，承担责任。因此，不管责任在于谁，企业应首先表现出对受伤害者、品牌利益关系人负责任的态度与行为。本案例中，自 2008 年 3 月起，各地就陆续出现泌尿结石幼儿，至 9 月 11 日东窗事发，三鹿方面一直没有勇气站出来承认错误，承担事件责任。不符合承担责任原则。

2. 真诚沟通原则（Sincerity）

品牌危机沟通要诚意、诚恳、诚实。本案例中，我们暂且不去分析在事件前期，三鹿在沟通方面的不足之处，就在 9 月 11 日卫生部等相关部门高度怀疑三鹿奶粉受到三聚氰胺污染的时候，三鹿称经公司自检发现 2008 年 8 月 6 日前出厂的部分批次三鹿牌婴幼儿奶粉受到三聚氰胺的污染，并以为消费者负责的名义立即对该批次奶粉全部召回。试问，在问题奶粉被曝光前，三鹿的真诚沟通在哪里？在 9 月份三鹿问题奶粉事件大白于天下时，三鹿会同其服务的公关公司，妄图以"捂住"、"掩盖住"的手法藏匿事实真相，封杀公众和消费者的知情权，计划用 300 万元和百度签订负面新闻屏蔽协议，摆脱围剿，但没有不漏风的墙，这一行动却被媒体戳穿，加剧了问题的严重性。不符合真诚沟通原则。

3. 速度第一原则（Speed）

要求在第一时间里正确地处理品牌危机事件。本案例中，自 3 月各地就陆续出现泌尿结石幼儿，到9月11日问题奶粉被曝光，留给三鹿的时间足足有半年之长，但三鹿方面却没有及时采取积极主动的应对策略。当全国各地开始有因三鹿奶粉导致婴幼儿肾结石的相关报道后，三鹿集团没有适时做出正面回应。当舆论逐渐将焦点集中到三鹿奶粉的时候，三鹿集团媒体部相关负责人才接受采访，但其回应是"企业在自检的时候确定产品不存在质量问题"。而当事情严重化后，其董事长随后的采访中承认"已经在较早时候的产品自检中发现问题"，这种前后不一的言行令消费者更加愤怒。因为瞒报比质量问题更可恶，质量问题失去的是市场，而瞒报失去的是口碑和品牌，企业将很难在以后的日子里扭转消费者心里形成的厌恶感。不符合速度第一原则。

4. 系统运行原则（System）

品牌危机管理涉及多方面的系统运作，各部门的配合。本案例中，虽然在前期，三鹿自检发现2008年8月6日前出厂的部分批次三鹿牌婴幼儿奶粉受到三聚氰胺的污染，但并没有采取积极主动的应对举措，而是持续进行销售，同时也没有采取其他有效的措施防范事件的发生。面对三聚氰胺奶粉事件，没有做到以冷对热、以静制动，整个集团处于焦躁状态之中；也没有统一观点，稳住阵脚，造成其前后说法不一致，甚至出现矛盾，这样使其在公众面前的形象更是一落千丈；此外，三鹿集团没有做到果断决策，迅速实施，最大限度地集中决策使用资源，迅速做出决策，系统部署，付诸实施，而是完全处于一片混乱之中；在危机来临时，没有充分和政府部分、行业协会、同行企业及新闻媒体配合，联手对付危机，紧靠集团对外解释。不符合系统运行原则。

5. 权威认证原则（Standard）

品牌危机管理要求企业充分发挥和随时调动新闻媒体的权威传播功能；争取权威机构的支持；争取消费者代表的支持。本案例中，由于这起意外事件源于奶粉质量，但三鹿却没有通过权威机构来证明旗下产品的安全性，其最终的破产与被收购是难以避免的。三鹿集团公关意识薄弱，在危机来临时没有尽力争取政府主管部门、独立的专家或机构、权威的媒体及消费者代表的支持，而是自己去徒劳地解释，这样就没能在最短时间内控制危机的发展，并且给公众造成不良影响。不符合权威认证原则。

从以上评价中不难看出三鹿这次公关是失败的，而危机之所以愈演愈烈，主要有以下几个原因：

（1）质量预警系统不够完善

三鹿是知名企业，拥有"国家免检产品"、"中国名牌产品"、"中国驰名商标"等多项荣誉，奶粉市场占有率 15 年蝉联全国第一，这说明产品的质量值得信赖，那为什么会在奶粉中发现三聚氰胺？恐怕三鹿产品质量监督体系难辞其咎。

（2）缺乏信息监测系统

三聚氰胺事件后的一周内，谷歌关于此项报道的搜索结果达两千余万条。天涯、猫扑等热门论坛上关于三聚氰胺奶粉的发帖跟帖数不胜数。这些本来可以预警的信息却没有引起三鹿的足够重视，三鹿根本没有开展相关信息的收集、分析和评估工作。

（3）缺乏企业社会责任感

三鹿集团内部过度高估了利润并盲目追求企业利润最大化，通过三聚氰胺提高奶粉的纯度比例的卑鄙手段，完成更大的利益化，这是严重缺乏社会责任感的表现。

（4）企业品牌意识淡薄

上到三鹿的高层下到普通员工，从三鹿对危机事件的反应来看，三鹿严重缺乏企业品牌意识。

因此，就三鹿公关危机事件，我们可以得到几个启示：

（1）建立并维护企业的品牌信任，是中国企业面临的新挑战

品牌建设是建立在产品的客户价值之上的，产品自身品质、特性及其带给客户的益处共同构成品牌的根基。品牌建设必须服从于公司的使命、价值观和公司战略三个方面，同时，品牌建设也不是短期工作，它需要以客户对产品和服务长时间的持续的良好体验和积极评价为基础。三鹿的品牌建设是失败的，所以我们看到价值 35 亿元人民币的"三鹿"品牌无形资产在短时间内化为乌有，"三鹿"这个品牌成为负资产。

（2）完善企业质量监督监测

质量是企业生存和发展最根本的保证，任何品牌的发展都是建立在品质保证上。有问题的原料奶，再加上松懈的企业质量监测体系以及基本职业素质的缺乏，最终引发了一系列的不良事件，导致三鹿品牌陷入危机，积重难返。

（3） 完善的风险预防体系是维护企业信誉的保障

企业必须建立危机预防体系和风险防范机制，这是我们从三鹿品牌危机管理的反例中总结出来的经验。危机管理的核心说到底就是如何预防危机，完善的风险防范体系对于企业品牌建设至关重要。建立完善的风险防范体系要求企业建立起一整套预防风险发生的措施方法，其中包括对风险发生的预判及配套的规避措施，同时企业还要能在风险发生后将损失控制在最低的范围之内。

（4） 处理好危机公关是维护企业信誉的支持

企业的发展犹如大海行船，出现一些波折在所难免，出现问题要能够科学地处理，这就要求企业具备良好的危机公关能力，这样才能正确处理已经存在的消费者对产品的质疑、企业的实际损失、企业声誉的损害等问题，从而更好地维护企业的命脉——信誉。

6.7.2　丰田召回门危机管理案例

（一） 丰田召回门危机事件回顾

2009 年 8 月 28 日，在美国加州圣选戈的高速公路上，一名警察驾驶一辆雷克萨斯 ES350 轿车突然加速导致一家四口死亡。经过美国媒体的轮番报道后，丰田车的质量问题引发关注。政府部门介入，责令丰田公司对其汽车安全系统进行检查，爆发了丰田的召回门事件。

而从以往的历史数据看，丰田早在 2006 年开展召回活动，以下为丰田近年的召回记录：

2006 年 4 月，因为一汽丰田工厂的空气湿度与日本有很大不同，上市仅两个月的一汽丰田锐志轿车普遍出现发动机油底壳渗漏现象，6 月，丰田通过“对故障车辆免费检修，并将其保修期延长一倍”的服务来安抚愤怒的锐志车主。

2008 年 10 月，因手动变速器存在安全隐患，丰田召回 8 万辆车。

2008 年 12 月，丰田因电动转向系统（EPS）存在缺陷可能导致转向控制失灵，召回了 12 万辆汽车，包括 2004 年至 2006 年期间生产的部分雷克萨斯品牌汽车和 2005 年至 2006 年期间生产 vde 锐志、皇冠轿车。

2009 年 4 月，广汽丰田因刹车系统缺陷召回 26 万辆凯美瑞轿车。

2009 年 8 月 25 日，丰田在华的两家合资企业—广汽丰田、一汽丰田宣布。由于零部件出现缺陷，即日起开始召回部分凯美瑞、雅力士、威驰及卡罗拉轿车，涉及车辆总计 688314 辆。这是我国 2004 实施汽车召回制度以来，数量最大的一项召回。

2009 年 9 月，丰田在北美宣布召回 380 万辆脚垫问题车辆，这是史上最大的一次问题车辆召回事件。

2010 年 1 月 21 日，丰田宣布由于油门踏板存在设计缺陷，召回大约 230 万辆美国市场上的 8 种型号汽车，包括：09－10 年 RAV4、09－10 年款卡罗拉型、09－10 年款 Matrix、05－10 年款 Avalon 年款 Tundra、08－10 年款 Sequoia。。

2010 年 1 月 26 日，丰田宣布由于油门踏板存在安全隐患，暂停在美国销售 8 种召回型号的汽车，同时将临时关闭部分生产线。

2010 年 1 月 28 日，丰田再次宣布，因导致车辆自动加速的"脚垫门"事件，丰田将在美国市场追加召回 109 万辆汽车。同时，一汽丰田宣布召回在中国生产的 75552 辆 RAV4，召回原因仍是油门问题。

2010 年 3 月 1 日，丰田汽车公司总裁丰田章男在北京举行记者会，就大规模召回事件进行说明，并向中国消费者道歉，并宣布召回丰田在中国销售的多款品牌汽车。过去十年一直高速发展丰田公司，遇到了重大的危机打击，公司发展速度将大受影响。

由于油门踏板和脚垫的安全故障，丰田自 2009 底开始在全球大规模召回车辆，总裁全球"巡回道歉"。在"召回门"愈演愈烈之时，中国国家质量监督检验检疫总局就丰田车加速踏板等缺陷发出风险警示通告，希望消费者谨慎使用部分车型，同时在全国范围内搜集缺陷信息。

据统计，受丰田的"召回门"事件影响，2009 年 1 月份，丰田公司在美国市场销量同比下降 15.8%，市场份额环比下降 4.1 个百分点至 14.1%，更为不利的是，召回事件对丰田的品牌造成了巨大的负面影响。据著名调查机构贝叶思的调查显示：在丰田公司经历了大规模的召回后，丰田品牌在国内消费者心目中的品牌影响力下降十分明显，其品牌影响力由召回事件发生前的第一位，下降至第五位。

（二）丰田召回门危机事件处理的案例分析与评价

根据危机公关 5S 原则，对案例做如下点评：

1. 承担责任原则（SHOULD THE MATTER）

品牌危机发生后，公众和媒体对企业形成一种期望，希望企业有所作为，承担责任。因此，不管责任在于谁，企业应首先表现出对受伤害者、品牌利益关系人负责任的态度与行为。本案例中，2010 年 2 月 23 日和 24 日，丰田章男出现在美国国会举行的两场听证会上，听证会开始后，丰田章男就用英语向驾驶丰田车发生事故的驾驶员表示"深深歉意"。接着，他承诺将努力修好被召回的汽车，严格执行"安全和顾客第一"的产品理念，并表示"我们家族的名字就在每辆汽车上，我也愿意在个人层面上做出承诺，丰田将竭尽全力工作，重塑消费者的信心"。符合承担责任原则。

2. 真诚沟通原则（Sincerity）

品牌危机沟通要诚意、诚恳、诚实。本案例中，丰田行动不算快捷，无论是美国公众，还是中国消费者，都觉得丰田的道歉来得太晚，整改措施也出台得不够及时，而丰田章男来京的说明会在"诚实"上也有疑点。说明会现场，虽然到场的数百位记者都在不停地举手争取提问机会，但现场提问话筒却很巧妙地传递到了一个又一个温和、简单的问题上，引起了在场媒体的强烈不满，不少人觉得这场会议记者提问是事前安排好的，这些无疑在"诚实"上给丰田丢分。不符合真诚沟通原则。

3. 速度第一原则（Speed）

要求在第一时间里正确地处理品牌危机事件。本案例中，当事件处于萌芽期的时候，丰田公司没有及时向公众积极表态，更没有及时采取行动，刚开始还不太承认追加的汽车有问题。更不可思议的是，据有关媒体透露，丰田章男还曾经表示"不出席美国国会"。不符合速度第一原则。

4. 系统运行原则（System）

品牌危机管理涉及多方面的系统运作，各部门的配合。本案例中，纵观丰田汽车在"召回门"事件中实施的危机公关手段，显得十分有章法：首先，为配合美国讲求人权的特征，丰田就实行"官民并重"的危机公关策略。其次，作为丰田汽车总裁，丰田章男亲自去道歉也势在必行。第三，继美国国会致歉后，3 月 1 日，丰田章男主动要求飞往中国进行第二次海外危机公关。第四，在危机处理时实施有效的切割。从以上这些过程可以看出丰田危机处理颇有章程。符合系统运行原则。

5．权威证实原则（Standard）

品牌危机管理要求企业充分发挥和随时调动新闻媒体的权威传播功能；争取权威机构的支持；争取消费者代表的支持。本案例中，从整个事件的处理来看，丰田并没采取任何关于权威证实的措施。不符合权威证实原则。

总之，丰田积极应对危机，通过媒体报道大家看到，随着事态的发展丰田公司采取了不少应对措施，甚至公司总裁在美国国会的听证会上掉着眼泪表示对此事件负责，及时跑到中国向中国消费者道歉。然而，多数媒体并没有因此而改变对丰田的指责，"道歉来得太迟"、"道歉的态度不好"、"中美车主待遇为啥不同"等等诸多负面新闻仍然接连不断。所以，纵观丰田在处理此次危机事件中的公关措施，我们可以发现其主要存在以下几个问题：1．没有及时而诚恳的表态；2．没有快速而诚实的行动；3．没有及时通报处理事件的进程；4．犯了"切莫与公众辩论"的公关处理大忌。

而从此次事件中，我们可以有以下三个方面的启示：

（1）从丰田召回的影响角度而言

"丰田召回门"就像多米诺骨牌，不管是对自身还是全球汽车业都产生了深远影响。主要表现在以下几个方面：

第一，丰田的全球品牌形象受损，信誉降低。受多款车型踏板存在质量缺陷导致大量召回汽车和部分车型停产影响，丰田的全球品牌形象和产品质量越来越遭到质疑。

第二，丰田在资本市场遭受重创，信用评级降低。据媒体报道，在美国、欧洲和中国等国家和地区的大规模"召回门"事件重创丰田汽车公司的股价，仅仅一周时间，该公司股价连跌5日，一周内市值蒸发250亿美元。投资者近日纷纷抛售丰田公司股票，"召回门"事件极大影响了丰田在资本市场上的表现。

第三，丰田汽车召回门"威胁其2010年销量目标。据悉，丰田汽车计划将2010年海外市场的汽车销量提高6%，至614万辆，将日本市场的汽车销量提高7%，至213万辆。受"召回门"影响，丰田在美国销量急剧下滑。

第四，"召回门"使丰田蒙受巨额损失。丰田此次召回事件涉及范围广、数量大，造成的直接和间接损失将难以估算，全球各机构估算的损失金额从几亿到几十亿美元不等，大伤丰田的元气。召回事件不仅动摇了丰田的全球地位，更是伤害其"安全、可靠"的形象。其实，经济上的损失时是可以计算的，但是其品牌等无形资产的损失可能是无法估算的。

（2）从丰田召回的应对措施角度而言

不管出于何种原因，丰田都面临着史上最严重的危机，其长期以来在全球汽车业引以为傲的"丰田品质"，不可避免地遭到消费者和潜在购车者的质疑。针对此事，丰田可以从以下几方面来解决：

第一，直面危机，用谦逊的态度赢得社会的谅解。丰田此次召回事件，一直以来由于反应速度过慢而被外界所指责，虽然总裁丰田章南之后多次对媒体道歉，但难以改变事件带来的负面影响。所以要用足够的耐心和诚意，用谦卑和真诚的态度来赢得社会的谅解，而不是闪烁其词，推卸责任。

第二，尽快完成问题车辆的招回，彻底消除安全隐患。在第一时间向消费者、受停产影响遭受损失的经销商尽快在全球范围为几百万辆相关车型完成召回，彻底消除安全隐患。

第三，及时向社会公布召回门所涉及问题的应对措施，采用一切方式进行公关，弥补损失。比如在各大电视、平面媒体、广播上登载广告阐明自己的立场，及时通报危机进展，给出车主刹车等的建议，借助互联网等渠道与消费者沟通，详细解释召回问题并给出建议，使召回门问题的处理更加公开与透明，把客户的基本价值放到核心位置。

第四，反思"丰田汽车召回门"事件，完善质量体系，重拾消费名信心。通过"召回门"危机，丰田应当反思，为什么会接连陷入"月劫垫门""踏板门"，自己的设计体系、质量监测体系、零部件回洱体系的漏洞到底在哪里，迅速找到问题的解决方案，以免召回门事件重演。

（3）从对我国汽车企业的启示角度而言

①质量是企业的生存立命之本；

②及时正确的公关尤其是危机公关不可或缺；

③掌握好产业扶持和市场开发的"度"；

④完善召回制度，提高车企召回的主动性；

⑤把握好产业扩张的心态和时机。

6.7.3 加多宝王老吉商标之争危机管理案例

（一）加多宝王老吉商标之争危机事件回顾

加多宝集团是一家香港独资、以北京为大陆总部的国内大型专业饮料、矿泉水生产及销售企业。1995 年推出第一罐红色罐装凉茶，所经营的红色罐装『加多宝』是凉茶行业的第一大品牌，由纯中草药配制，清热降火，功能独特。目前，加多宝凉茶不仅在国内深受广大消费者喜爱，还远销东南亚和欧美国家。

广药集团作为集科、工、贸于一体的大型企业集团，是广东省重点发展 50 家龙头企业和广州市五大工业经济板块之一。广药集团拥有"潘高寿"、"山字牌"、"明兴"、"王老吉"、"何济公"等著名商标。

1997 年，主营药品业务的广药无力经营广州羊城药业股份有限公司旗下的王老吉，将其商标使用权租赁给香港鸿道集团旗下的加多宝。自此，药品属性的绿盒王老吉属广药，而饮料属性的红罐王老吉则属于加多宝。

2002 年起，加多宝开始大笔投入品牌推广。2002 年红罐王老吉销售额 1.8 亿元，到 2007 年时则飙升到近 90 亿元，2009 年突破 160 亿元。

2010 年 8 月 30 日，广药就向鸿道集团发出律师函，申诉时任广药集团总经理的李益民由于收受巨额贿赂而签署的两个补充协议无效。如果根据这两个补充协议，"红罐王老吉"的生产经营权延续到 2020 年，每年收取商标使用费约 500 万元。

2010 年 11 月 10 日，广药集团在人民大会堂召开新闻发布会宣布，"王老吉"商标评估品牌价值为 1080.15 亿元，成为中国目前第一品牌。会上以"广药王老吉，中国第一品牌"为主题，展示了红罐王老吉产品及销售数据。在新闻发布会上广药集团多次提及"汶川大地震王老吉捐款 1 亿元"等。

2010 年 11 月 15 日，红罐王老吉所属的加多宝集团发布声明称，拥有绿装王老吉的广药集团借用红罐王老吉的销售数据，其实两家企业毫无关系。而广药集团在发布会上宣传红罐王老吉捐款等善举，则是对慈善行为的亵渎和歪曲。由此，王老吉"红绿之争"被踢爆。

2011 年 4 月 26 日，广药集团向中国国际经济贸易仲裁委员会提出仲裁申请。

2012 年 5 月 9 日，中国国际经济贸易仲裁委员会做出裁决，广药集团与加多宝母公司鸿道集团签订的《"王老吉"商标许可补充协议》和《关于"王老吉"商标使用许可合同的补充协议》无效，鸿道集团停止使用"王老吉"商标。

2012 年 5 月 27 日，加多宝在其官网发出声明：已于 5 月 17 日向北京市第一中级人民法院提起了撤销该裁决的申请，北京市第一中级人民法院亦已依法立案。

2012 年 5 月 28 日，广州药业和加多宝选择在同一天召开说明会，隔空开战。上午，广药集团指责加多宝经营王老吉品牌的"非法利润"75 亿，将索赔。下午加多宝方面在京举行新包装凉茶上市仪式，并再次强调配方的传统性以及经销网络。

2012 年 6 月 3 日，一直运营绿色利乐包装王老吉的广药集团正式推出红色罐装王老吉凉茶，两版红罐王老吉外包装相似度非常高。加多宝称广药推出红罐王老吉为侵权，决定起诉。

2012 年 6 月，加多宝以 6000 万元的价格冠名浙江卫视人气节目《中国好声音》获得巨大品牌认知收益。

2012 年 7 月 15 日，广药集团发布公告称，北京第一中级人民法院已裁定驳回鸿道集团要求撤销有关王老吉商标的仲裁裁决的申请，意味着王老吉商标使用权最终归广药集团所有，这也标志着被称为"中国商标第一案的"红绿王老吉之争"终于画上了句号。

2012 年 07 月 16 日，北京一中院驳回鸿道集团提出的撤销中国贸仲京裁字第 0240 号仲裁裁决的申请，该裁定为终审裁定。

2012 年 7 月，广药将加多宝的两家经销商连同加多宝一同告上法院，称其涉嫌商标侵权。加多宝也还以颜色，指责广药生产的凉茶产品抄袭使用其注册的"吉庆时分"，由此在 2012 年国庆期间，王老吉凉茶被全国 50 多个地区的工商部门查封 10 万余箱。

2012 年 8 月，加多宝与广药的业务人员同时在木渎商城发生械斗，一人脸部被刀划伤。同月，两方又在南昌胜利路步行街发生群体性肢体冲突。

2012 年 11 月，加多宝以 2 亿元的天价继续独家冠名《中国好声音》第二季。

2012 年 11 月，广药宣布要投资数亿元广告，其中包括央视三套王小丫主持的《开门大吉》，和湖南卫视年底的三台重磅压轴节目。

得知广药的计划后，加多宝抢先在湖南卫视 2013 年广告黄金资源招标会上冠名了湖南台明星跨年演唱会，由此让广药扑了个空。

2012 年 12 月 26 日，广药对外宣布，将在 2013 年为王老吉投入 20 亿元做全方位营销。

2012 年 12 月 27 日，广药集团诉讼加多宝公司立即停止使用"全国销量领先的红罐凉茶改名加多宝"等一类广告语。

（二）加多宝王老吉商标之争危机事件处理的案例分析与评价

根据危机公关 5S 原则，对案例做如下点评：

1. 承担责任原则（SHOULD THE MATTER）

品牌危机发生后，公众和媒体对企业形成一种期望，希望企业有所作为，承担责任。因此，不管责任在于谁，企业应首先表现出对受伤害者、品牌利益关系人负责任的态度与行为。本案例中，2012 年 5 月 9 日仲裁结果出来后，加多宝方面立即召开新闻发布会，公司最高层亲自面对媒体，向媒体表明公司的重视程度，以及对仲裁结果的态度和立场。在对仲裁结果表示深感失望和遗憾后，也希望相关单位部门保持冷静克制，共同维护凉茶行业大好局面，表明加多宝更名实属无奈之举，加多宝勇于承担责任的态度，赢得了媒体和公众的理解。符合承担责任原则。

2. 真诚沟通原则（Sincerity）

品牌危机沟通要诚意、诚恳、诚实。本案例中，在商标诉讼失利后，加多宝集团在表示自己作为民营企业力量微薄，在争取到广大消费者同情的时候，强调承诺加多宝自始至终保持传统凉茶的水平，工艺品质不变，产品本身不变。加多宝凉茶会继续坚守传承下来的秘方，保持传统的水平工艺，强化产品质量管理，输送出合格安全的正宗凉茶等，坦诚的态度加强了公众对加多宝的认识。在民间认可度上，民众在情感上更倾向于加多宝，因为 2008 年汶川大地震，加多宝一次拿出 1 亿元人民币捐给灾区；2010 年玉树地震加多宝再次给青海灾区捐赠 1.2 亿元善款；种种善行被民众看到，从而被誉为中国"最有良心的民营企业"。符合真诚沟通原则。

3. 速度第一原则（Speed）

要求在第一时间里正确地处理品牌危机事件。早在商标争端之初，出于对王老吉商标使用权前景不确定性预期，加多宝加快"去王老吉"步伐，建立快速反应机制，抢占舆论先机。2012 年 2 月 29 日，加多宝发布官方声明，加多宝去王老吉化，红罐王老吉启动全新包装，强化加多宝品牌，广告语也从以前的"怕上火喝王老吉"变更为"正宗凉茶加多宝出品"，连平面海报也很难找到王老吉商标踪影。通过电视网络等媒体将"全国销量领先的红罐凉茶"改名"加多宝，还是原来的配方，还是熟悉的味道。怕上火，现在喝加多宝。"这句广告语传遍大江南北，更是强化了消费者对加多宝品牌的认知，将怕上火从王老吉身上转移到了加多宝的身上，并且让消费者明白了加多宝与王老吉的品牌相关性。危机正式爆发时，加多宝立即召开了紧急会议对危机处理的各项事务，做出有条不紊的安排。符合速度第一原则。

4. 系统运行原则（System）

品牌危机管理涉及多方面的系统运作，各部门的配合。本案例中，在事件初露端倪时，加多宝便制定计划逐步地进行去王老吉化，同时制定一系列扩大其品牌知名度的公关营销策略。加多宝品牌战略的重点很清晰：一是品牌知名度，让广大消费者知道加多宝就是原来的王老吉；二是品牌忠诚度，要把王老吉的忠实消费者引导到加多宝让消费者购买加多宝品牌的凉茶。加多宝利用现有的渠道优势，加强管理，一方面巩固其渠道系统，稳住现有渠道商；另一方面通过渠道商掌控终端，避免渠道商投向王老吉；同时，积极开拓新的渠道商以填补失去的部分渠道商的市场空白。目前加多宝的渠道已经铺向商超、餐饮等终端，而王老吉却迟迟不肯露面，这为加多宝抢先在全国各大渠道铺展提供了绝佳的机会。符合系统运行原则。

5. 权威证实原则（Standard）

品牌危机管理要求企业充分发挥和随时调动新闻媒体的权威传播功能；争取权威机构的支持；争取消费者代表的支持。本案例中，加多宝集团充分利用第三方证言的公关策略。首先，凉茶创始人王泽邦之后王健仪被加多宝请过来站台，他指责广药集团将王老吉商标用于生产许多其他的品类，如王老吉绿豆爽、王老吉固元粥等。在这一点上，广药集团处处被动，胜了官司，却输了舆情。在消费者心中留下"加多宝确实是正宗"的印象，增加了加多宝的可信度，同时也让加多宝在处理此次危机时有了底气。其次，携手浙江卫视打造《加多宝凉茶中国好声音》节目，牢牢抓住主流媒体的宣传导向，与节目一起出现在消费者面前。高昂的赞助费看似是在进行一场豪赌，然而加多宝却是押宝成功。

最后，作为民族饮料第一品牌，加多宝充分整合强势资源，利用创新的传播形式，借势奥运大事件，打造大品牌，刺激大销量，大手笔地以"红动伦敦、精彩之吉"为主题，将奥运加油活动从国内搬到伦敦，让世界见证加多宝的品牌理念。符合权威证实原则。

综上所述，与其说这是一场品牌危机，不如说是在比拼两个品牌究竟谁能为自己正名。在整个事件过程中，消费者在看热闹，但是如果能在竞争中赢得消费者的好感和支持，那么即使最后失败，至少赢得了消费者的青睐，也算是另类的成功。现如今，消费者是任性的，一切喜好全凭感觉。所以，抓住消费者的心，企业就算成功了一半，剩下的就是企业自身能否生产出优质产品，持续吸引消费者购买。

6.7.4　恒天然肉毒杆菌风波危机管理案例

（一）恒天然肉毒杆菌风波危机事件回顾

8月2日，新西兰恒天然公司向新西兰政府通报，称该公司一个工厂2012年5月生产的浓缩乳清蛋白粉自检出肉毒杆菌，受污染产品总量40吨左右，并向8家客户发出通报。

8月3日，新西兰政府通报恒天然奶粉原料检出肉毒杆菌。

8月4日，娃哈哈、多美滋卷入"被污染乳粉"事件。同日，新西兰贸易部长宣布中国全面禁止进口新西兰奶粉。

8月5日，恒天然在京召开发布会。CEO西奥·史毕根斯向中国消费者道歉，并公布了问题来源——新西兰北岛中部一家工厂的临时管道清洁不彻底所致。更重要的是，记者会解释了3月份发现问题直到7月才通报的质疑："公司在3月份发现问题时未能确认有哪些病菌，继续调查直到7月底才确认为肉毒杆菌。"

8月6日，国家质检总局表示将无限期停进口恒天然浓缩乳清蛋白粉和奶粉基粉两种原料，直到污染事件完全解决。雅培为恒天然污染门另一客户，此前曾要求保密。

8月12日，恒天然集团董事长约翰·威尔逊先生宣布，恒天然集团董事会已成立浓缩乳清蛋白事件调查委员会，将针对事件发生的原因以及随后发生的一系列事件开展独立调查。

8月13日，新西兰总理约翰·基表示将于今年晚些时候访问北京，就"恒天然事件"亲自向中国消费者道歉。

8月14日，恒天然新西兰乳品部门总经理辞职。

8月19日，恒天然遭斯里兰卡禁售14天，又有两名高层停职。同天新西兰内阁决定，将对恒天然污染事件展开部长级的政府调查。调查结果最后出炉时，新西兰总理约翰·基有可能亲自前往中国。

8月28日，新西兰初级产业部（MPI）召开新闻发布会，称经过195次检测，检测结果证实在恒天然生产的奶粉中发现的细菌，并非可能致命的肉毒梭状杆菌。至此，恒天然肉毒杆菌风波告一段落。

（二）　恒天然肉毒杆菌风波危机事件处理的案例分析与评价

根据危机公关5S原则，对案例做如下点评：

1.　承担责任原则（SHOULD THE MATTER）

品牌危机发生后，公众和媒体对企业形成一种期望，希望企业有所作为，承担责任，因此，不管责任在于谁，企业应首先表现出对受伤害者、品牌利益关系人负责任的态度与行为。本案例中，恒天然在最短的时间内查清产品的来路、污染源以及产品批次的去向，控制住事态的发展，在最大程度上减低损害。而且值得注意的是，恒天然集团在乳品检测标准中未有"肉毒杆菌"的情况下，通过自我检查揪出这一安全隐患，并主动进行信息披露、主动召回产品，这种做法大大降低了污染事件进一步发酵的风险，体现对客户及消费者负责的态度，赢得公众的信赖。符合承担责任原则。

2.　真诚沟通原则（Sincerity）

品牌危机沟通要诚意、诚恳、诚实。本案例中，事件发生后，恒天然集团举行新闻发布会，执行董事直接面对媒体，并由全球副总裁雷兰德着手调查事件真相与起因，增加彼此的信任，争取到媒体的正面报道。另一方面，恒天然集团首席执行官西奥·史毕根斯在北京发布会道歉称："我们对中国和世界各地受到此次事件影响的人们，表示最诚挚的歉意，婴幼儿奶粉必须拥有百分之百的安全。"作为海外奶企，其面对消费者的应对措施，在出现危机后不回避、不拖延、不说谎，以最大的诚意将危机带来的品牌损失降到最低，同时也赢得消费者的信任。符合真诚沟通原则。

3. 速度第一原则（Speed）

要求在第一时间里正确地处理品牌危机事件。本案例中，事发后，恒天然快速将这一消息告知，举行新闻发布会与媒体配合，并主动调查事件真相与起因。以积极的态度处理这一件事。符合速度第一原则。

4. 系统运行原则（System）

品牌危机管理涉及多方面的系统运作，各部门的配合。本案例中，危机发生后，企业一方面坦然面对媒体介绍事件的最新情况，另一方面积极在企业内部积极进行调查。为防止类似事件再次发生，公司还专门设立相关职位，采取一系列有针对性的措施避免再次发生类似事件。符合系统运行原则。

5. 权威证实原则（Standard）

品牌危机管理要求企业充分发挥和随时调动新闻媒体的权威传播功能；争取权威机构的支持；争取消费者代表的支持。本案例中，恒天然让国家质检总局和各地方检验部门同时把关，把这次危机的风险降到最低。同时，企业高层直接表态，并相关的检验部门保持口径上的一致。这一做法，解除民众对恒天然的戒备心理，重获消费者的信任。符合权威证实原则。

总的来说，恒天然的这些公关举措，干得漂亮而专业。整个过程，可谓反应迅速，基本上所有信息公开透明，在挽回消费者信心上，恒天然表现出应有的低姿态和诚意。不仅如此，在沟通渠道上，恒天然充分利用任何可以发布信息的渠道公布事件进展信息，无论是中英文的官方网站还是微博，无论是专题还是短消息，无论是文字还是视频，无论是与消费者的互动问答，还是肉毒杆菌的知识普及，恒天然都在努力通过各种方式向外界及时、全面、高频率地传达最新信息。消费者可以通过这些方式清晰地知道一切动向，解答疑惑，消除不信任感，这种透明、公开、全面的传递方式，是危机公关获得成功的关键。

在这次"毒奶粉"危机事件中，除了恒天然高管们飞来飞去地忙于处理危机之外，还有一个不能忽略的角色也在搭台唱戏——政府。8月3日，新西兰初级产业部宣布该消息；8月5日，新西兰政府总理约翰·基批评乳制品巨头恒天然集团拖延曝光产品质量问题；8月12日，新西兰政府宣布将成立一个部长级调查委员会来彻查此事；8月20日，新西兰外交部部长默里·麦卡利前往中国展开"奶粉外交"，化解信任危机，总理表示如有必要将亲赴中国。这些高规格、低姿态、高密度的举措令中国消费者眼花缭乱。

　　政府和企业的双管齐下、密切配合，着实为这起奶粉危机公关加分不少。毕竟，相较于企业，政府作为权威第三方出面表态更具有公信力，对企业降低危机影响，重拾消费者信心起着很重要的作用。反观中国类似的企业质量危机，政府声音往往阙如。如果这件事发生在国内企业，又有多少企业会选择自曝家丑？国内屡次爆发的食品安全问题，又有几个是因为企业自检后选择对外坦诚？在中国企业中具有独特身份的国企也不例外，普遍有着"遇事捂一捂"的习惯、"大事化小小事化了"的心态。"一些发展快速的竞争性央企相对做得好一些，这取决于领导人的意识。有些垄断行业，受计划思维固化，觉得市场是固定的，危机意识自然不足。"危机公关专家林景新对记者说道。

　　随着经济的快速发展，尤其是互联网革命带来的社会变革，媒体、网络与社会监督机制越来越强大，整个社会的透明度日益增高，社会大众正在变得更加成熟和"挑剔"，各种问题被曝光的可能性快速加大，藏着捂着的危机处理意识已经陈旧不堪。尤其，当产品遇到硬伤，自揭问题比被动应战造成的影响小得多，这不仅需要国企具有严格的自查自测体系，而且需要有与时俱进的危机公关意识，以责任赢得信任。主动揭短会给大众留下"如果有问题，它就会说出来"的印象，这就是一种信任。而被信任，恰恰是当下我国国企所普遍缺乏的。纵观近年来国企呈上升态势的舆情危机，大部分源于网络曝出，而一个帖子就能引发一个企业的巨大危机，除去本身有些企业管理亟待提升外，大众对国企的信任度普遍较低是不可忽视的因素。比如，之前中石化的"牛郎门"事件，一篇未经核实的帖子在网络迅速传播发酵，大众的不信任起着推波助澜的作用。近日，谣言编造者傅学胜被警方刑拘，但中石化的品牌形象已受到损害。

　　"我国市场发展时间短，速度快，国企多年来对政府过度倚重，造成对品牌和声誉的积累沉淀比较薄弱，对危机处理不够重视，遇事反应迟缓，公开透明度较差，无疑加剧外界的不信任感，这种不信任又会导致国企舆论危机出现的频率上升，如此恶性循环。"姜晓峰表示，"因此，重构信任是现实所需，而每一次危机公关都能成为重构信任的契机，处理得当，就会转'危'为'机'，这才是危机公关的真正意义所在"。

　　除改变陈旧观念及时回应外，其中关键一步是要求国企在处理危机时全程保证公开、透明。恒天然在整个危机处理中时刻保持公开透明、信息全面，为赢得理解和挽回信任奠定了基础。重建信任的关键是，要让大众随时知晓具体进展细节和企业履责情况，是企业诚意和责任的体现。作为全民所有的国企，更有责任和义务向外界公开透明。危机公关中，能有效挽回理解和信任的另一个方式就是邀请政府参与其中，恒天然的危机公关很好地证明了这一点。

理顺与政府的关系，不仅对处理国内公关危机很重要，而且会为走出国门的危机公关增添胜算。作为中国经济中流砥柱的国企，因全民所有的独特性质，与政府有着天然的亲近性，国企要利用自身优势与政府进行更多的沟通与互动，危机出现时寻求政府层面的介入调查和危机公关，将政府变成危机公关主体，帮助企业挽回形象和信任。

第七章
品牌危机后的管理完善

本章主要探讨品牌危机发生后，企业如何重塑消费者与公众的信心，恢复品牌形象与品牌资产。

7.1　品牌危机的总结与品牌管理调整

当品牌危机平息后，企业要分析品牌危机波及的范围及影响程度，谨慎地研究恢复、完善或重塑品牌形象的计划及其执行，只有这样才能以品牌危机为契机，企业才能彻底地从品牌危机中解脱出来，并使品牌在恢复、完善、重塑中得到进一步提升。

7.1.1　反思原因、总结教训

品牌危机发生后，要认真分析引起品牌危机的主要原因。是外部原因还是内部原因？是客观原因还是主观原因？是不可控原因还是可控原因？其中，重点是寻找品牌危机的内部问题、主观原因及可控因素。对外部、客观、不可控的原因，在今后力求规避；对内部、主观、可控的原因，在今后力求改进。正所谓"吃一堑长一智"，不在同一个地方摔第二次跤。要了解品牌危机给品牌销售额、市场占有率与品牌形象造成多大的影响；要明白品牌美誉度及忠诚度的受损程度以及恢复情况；要实现惩罚品牌危机的责任人，奖励品牌危机管理的有功者。此外，品牌危机管理总结报告应存档管理，可用作企业品牌危机管理培训的案例。

7.1.2　答谢各品牌利益关系人的支持，履行企业承诺

在品牌危机结束后，企业应向各品牌利益关系人通报品牌危机处理结果，并由企业相关中高层管理人员通过登门拜访、电话、函电等形式向他们表示谢意，并履行承诺，进一步加强企业与各品牌利益关系人的合作关系。例如，表彰危机处理过程中做出特殊贡献的员工；执行向重点客户、经销商与供应商承诺的各种优惠措施；与经销商、供应商联合进行市场推广活动等。

7.1.3　企业基础管理、品牌管理调整与优化

重新审视企业基础管理，对品牌危机暴露出来的企业基础管理问题进行调整与优化。重新审视企业的品牌战略与品牌策略，调整、整改品牌管理漏洞，采取措施及制定相应制度避免企业重蹈覆辙。若品牌危机暴露出原有品牌战略缺陷，如品牌个性模糊、品牌定位不清晰、品牌形象设计不合理、品牌延伸不合理引起品牌形象混乱、品牌形象老化等，则必须对品牌战略重新制定。品牌战略影响品牌形象修复或重塑、品牌公益活动设计与品牌形象传播等活动，决定了品牌策略与品牌传播的基本原则与方向。品牌危机中可能暴露出品牌产品缺陷、工作事故、产品服务缺陷、消费者纠纷、品牌传播与沟通（如虚假宣传、过分承诺、推销员强迫推销、对消费者歧视或人格上的污辱、销售促进不合理或承诺未兑现等）等品牌管理问题，企业要有针对性地进行整改，同时完善品牌危机管理的组织与制度，制定品牌危机管理计划。对于品牌危机过程中暴露出的员工素质及各部门危机意识不强等问题，要在品牌危机过后对员工进行品牌危机意识及品牌危机处理制度与技巧的培训。

7.2　强化品牌传播管理，恢复与提升品牌资产

正如第二章所述，品牌危机会破坏品牌声誉，降低品牌价值。众多媒体高密度的负面报道，会降低品牌美誉度与消费者感知价值，使消费者的品牌忠诚度、品牌信仰产生动摇，降低消费者的购买欲望，取消或减少购买行为，最终使得品牌的市场份额降低甚至在市场上消失。因此，企业必须重新建立起品牌利益相关者对品牌的信心，比如通过重新展开一次宣传攻势。另外，企业的管

理者应该收集社会公众和利益相关者对品牌形象的看法，在调整、优化品牌战略与品牌策略的基础上，通过品牌传播来修复或重塑品牌在公众面前的形象。

7.2.1　品牌资产的内涵

品牌资产，又称品牌权益，是西方近二十年来营销管理的研究焦点之一。法夸尔（Farquhar）认为品牌权益是与没有品牌的产品相比，品牌会给产品带来超越其价值的附加价值或附加利益。美国营销科学院认为品牌资产是品牌的顾客、渠道成员、母公司等对品牌的联想和行为，这些联想和行为可以获得比没有品牌名称条件下更多的销售额和利润，同时赋予品牌超越竞争者的强大、持久和差别化的竞争优势。Shocker（堆垛机）从消费者角度将其定义为产品物理属性所不能解释的在效用、忠诚和形象上的差异；从企业角度将其定义为有品牌的产品与没有品牌的产品相比获得的超额现金流。艾克（Aaker）认为品牌资产是指与品牌、名称和标识等相关的一系列资产或负债，可以增加或减少通过产品或服务给企业或顾客的价值。凯勒（Keller）认为品牌之所以对企业和经销商有价值，根本原因在于品牌对顾客有价值，品牌资产本质上是由于顾客头脑中已有的品牌知识导致的顾客对品牌营销活动的差别化反应，包括品牌识别、品牌涵义、顾客对品牌营销行为的反应、顾客与品牌之间的关系四个方面。

本书认为品牌资产是企业过去的营销努力在目标顾客心目中所建立起来的对企业有利的品牌态度，这种品牌态度能给企业带来现阶段及将来的品牌溢价。

许多学者提出描述和测量品牌资产的维度。艾克（Aaker）提出品牌溢价、满意度（忠诚）、感知质量、领导力、感知价值、品牌个性、组织关联、品牌知晓、市场份额、价格和分销指数等十个维度。Keller 提出品牌知晓（品牌回忆和品牌识别）、品牌形象和品牌关联（品牌特征、品牌利益、品牌态度）两个维度。Shocker 提出品牌忠诚、品牌关联两个维度。布吉·尤奥（Booghee Yoo）提出感知质量、品牌忠诚、品牌关联与品牌知晓等四个维度。江明华认为核心维度包括：感知质量、购买欲望、品牌忠诚。

结合以上学者的论述，本书认为描述和测量品牌资产的维度包括：品牌知名与认知度（品牌知晓度）、品牌美誉度、品牌忠诚度、品牌信仰、购买欲望、购买行为、市场份额、感知价值、品牌个性等。

7.2.2 品牌传播的内涵及品牌传播途径

余明阳和舒咏平认为：品牌传播的内涵，应该是一种操作性实务，即通过广告、公共关系、新闻报道、人际传播、产品或服务销售等传播手段，以最优化地提高品牌在目标消费者心目中的认知度、美誉度、和谐度。而对品牌传播的基础、规律、方式方法的探讨总结，则构成品牌传播学的内容。

本义所指的品牌传播是企业利用适当传播方式与传播媒介，在品牌和以目标消费者为主的品牌利益关系人之间进行沟通交流，促进品牌产品销售，最终达到塑造和维护品牌形象、提升品牌资产目标的营销传播活动。

一般来说，品牌传播的重心是品牌与目标消费者之间的传播沟通，而品牌危机时，品牌传播的重心还应包括品牌与危机涉及的其他相关公众之间的传播沟通。

品牌传播途径主要有广告、公共关系宣传、销售促进、品牌接触与品牌消费体验等，具体传播活动形式见下表7.1。

7.2.3 品牌传播对品牌资产的影响

表7.1 品牌传播体系表

	品牌传播途径	品牌传播活动	品牌传播产生的品牌资产
品牌传播体系	广告宣传	广播、电视、报纸、杂志、户外广告、互联网、DM（直邮）等媒体宣传活动。	品牌知名度与认知度（品牌知晓度）、购买欲望、购买行为、市场份额、品牌个性。
	公共关系宣传	新闻宣传、事件营销、赞助、公共关系广告、企业庆典活动策划、公司开放日策划、CIS（企业形象战略与企业形象识别战略）等活动。	品牌美誉度、品牌信仰、品牌知名与认知度（品牌知晓度）、品牌个性。
	销售促进（SP）	优惠券、打折、购买奖励、免费样品派送、游戏竞赛与抽奖、会员制、路演、展销会。	购买欲望、购买行为、市场份额、品牌知名度与认知度（品牌知晓度）。
	品牌接触与品牌消费体验	卖场设计（品牌产品陈列与POP，即销售点广告）、公司员工（主要是推销员或服务员）与消费者之间的人际传播、产品功能与造型、品牌标志、品牌客户服务、消费者品牌使用体验。	品牌忠诚度、品牌信仰、品牌美誉度、购买欲望、购买行为、感知价值、品牌个性。

品牌资产可从两个相辅相成的层面来界定：第一，从消费者层面分析，消费者对品牌的认知、态度、形象和知识等。第二，从企业层面分析，品牌带来的溢价、超额市场份额和销售收入，以及超额股东价值等。从本质上看，基于顾客的品牌资产就是指由于顾客头脑中已有品牌知识而导致的顾客对品牌营销反应的差别化效应，这里包括三层含义：首先，品牌资产来自于顾客的差别化反应，顾客的反应体现在品牌有关的感知和行为等方面，如果不存在顾客反应方面的差异，品牌产品就与无品牌产品没有什么区别。其次，顾客反应方面的差别是顾客已有的品牌知识发挥作用的结果，品牌的作用根本上取决于顾客头脑中已经存在的品牌知识。第三，顾客的品牌知识是靠企业以往长期的品牌传播及顾客的消费体验积累起来的，是建立品牌权益的关键。具体而言，品牌传播对品牌资产的影响可用表 7.1 表示。

7.2.4　明确品牌传播的目标

如前面所述，品牌危机的本质是由于企业外部环境的变化及品牌战略管理、品牌运营管理、企业基础管理失误可能造成品牌形象受损（如品牌美誉度与忠诚度下降、品牌迷信消失）、客户流失、品牌老化、品牌资产降低等后果。恢复企业形象的总目标是消除危机带来的形象受损，恢复或重新建立品牌的良好信誉和美好声望，再度赢得社会公众的理解、支持和合作，从而恢复与提升品牌资产。品牌传播必须围绕上述目标来展开。

若品牌战略没问题，而是由于品牌策略及执行环节出问题而产生品牌危机，则品牌传播的核心任务是：继续强化原有品牌形象，并在品牌策略及执行环节上的调整、整改、优化的基础上，在传播内容上突出调整、整改、优化的措施。若品牌危机暴露出原有品牌战略缺陷，则必须对品牌战略重新制定，品牌危机后的品牌传播的核心任务是：在调整品牌战略基础上，优化或重塑品牌形象，并在传播内容上突出新的品牌形象定位、品牌策略及执行环节上的相配套变革措施。

7.2.5　品牌危机后的品牌传播策略

（1）品牌危机后的品牌传播需要整合

在品牌危机发生后，品牌知名与认知度（品牌知晓度）、品牌美誉度、品牌忠诚度、品牌信仰、购买欲望、购买行为、市场份额、感知价值、品牌个性等各品牌资产的维度不同程度受到破坏。如表7.1所示，广告可以传递品牌个性、品牌知名度、品牌认知度，引起消费者的购买欲望与购买行为，但广告无法给予消费者真实体验品牌的机会，在塑造品牌美誉度、品牌信仰方面也相对不足。公共关系宣传在塑造品牌美誉度、品牌信仰方面优势独特，但在刺激消费者购买欲望与购买行为方面明显不足。销售促进在短期刺激消费者购买欲望与购买行为方面的优势最为明显。而品牌接触与品牌消费体验则提供了品牌体验最佳的途径，对品牌忠诚、品牌信仰的形成至关重要。广告宣传、公共关系宣传、销售促进、品牌接触与品牌消费体验等四大品牌传播途径本身具有较大的互补性，在品牌传播过程中需要相互配合，有些品牌传播活动本身就综合了这四种传播途径的几种方法，如路演。

此外，品牌传播外界环境变化，也要求企业在品牌传播中对各传播途径进行整合。具体情况如下所述：

1) 媒体市场细分化降低企业对大众媒体的重视，转而重视对小型目标性的媒体与事件营销。市场竞争的激烈使媒体本身不断细分化，这使得企业的媒体投放更具针对性，分众媒体分流了原来大众媒体的部分传播活动。另外，企业对赞助各种体育赛事、娱乐等活动，进行事件营销也越来越有兴趣。

2) 市场力量由厂商向零售商转移，零售业的合并使小型当地零售商为地区性、全国性、国际性连锁企业所取代。零售企业的连锁化经营使零售商的议价能力大大提高，零售商往往要求企业加大对零售商及终端消费者的销售促进的投入力度。

3) 数据库营销迅速发展。数据库营销的崛起，使企业传播方式与传播媒体选择产生了巨大变化，如网络广告、网购、直销成为品牌传播的新选择。

4) 市场竞争的激烈，促使企业强化对市场终端的影响。为强化品牌对市场终端的影响，许多企业加大了POP（销售点）广告、销售促进的力度。

根据以上分析，在品牌危机发生后的品牌传播，应整合品牌传播的各种手段，以迅速恢复品牌市场销售量、市场占有率，恢复和提升品牌资产。

（2）广告宣传

1) 恢复或加大品牌广告投放量。品牌危机期间，在品牌危机态势尚未明朗的情况下，企业原有广告可能被企业暂时撤下。危机过后，企业必须恢复，甚至加大广告宣传的投放量，告诉公众企业又恢复元气。这样可以重新建立起品牌利益关系人，特别是消费者和经销商对品牌的信心。保持较高频率的品牌广告曝光率方能保证品牌较高的影响力和市场占有率。

2）广告诉求主题、创意与制作要与品牌定位相一致。品牌定位决定了广告宣传的主题，诉求内容与创意方式。广告宣传应该为品牌定位服务，充分表达品牌定位。

3）广告内容要突出对品牌危机中存在问题的整改、变革。品牌危机刚结束时的一定时间内，品牌的广告内容要突出针对品牌本身及品牌所代表的产品在品牌危机中暴露出的问题所进行的整改与变革措施，以取得消费者、社会公众的谅解与信任。公司也可以在此阶段推出一些新产品或优化的产品注入品牌，给品牌带来新的生命力，同时配合以新产品的广告宣传。

4）结合公共关系宣传手段，以公共关系广告引导消费者的生活方式，塑造品牌个性。一方面，品牌价值体现在品牌与消费者的关系，品牌的价值观与消费者的价值观是在不断互动的。另一方面，品牌价值体现一种生活方式，消费者认同某一品牌，其实就是该品牌能非常恰到好处地支撑该类消费者的生活方式。品牌传播向消费者推介的核心就是品牌所代表的生活方式。品牌传播介于品牌和消费者之间，不断发掘品牌中符合消费者需要的那部分价值并将其表达出来，同时也要不断挖掘消费者的需要，并将其反映到品牌上，使品牌更加不断地完善自己，以进一步完善消费者的生活。公共关系广告是塑造、表现品牌所代表的消费者生活方式的重要手段。

（3）公共关系宣传

品牌危机后，企业可采用新闻宣传、事件营销、赞助、公共关系广告、公司开放日策划等公共关系活动来修复或重塑品牌形象，恢复和提升品牌资产。

1）利用新闻宣传，追踪报道品牌活动。企业应在争取新闻媒体对品牌危机进行正面报道基础上，在品牌危机后对该项品牌的后续活动如事件营销、赞助、公司开放日等活动进行追踪报道。同时，企业也可以采用软文（指企业通过策划在报纸、杂志或网络等宣传载体上刊登的可以提升企业品牌形象和知名度，或可以促进企业销售的一些宣传性、阐释性文章，包括特定的新闻报道、深度文章、付费短文广告、案例分析等）的形式对品牌进行宣传。

2）进行赞助与事件营销策划，强化或重塑品牌形象。企业可以通过赞助热点社会活动或策划公益活动进行事件营销，结合广告宣传，并辅之以销售促进活动，塑造品牌形象。奥特克尔（Otker）认为商业赞助是利用品牌与某一项目、某一运动队、某一团体之间的联系，从而实现具体的营销与传播目标。康韦尔（Cornwell）意识到充分利用赞助方和赞助对象之间联系的重要性，他把与赞助相联系的营销描述成执行和协调营销活动，从而建立与赞助活动的联想，并传播这种联想。奚红妹认为赞助是赞助商利用赞助活动的影响力，建立品牌和赞助活动的联系，从而提高品牌知名度和品牌形象。赞助可以提高品牌显露次数、品牌传播受众面，提供独特品牌认知环境，提供消费者品牌体验的机会。企业可以借助受众对被赞助活动的联想与形象来改变或强化品牌形象，塑造品牌个性。

赞助活动的选择或策划社会公益活动要注意品牌定位、品牌形象与活动本身的关联度，品牌目标消费群体与赞助活动受众面是否一致，活动是否有足够的影响面，能否引起媒体的兴趣与报道。企业应该在广告宣传中充分利用赞助得到的资源，在活动期间及活动前后，还应该辅之以销售促进活动强化品牌与赞助活动或策划的社会公益活动之间的联想。如伊利取得2008年奶制品行业独家赞助权之后，聘请刘翔作为形象代言人，由其演绎了"奥运篇"广告，并在广告中显现奥运会特许的标志；蒙牛在赞助了"神五"飞天计划后，在广告里突出了中国航天人专用牛奶的标志与航天人的视觉形象。

3）公司开放日策划。品牌危机后，品牌形象受到伤害，消费者与社会公众对品牌信任度下降，通过公司开放日活动，邀请意见领袖（opinion leader，又叫舆论领袖，是指在信息传递和人际互动过程中少数具有影响力、活动力，既非选举产生又无名号的人，这些人是大众传播中的评介员、转达者，是组织传播中的闸门、过滤网，是人际沟通中的'小广播'和'大喇叭'，他们能把事情做好，也会把事情搞糟）、媒体部门记者及某些消费者（通过抽奖或游戏与竞赛等销售促进活动产生）参观公司，有助于增强消费者与社会公众对品牌的信心。公司开放日可以让参观者参观公司的展览厅或博物馆，参观品牌产品的生产流水线，参观原材料基地，并安排导游祥细介绍。公司开放日活动，可结合公司所在地的旅游活动，赠送公司产品或纪念礼品，以增强公司开放日活动的效果。

（4）销售促进

常见的销售促进方法有优惠券、打折、购买奖励（买X送X、积分、数量折扣等）、免费样品派送、游戏竞赛与抽奖、会员制、路演、展销会等。众多研究与企业实践表明：销售促进有利于短期的品牌产品销售，却损害了长期的品牌资产。如江明华等人研究证明价格促销的折扣量与促销的频率损害品牌资产。

其实，销售促进，特别是一些非直接价格促销的活动，既可以提高短期销售效果，又可以提升品牌资产。品牌危机发生后，一方面需要配合广告攻势，通过常规的阶段性的价格促销来恢复市场销售量与市场占有率；另一方面要通过开展一些特殊的非价格促销活动来恢复与提升品牌资产。

1）可以通过赠送样品的销售促进活动提升品牌知名度。这一类销售促进活动成功的关键是——选择目标消费者中的"意见领袖"为活动对象，通过他们影响整个目标消费群体。例如，奇正炎痛贴上市时，通过向女排、男篮、乒乓球队、体操队等"意见领袖"群体送药，引起各大媒体关注报道及消费者口碑效应，品牌知名度与品牌美誉度迅速提升，从而打开市场。

2）可以通过与公益事业结合的销售促进等活动提升品牌美誉度。这一类销售促进活动成功的关键是——结合能引发广大消费者兴趣与参与的公益活动做促销。如农夫山泉连续多年做"一分钱"公益活动大大提升品牌美誉度。

3）可以通过会员卡、累计消费积分等销售促进活动提升品牌忠诚度。这类销售促进活动成功的关键是——销售促进锁定老客户，针对老客户，以增加老客户对品牌的消费频率和消费量为目标。成功的案例如：苏宁的会员积分优惠、当当网的会员积分优惠等。

4）可以通过产品质量公开测试与比赛、品牌体验之旅、与其他知名品牌联合促销等销售促进活动提高消费者感知质量。这类销售促进活动成功的关键是——找到消费者所认为的此类产品高品质的某个特征，并以此作为销售促进活动的核心内容或主题，吸引消费者参与体验，以不断强化消费者的认知。成功的案例如：吉利在清华大学与国外名牌车的碰撞对比实验；奇瑞在布达拉宫的飞车试验；农夫山泉的千岛湖天然之旅促销活动；张裕的葡萄酒博物馆之旅、张裕卡斯特酒庄消费体验促销活动；伊利的买整箱牛奶可参与抽奖中联想电脑的促销活动等。

5）通过路演、游戏竞赛、抽奖、与其他知名品牌联合促销等销售促进活动强化品牌联想与品牌定位。这类销售促进活动成功的关键是——挖掘出与品牌定位相关的品牌要素，比如产品的有形或无形特征、顾客利益、品牌所象征的生活方式和个性等，通过销售促进活动来加强品牌与这些因素的联系，从而强化品牌联想与品牌定位。成功的案例如：统一鲜橙多推出"统一鲜橙多资生堂都市漂亮秀"、"统一鲜橙多阳光女孩大挑战"、"统一鲜橙多 TV－GIRL 选拔赛"等一系列销售促进活动，均强化漂亮时尚的品牌定位；而苏泊尔炊具与金龙鱼食用油的联合促销共同演绎"健康烹饪、快乐生活"的品牌联想。

（5）品牌接触与品牌消费体验

品牌接触与品牌消费体验则提供了品牌体验最佳的途径，对品牌忠诚、品牌信仰的形成至关重要。品牌接触与品牌消费体验主要包括卖场设计（品牌产品陈列与销售点广告）、公司员工（主要是推销员、服务员）与消费者之间的人际传播、产品功能与造型、品牌标志、品牌客户服务与消费者品牌使用体验。公司的员工是展示品牌形象的窗口，代表了品牌的终端形象，也是品牌与消费者之间的人际传播途径，而这些员工往往又是企业基层员工，企业应该重视对这些员工的招聘、选拔、培训与规范管理，确保他们能真正担任品牌形象使者的责任。

1）优化卖场的品牌接触功能。品牌的零售终端一般以专柜、店中店、专卖店的形式存在。公司要重视对卖场员工（主要是推销员或服务员）的培训，提高他们现场的服务能力、产品解说与展示能力、推销技巧，避免硬性推销与过分承诺。品牌专场设计应有利于展示品牌的定位、个性，突出品牌标志，符合消费者的购买习惯，便于消费者接触品牌产品，并辅之以销售点广告烘托卖场气氛。

2）完善品牌客户服务，改善品牌消费体验，促进品牌忠诚与品牌信仰的形成。品牌客户服务，特别是售后服务，是形成良好消费体验的关键环节。如海尔品牌的顾客满意度测评近几年在家电行业中都是排名第一，但其许多类别的产品，如冰箱、空调、微波炉、热水器等产品的质量在行业中的排名都不是第一，顾客满意主要来自海尔的品牌服务。品牌产品零缺陷是企业追求的一个目标，但产品更新换代的加快、成本的要求及竞争对手的压力使得品牌产品很难做到零缺陷、每一项功能都比竞争对手强。因此，品牌客户服务就显得很重要，除非是价值不高的一般消耗品，企业很难使品牌客户服务成为不必要。客户服务人员包括卖场的咨询员、推销员与服务人员、客户服务中心的接线人员、咨询员、维修与安装人员、司机等。企业应设立品牌客户服务中心，开通免费的客户服务电话，应该对所有的客户服务人员进行产品基本知识、销售技巧、商务礼仪、顾客服务技巧的培训，此外，还要及时妥善处理好客户的投诉，避免消费纠纷升级与客户不满。通过以上措施，改善企业员工与客户之间的人际传播效果，促使消费者品牌体验满意及消费者之间形成良好的口碑传播。

7.2.6 中美史克康泰克 PPA 品牌危机事件后的品牌传播案例

背景

2000 年 11 月 6 日，美国食品与药物监督管理局（FDA）发出公共健康公告，要求美国生产厂商主动停止销售含 PPA 的产品。中国国家医药监督管理局（SDA〈技能开发活动〉）于 2000 年 11 月 16 日发布了《关于暂停使用和销售含苯丙醇胺药品制剂的通知》，并且以中国红头文件的形式发至中国各大媒体。在 15 种被暂停使用和销售的含 PPA 的药品当中，中美天津史克制药有限公司生产的康泰克和康得两种产品分别排在第一位、第二位。

当时，康泰克进入中国市场已有 11 年历史，由于其独特的缓释技术和显著的疗效，在国内抗感冒药市场具有极高的知名度，年销售额达 6 亿元左右，约占中国大陆 2000 年抗感冒的非处方药市场中的 85%。中国 SDA（技能开发活动）通告一出，顿时引起社会的极大关注。媒体争相报道，经销商纷纷来电，康泰克多年来在消费者心目中的优秀品牌地位陷入危机之中。中美史克天津制药有限公司，迅速启动危机管理工作系统，危机发生后的四天在北京召开媒介恳谈会，邀请 56 家大媒体参加，并安排与个别媒体的座谈会与专访，统一新闻发言人，真诚与媒体进行沟通，向公众表示公司负责任的态度，通过实施危机期间的媒体关系管理方案，多数媒体对公司的 PPA 事件进行客观的报道，公司有效控制并处理了由 PPA 事件引发的重大危机，有效保护了品牌，更为史克重返感冒药市场奠定了良好的舆论基础。

中美史克品牌危机后的传播策略

PPA 事件 289 天之后，即 2001 年 9 月 3 日，中美史克公司紧紧把握市场商机，充分利用康泰克原有品牌效应，成功地将新康泰克推向市场。

（1）举办新康泰克上市新闻发布会与记者招待会

新康泰克上市新闻发布会：

2001 年 9 月 3 日（PPA 事件 289 天后），同样在北京国际俱乐部饭店，中美史克召开了"新康泰克上市北京新闻发布会"。会议共邀请了包括 CCTV、CETV、BTV 等媒体在内的 69 家媒介，共计 73 名记者，其中三分之二的记者均参与过 PPA 危机事件的报道。

记者招待会：

北京新闻发布会后，该公司又分别在上海、广州和成都召开了记者招待会。招待会的目的不仅仅在于为新康泰克的上市发一则消息，而集中在与媒体进行面对面的交流与沟通。中美史克天津制药有限公司总经理兼对外发言人杨伟强先生在每次与媒体见面，特别是当面对那些参与过危机事件报道的记者朋友们的时候，都紧紧把握机会向媒休传递史克公司有效信息。

（2）高密度的新产品广告

"康泰克"因 PPA 事件而遭受重大挫折，但市场调查也反映，由于处理合适，消费者对康泰克品牌仍怀有情结。因此，"新药"重返市场时仍取名康泰克，但加上一个"新"字。通过高密度的新产品广告重塑市场信心。"新康泰克"广告语如下："中美史克全新奉献"、"新康泰克抗感冒，再出击，更出色"、"国家药监局验证通过新康泰克，新配方，不含 PPA。OK！确认无误！"、"新康泰克还是早一粒，晚一粒，远离感冒困扰"。

品牌危机后的传播效果

据报道，在 PPA 事件里，中美史克没有让一个工人下岗；自 PPA 事件到"康泰克"被正式"判处死刑"，政府、媒体和消费者中较少出现对中美史克公司的非议。由于有了品牌危机中建立的良好媒体关系，截止新康泰克上市的北京新闻发布会结束的一个月内，共收到相关报道及各地转载报道的文字剪报 314 篇。CCTV、BTV、中央人民广播电台、北京人民广播电台、北京交通台等电子媒体也对新康泰克的上市进行了积极的报道。2001 年 9 月 3 日，史克公司将"新康泰克"产品推向市场，一周内仅在广东便获得高达 40 万盒的订单。截止到 2001 年 12 月 31 日，新康泰克销售额已达 17000 万粒。

7.3 强化顾客关系管理，促进品牌资产提升

朱俊认为顾客关系管理是通过对客户历史资料的深入分析，识别最有价值的顾客并建立和发展与他们的良好关系，来提高盈利、收入和客户满意度。顾客关系管理是一种旨在改善企业与客户之间关系的新型管理机制，主要实施于

企业市场营销的各环节，包括产品销售、售后服务及技术支持等与客户相关的领域，其核心思想是将客户作为核心资源，通过完善的客户服务和深入的客户分析来满足不同客户的不同需求。

本书认为顾客关系管理除了建立客户数据库、数据库挖掘与分析、对客户进行分类管理、对不同类客户提供差别化服务以外，还应包括调查目标客户的需求与要求，客户导向的品牌产品研发与生产、分销渠道选择与卖场设计、售中服务、售后服务，老客户的信息反馈及平时情感交流等管理活动，在条件允许的情况下引导客户参与品牌的产品研发与生产、品牌营销活动，提供个性化的产品与服务。

7.3.1　顾客关系管理对提高顾客满意度的意义

顾客关系管理通过客户数据的收集、数据库的挖掘，一方面可以更好地把握消费者的特征，了解客户需求，选择合适的价格策略，设计合理的产品或服务的特性，选择合理的分销渠道与销售模式，以便在适合的地点以适当方式提供价格合理，满足消费者需要的产品；另一方面，顾客关系管理通过顾客服务、情感交流可以直接改善顾客的品牌体验，提高品牌的顾客满意度。

7.3.2　顾客满意度对提升品牌资产的意义

在众多的品牌关系里，最核心的是品牌与消费者之间的关系。在品牌危机后，企业修复品牌与消费者之间的关系至关重要。品牌的顾客满意是指顾客基于购买与消费经验而形成的对特定品牌产品或服务的总体评价，这是决定顾客是否持续地购买某一品牌产品或服务的关键，是企业管理和提升品牌资产的战略目标之一。顾客满意是顾客忠诚的基础，品牌的顾客满意对品牌资产具有直接的积极影响。因此，有必要强化顾客关系管理，提高品牌满意度。

7.3.3　强化顾客关系管理，提高品牌的顾客满意度

（1）建立顾客关系的起点：区分五种顾客关系

菲利普·科特勒认为顾客关系有五种：

1）基本型：销售人员把产品销售出去就不再与顾客接触。如街头小贩卖出一份报纸。

2）被动型：销售人员把产品销售出去之后，鼓励顾客在遇到问题时给公司打电话。现在许多厂商设立的 800 免费电话就属于这种情况。目前我国大多数品牌处于这种水平。

3）负责型：销售人员在产品销售后不久就给顾客打电话，检查产品是否符合顾客的期望。销售人员同时向顾客寻求有关产品改进的各种建议，以及任何产品的缺陷与不足。这种信息能帮助公司不断改进产品供应。

4）能动型：公司不断给顾客打电话，收集顾客的意见，并提供有关改进产品用途的建议或关于新产品的信息。

5）伙伴型：公司不断地与顾客共同努力，寻求顾客合理开支的方法，或者帮助顾客更好地进行购买。如通用与波音紧密合作，设计能满足波音飞机需要的发动机。

如何识别这五种顾客关系呢？一般来说，可以根据顾客贡献的利润和顾客的多少这两个变量来识别（见表 7.2）。顾客关系管理系统要识别各种顾客，靠的是各种交易记录、金额以及其他的顾客资料。然后，根据顾客的多少及其为公司创造利润的多少决定关系营销的水平。

表 7.2　基本顾客关系识别表

顾客贡献的利润／顾客的多少	高边际利润	中等边际利润	低边际利润
大量顾客或经销商	负责型	被动型	基本型
适量顾客或经销商	能动型	负责型	被动型
小量顾客或经销商	伙伴型	能动型	负责型

（2）顾客关系管理的关键：识别顾客赢利性，对顾客进行分类管理

一个可赢利的顾客是指随着时间的变化能让渡一种收入流的个人、家庭、公司或其他组织，而且让渡的收入流大于为吸引顾客、服务顾客、推销所产生的可接受的公司成本流。这里所强调的是顾客的终生收入流和成本流，而不是来自一种特定交易的利润。而顾客关系管理就是要识别各类顾客，以及各类顾客买了什么产品，其赢利水平如何。通过下面的产品与顾客组合表，识别出各种产品与顾客的赢利状况（见表 7.3）。为企业带来最大利润往往并不是销售规模最大的顾客，因为他们常常要求相当多的服务和很大的价格折扣，从而减少了企业的整体获利水平。一般说来，赢利的产品和顾客容易判别出，亏损的产

品和顾客也容易判别出，问题在于组合型产品、组合型顾客难以判别。而顾客关系管理系统正是要解决这一问题。通过分析各种顾客与产品，来决定哪种产品要收缩，哪些顾客要放弃，哪些顾客要增长，哪些产品要发展，并且对顾客进行分类管理，不同类别提供不同的服务。这样可以达到提高企业的利润水平的目的。

表 7.3　产品与顾客组合表

产品 ＼ 顾客	赢利型顾客	亏损型顾客	组合型顾客
赢利型产品	+		+
组合型产品	+	－	
亏损型产口		－	－

（＋表示赢利，－表示亏损）

（3）对不同类型顾客提供相应的顾客服务

企业在对顾客进行分类的基础上，要确定针对不同类型顾客要建立的顾客关系管理的目标。企业在品牌与顾客五种关系类型中，基本型不值得提倡。但顾客服务是需要成本，服务并不一定是越多越好。

对于被动型与负责任型，企业应提供标准化的产品与品牌顾客服务，如标准化的售中服务、售后服务、信息反馈等，避免多余服务而增加顾客的支付成本或减少企业的利润。如春秋航空靠削减不必要的服务，如免费饮料、食品、送票上门、鼓励网上订票等来降低成本，从而为普通消费者提供低廉航空服务，受到众多消费者的欢迎。

对能动型或伙伴型，顾客支付能力较强，也愿意为品牌的特殊超值服务提供溢价支出，品牌应为顾客提供人性化与个性化产品与服务，如顾客参与产品与服务设计、超值的卖场品牌体验、客户经理一对一的沟通与服务等。企业中高层领导要定期对重要老客户进行回访，企业要制定针对老顾客的品牌忠诚制定回馈、奖励性质的销售促进。如通过推行会员制，跟踪老顾客的消费记录，建立消费者数据库，采用累加积分、优惠进级的办法鼓励顾客的品牌忠诚；同时，可以利用会员制建立的数据库进行数据挖掘，分析消费者的需要与购买需求，对消费者进行细分与分类管理，设计有针对性的产品与服务，采取有针对性的营销策略，开展数据库营销。

7.4　本章总结

当品牌危机平息后，企业要分析品牌危机发生的原因，总结经验教训。同时，要对品牌危机暴露出来的企业基础管理、品牌管理方面的问题进行调整与优化，从企业内部杜绝品牌危机发生的原因。本书认为描述和测量品牌资产的维度包括：品牌知名与认知度（品牌知晓度）、品牌美誉度、品牌忠诚度、品牌信仰、购买欲望、购买行为、市场份额、感知价值、品牌个性等。品牌危机会破坏品牌形象，降低品牌价值。而广告可以传递品牌个性、品牌知名度、品牌认知度，引起消费者的购买欲望与购买行为，公共关系宣传在塑造品牌美誉度、品牌信仰方面优势独特，销售促进在短期刺激消费者购买欲望与购买行为方面的优势最为明显，品牌接触与品牌消费体验则提供了品牌体验最佳的途径，对品牌忠诚、品牌信仰的形成至关重要。因此，品牌危机平息后，企业需要通过广告、公共关系、销售促进、品牌接触与品牌消费体验等品牌传播活动来修复或重塑品牌形象，恢复与提升品牌资产。顾客满意是品牌忠诚的基础，而顾客关系管理可以改善顾客满意，因此通过强化顾客关系管理可以提升品牌资产。顾客关系管理的关键是识别顾客赢利状况，对顾客进行分类管理，并对不同类型顾客提供相应的顾客服务。

7.5　链接：品牌危机管理案例

7.5.1　马航客机失联事件危机管理案例

（一）马航客机失联危机事件回顾

北京时间 3 月 8 日凌晨 1 时 20 分，由马来西亚飞往北京的马来西亚航空公司 MH370 航班与地面失去联系，机上 239 人中包括 153 名中国大陆乘客。

2 时 40 分，马来西亚苏邦空中交通管制台证实航班失联。

6 时 30 分，失联航班没能按时抵达北京首都国际机场。8 时左右，马航发布航班失联官方消息。

9 时，中国民航局空管局向新华社记者证实 MH370 航班在越南胡志明市管制区同管制部门失去通讯联络，并失去雷达信号，同时客机未进入我国空管情报区。

10 时，中国交通部部长杨传堂在中国海上搜救中心召开紧急会议，宣布立即启动一级应急响应。

11 时，马航公布乘客名单。马航 VP 接受 CNN 访问表示，本次航班配有 7 小时航油，他们相信到目前为止，飞机航油已经耗尽。马航目前对飞机位置完全没有头绪。有媒体报道称，越南搜救人员当天在越南南部金瓯省西南 120 海里处发现失联客机信号。随后越南官方予以否认。

8 日下午，马航召开发布会，却比预定时间推迟两小时。发布会仅持续仅 5 分钟，发布的仍是"失去联系"的消息，也未给记者提问机会。主持人离场时现场一片骚动，场外则一片混乱。

马来西亚交通部长 8 日否认了马航 MH370 航班已经坠毁的消息。

波音公司 8 日下午发表关于马来西亚航空公司 MH370 航班的声明，对失去联系的马来西亚航空公司 MH370 航班上所有人的家庭致以最深切的关切，并宣布波音正在组建一支团队，以向调查当局提供技术协助。

在失联 13 个小时后，马来西亚总理纳吉布 16 时将就事故情况召开记者会。记者会又因故推迟数小时。

8 日晚，一些媒体报道，失联客机乘客名单中一名意大利乘客并没有登机，其护照于一年前丢失。意大利外交部证实，这名乘客身在泰国。

9 日凌晨，奥地利外交部证实，乘客名单中一名奥地利籍乘客也没有登机，人在奥地利，2012 年曾在泰国丢失护照。国际刑警组织当天下午证实，至少两本已在这一机构数据库备案的被偷护照被马航失联客机乘客使用。这一消息引发人们关于航班遭恐怖分子劫持的猜想。

马来西亚官方 9 日 15 时说，吉隆坡国际机场现场监控已经锁定使用虚假护照信息登机的乘客画面。马方称用假护照登机的乘客为"亚洲面孔"，晚些时候否认这一说法。

11 日，马来西亚警方公布监控视频截图。国际刑警组织证实，两人均为伊朗人，只是，他们的目的应该是偷渡欧洲，没有发现与恐怖组织关联。与此同时，多国海空搜寻继续，尤其是越南，尽力调动资源，反复查找可疑漂浮物，中国舰船和飞机则在超过 5 万平方公里的茫茫大海上夜以继日地拉网式搜寻。

3月12日，马航方面召开与失联乘客家属的沟通会。在会上，马航方面公布了领取特殊慰问金需要签订的说明，随后还发放了31000元特殊慰问金。

3月15日，马来西亚总理纳吉布亲自出席发布会，并确认失联客机联络系统是被人为关闭的，而客机航线也是被蓄意改变的，卫星与飞机之间的最后一次通信为3月8日8点11分，针对客机的最后位置，纳吉布给出了两种可能，即南部走廊地带和北部走廊地带，而此前，美国媒体援引客机发动机制造商提供的数据报道，飞机失联后飞行了4个小时，遭马方否认。

3月23日，马来西亚政府称，法国当局当天提供的卫星图像显示，在印度洋南部海域发现可能与马航MH370航班有关的可疑漂浮物。

北京时间3月24日晚10时，马来西亚总理纳吉布在吉隆坡就有关失联客机MH370的相关进展召开新闻发布会，根据最新的分析结果，MH370客机已坠落在南印度洋，机上无人生还。纳吉布表示，25日早上会开新闻发布会公布更多细节。马航已经向家属通报了相关进展，随后纳吉布的声明结束，未透露更多细节。

媒体称，马总理宣布MH370航班在印度洋中部坠毁的结论，只是根据 in-marsat（国际海洋卫星）公司的海事卫星数据分析得出的，尚无残骸、黑匣子的有力佐证。

在北京丽都酒店守候了十余天的乘客家属在听到马来西亚官方宣布飞机失事的消息后悲痛欲绝，但鉴于以往马方在调查事件时的反复和滞后表现，一部分家属表示不信任这一说法，只有看到飞机残骸才能确信飞机失事。

25日上午，乘客家属举着自制标语步行前往马来西亚驻华大使馆进行抗议。

下午3点半，马来西亚驻华大使在丽都饭店参加家属说明会，家属正对昨天马方宣布飞机坠海这一结果向马来西亚驻华大使提出质疑，马大使表示现在无法回答。家属要求大使现场给马总理打电话询问，马大使沉默，只称会转达问题。

（二）马航客机失联危机事件处理的案例分析与评价

根据危机公关5S原则，对案例做如下点评：

1. 承担责任原则（Shoulder the matter）

品牌危机发生后，公众和媒体对企业形成一种期望，希望企业有所作为，承担责任。因此，不管责任在于谁，企业应首先表现出对受伤害者、品牌利益关系人负责任的态度与行为。本案例中，飞机失联后，马航和马政府立即展开寻找和搜救工作，公布乘客名单，召开发布会向乘客家属表达慰问和歉意，这一点符合承担责任原则。然而，在整个事件过程中，对于信息的发布，马航除了"no idea"，就是不断地否认、否认再否认，拖延，隐瞒事件真相，导致危机急剧蔓延。在对飞机失联的各种可能性依次否认后，24日晚突然召开发布会，在没有飞机碎片和黑匣子等证据的情况下，仅凭卫星数据就断定飞机终结与南印度洋，无人生还。这种漠视家属情感、无视各国联合搜救努力的武断行为，无疑是对全世界的极端不负责任，引发了中国以及其他国家的严重抗议和不满。不符合承担责任原则。

2．真诚沟通原则（Sincerity）

品牌危机沟通要诚意、诚恳、诚实。本案例中，飞机失联后，马航以及马政府虽然多次召开新闻发布会、家属沟通会与媒体和乘客家属进行沟通，然而其沟通并未取得如期效果，反而使危机愈加严重。一方面，对于事件进展的发布，马航并未在第一时间发布权威官方信息，导致舆论真空期，谣言满天飞；同时，信息发布没有统一口径，信息来源多样，马方不断否认，给公众带来极大负面形象；另一方面，沟通态度缺乏诚意，几次发布会都是无故推迟，甚至单方面更改地点，草率应对，不给媒体提问机会，导致媒体形象极端负面。不符合真诚沟通原则。

3．速度第一原则（Speed）

要求在第一时间里正确地处理品牌危机事件。本案例中，马方的行为严重违背速度第一原则。首先，飞机失联5个小时候才发布航班失联官方消息，当天上午媒体已经广泛报道，下午才召开新闻发布会，其次，在搜救过程中，马方也一直给人带来拖延的印象。不符合速度第一原则。

4．系统运行原则（System）

品牌危机管理涉及多方面的系统运作，各部门的配合。本案例中，马方自始至终缺乏系统的危机应对策略，发布信息，否认；再发布，再否认；再承认。整个危机处理过程混乱不堪，让马航以及马来西亚政府的形象跌入谷底。不符合系统运行原则。

5．权威证实原则（Standard）

品牌危机管理要求企业充分发挥和随时调动新闻媒体的权威传播功能；争

取权威机构的支持；争取消费者代表的支持。本案例中，虽然有很多国家都参与搜救，在 24 日晚举行的发布会上，马航也借助英国 inmarsat（国际海洋卫星）公司的海事卫星数据得出在印度洋中部坠毁的结论，然而很多信息和结论要么被推翻被否认，要么缺乏确凿证据，从而引发更大的质疑和抗议。不符合权威证实原则。

综上，马航的危机管理是致命的失败，而失败的危机公关拖累的不仅是企业品牌形象，更是一国的旅游产业。国内的各大保险公司，虽然在危机管理方面效率高得多，在马航还未召开第一次新闻发布会前，就分别排查登机客户并前往家属等待区处理，但有保险公司人士对着记者的长枪短炮紧张过度，直言会尽快理赔遇难者家属，令旁边焦急等待奇迹的家属更加揪心。而一些社交媒体、手机应用、媒体网站"应景"推出的各类祈祷乘客平安的表达，因为过于"文艺"、娱乐化或肤浅，也迅速引发网友反弹，比如央视网的"MH370，你若安好，便是晴天"。

危机管理一度被视为封口、遮羞乃至推诿责任的商业手段。但实际上，从个人、企业、机构到行业、地区，都需要危机公关的基本常识。十多年前，欧洲一个小山谷雷电引发的大火，曾经改变了国际手机市场诺基亚、爱立信、摩托罗拉三足鼎立的格局，导致诺基亚一家独大，爱立信手机被索尼收购改为"索爱"。究其原因，就是因为当时的火灾重创了品牌手机核心芯片的真空制造车间，只有诺基亚的危机管理闻风而动，垄断了替代芯片的生产线，导致竞争对手一年内无法升级核心芯片。如果无法绝对避免危机，危机管理的用处在于，至少不让危机引发新的危机。

马航和马政府的行为，为全世界企业上了一堂生动的负面危机公关课，左右摇摆心思不定、信息前后打架是处理公关危机的一大禁忌，无疑会让信任跌落谷底，对此，很多国企应该对照检查一下自己。

7.5.2　滴滴出行与印度牙医 LOGO 撞车危机管理案例

（一）滴滴出行与印度牙医 LOGO 撞车危机事件回顾

2015 年 9 月 6 日下午在阿里巴巴新网商大会，滴滴快的总裁柳青在演讲中表示：滴滴打车 APP 上线已经近 3 年，随着滴滴业务的拓展，滴滴打车这个品牌已经无法承载；9 月 9 日将进行全新品牌升级；"再见滴滴打车"并不是说要停止出租车或快车业务，新品牌将继续承载滴滴快车、专车、巴士、代驾等全线业务。

2014 年 9 月 9 日，滴滴正式宣布其品牌"滴滴打车"更名为"滴滴出行"，并启用新 Logo——一个扭转的桔色大写字母 D。新 Logo 颜色延续了滴滴原有的品牌色。滴滴表示：新品牌体代表我们服务于人们（People），用移动互联网创新思维（Innovation），来解决人们出行的痛点（Journey），，从而让每一个人获得满意的体验（Smile）。滴滴公司表示：新的 LOGO 首先象征着微笑，"滴滴希望通过自身平台，通过平台上多种出行服务，让每个人的出行"用车更方便、坐车更舒适、服务更好"。甚至，我们还期冀着，通过一段路上的历程，还能给人们带来一种安全感、一份依靠，一位朋友，一个惊喜……让出行更多一些含义和延展，进而让我们的生活更美好一点。

愿景是美好的，然而事情并没有往滴滴预想的轨道上走。滴滴发布这个信息后不久，网上便流传出滴滴新 LOGO "抄袭"印度设计师原创牙医标志的言论。商报记者搜索后发现，原帖是微博名叫"张洪科"的人所发，他在资料中称自己毕业于中国美术学院，是知名平面设计师、唱片设计师和企业品牌形象设计顾问。

"张洪科"的质疑帖发布于 9 月 8 日，并附上滴滴出行的新标志图片和印度设计师创作的牙医标志，同时@滴滴打车和滴滴打车客服。在他的帖中称，滴滴出行的新标志是印度设计师 2014 年 2 月在设计网站上发表的牙医标志。根据网友"张洪科"的提示，商报记者在一家名为"Behance"的美国网站上找到了印度设计师的设计作品。商报记者了解到该网站在 2006 年创立，是专业的设计人士发布、交流、分享作品的创意展示平台，集结了世界范围内的优质设计项目。网站上公开资料显示，上传该作品的印度设计师名叫尼斯·戈卡莱（Neeti Gokhalay），来自印度班加罗尔。通过对比后发现，Neeti Gokhalay 为一家位于孟买的口腔护理保健中心设计的标志确实和滴滴出行的新标志外形非常相似，都是横着、未封口的字母"D"，但是牙医的标志稍显细长，且颜色为蓝紫渐变色。记者在该网站看到，Neeti Gokhalay 上传该作品的时间是 2013 年 9 月。记者联系上"张洪科"，他称自己是 9 月 7 日看到滴滴出行即将发布的新标志，发现和印度设计师作品"撞衫"，就在微博对滴滴打车方面进行了提醒。但到了 9 月 9 日，滴滴打车更名并正式发布了该标志，他对滴滴出行继续使用该标志的行为感到不能理解。

在"张洪科"揭露了"抄袭"之后，网上的质疑声和吐槽越来越多。在网友发现滴滴撞衫之后，滴滴公关迅速反应，码了一篇长微博做出解释，大概意思是说，新 LOGO 设计比较简约，又源于字母的变形，遇到"撞衫"其实很正常，但绝不是抄袭，只是中印设计师产生了相似的灵感，设计师小哥发现撞衫之后第一反应是"见鬼了"，并表示自己有 200 多个 logo，随时可以换，但是最后还是觉得"D"比较能代表自己的内涵：微笑、执行、创新，并透漏目前新Logo 已经提交了商标注册，同时也在通过邮件、电话等方式和对方沟通，希望妥善处理此事。对于滴滴仍然坚持原方案的决定，设计界专家则表示，滴滴出行应更换更具特色的标志以加强创新。显然，滴滴的回应并没能解决问题，反而把网友给逗乐了，在长微博下评论得不亦乐乎。至此，滴滴陷入"抄袭门"，虽进行公关，但舆论还在，未能给公众一个满意的答复。。

（二）滴滴出行与印度牙医 logo 撞车危机事件处理的案例分析与评

根据危机公关 5S 原则，对案例做如下点评：

1. 承担责任原则（Shoulder the matter）

品牌危机发生后，公众和媒体对企业形成一种期望，希望企业有所作为，承担责任。因此，不管责任在于谁，企业应首先表现出对受伤害者、品牌利益关系人负责任的态度与行为。本案例中，在危机发生后，滴滴发布公告表明了自己的坦诚态度，称自己尊重创意，愿意为"撞衫"负责。符合承担责任原则。

2. 真诚沟通原则（Sincerity）

品牌危机沟通要诚意、诚恳、诚实。本案例中，在网络负面舆论已形成时，滴滴对网友质疑一一进行回应，表示对于不修改方案这一决定是在和原创进行协商之后做出的。符合真诚沟通原则。

3. 速度第一原则（Speed）

要求在第一时间里正确地处理品牌危机事件。本案例中，滴滴公关在事发后一个小时内就码出长微博做出解释，堪称迅速。符合速度第一原则。

4. 系统运行原则（System）

品牌危机管理涉及多方面的系统运作，各部门的配合。本案例中，危机发生后，滴滴采取了一系列积极、果断、有效的危机公关措施，在公开回应中表示已经和相关方面接洽沟通，争取妥善解决。符合系统运行原则。

5. 权威证实原则（Standard）

品牌危机管理要求企业充分发挥和随时调动新闻媒体的权威传播功能；争取权威机构的支持；争取消费者代表的支持。本案例中，虽然滴滴一直在强调已经取得原创作者的同意，但并没有更有力的证据证明其真实性。不符合权威证实原则。

总之，滴滴应对本次危机的表现可圈可点。在全球关注的 2020 年东京奥运会会徽涉嫌抄袭，从日本国内到国际舆论都把作者和东京奥委会骂成 doge 之后，仅仅相隔两周，logo 撞车的事故又发生在了滴滴身上。实际上，滴滴打车也不是第一次遇到这种问题了，在其快速扩张的同时，其面临的商标隐忧和知识产权纠纷也不断上演。

温暖的橙色，略带缺口的"d"字微笑，以温暖和不满足的追求来诠释着滴滴出行的新生。如果没有众多视觉设计者的吐槽和广大网友的围观，这个崭新的标志，将如同这个新生的产业一般，走进公众的心中。然而，涉嫌抄袭的剧情，迎来的是公众的围观和质疑——创意匮乏的标签之下，受损的岂止是企业形象？

在整个事件回应过程中，滴滴出行方面一再否认其设计涉嫌抄袭，并着重强调其已完成商标注册。但不可否认的是，滴滴出行标志的主体形象，与印度设计师设计的牙医标志具有高度的相似性。尽管二者时隔两年相距万里，但就观赏体验来看，并无法消解二者形象设计的关联性，难逃"设计剽窃"的嫌疑。同时，对自身设计合法性的过度强调，并不能转嫁抄袭嫌疑的质疑。企业所面临的公关危机，也不是简单的一句"撞衫其实很正常"便可以轻易敷衍。相较于以合法性来堵塞公众的悠悠之口，涉事公司倒不如重新进行方案修改，以新的设计来替代涉嫌抄袭的作品。

那么，滴滴应该如何走出困境？首先，在舆论爆发后，滴滴可以在声明中陈述创作事实，并且对"撞车"表示歉意，承诺更换或者贴出与原著作者协商内容，给公众留下勇于承担责任的印象。但是，在此之前，我们需要明确，对于独创性较低的商标标识，必须与其构成基本相同或者完全相同才成立侵害在先著作权，所以，滴滴在最先发现与他人的 LOGO 可能撞车后，完全可以通过简单改变，从而可以使得涉嫌侵权的 LOGO 继续获得生命力。例如，对涉事 LO-GO 做一个镜像旋转并将缺口改到另一侧，就会造成与印度 LOGO 在视觉效果上的明显差异，从而规避侵权危机。

其次，作为 LOGO 的设计者，滴滴应当最大可能保存各个设计过程中的草图和设计，并在发生纠纷或诉讼时能够成为说明自己独立创作的证据。大量的草图设计和变化，不但能反映原创的过程，还能说明具体设计细节的变化和含义（例如 D 字母缺口和 90 度旋转的特殊含义或效果）。在简单的 LOGO 设计中，不可避免地存在大量的"撞车"，因此，如果滴滴能够合理证明自己系独立创作，就可以规避类似的纠纷或在诉讼中作为有力抗辩理由。

最后，要和可能的在先权利人积极沟通，化干戈为玉帛，争取共赢互利，不要在普通消费者心中留下难以消除的"抄袭"、"侵权"的负面印象，对品牌的整体形象和声誉造成损害。其实，滴滴出行新标志的"撞衫"，于广大企业恰恰是一次深刻的提醒：维护企业形象，公众需要的不是辩解，而是诚意，这是对知识产权的尊重和维护的表现，看不到公众的愤怒，自然要承受来自四面八方的口诛笔伐。

纵观商界，商标等知识产权纠纷屡见不鲜。一系列鲜活的例子不断在提醒着创业者们，知识产权方面的战略布局在如今的商业社会已经不可缺少。知识产权发展到今天，其重心已不再是以知识产权保护为主，而转为一种战略资源，必须经过周密的知识产权战略规划，与企业现有产品结构以及未来产品的规划密切结合，综合应用各种知识产权的保护方式才能给企业带来最优效益，并以此来推进企业自身的转型升级和长远发展。

第八章
中国公司与跨国公司的
品牌危机管理比较及其启示

近几年，出现在市场上的国内外品牌都频频发生危机，品牌危机发生常态化。然而，在这样一个危机与机遇并存的年代，跨国品牌与本土品牌却演绎出截然不同的两种命运。在危机事件发生之后，虽然这些跨国品牌饱受着巨大压力，企业产品在一定时间内的销售会受到某种程度上的影响。但是，从长远看这些纷纷扰扰的品牌危机事件却不会给这些跨国公司品牌造成严重的冲击。中国市场的肯德基餐厅以前也曾被曝出售卖过期食品、在汉堡包中吃出铁钉等杂物事件，但除了全国各地媒体"兴奋"炒作一回之外，市场反应却一片平静。危机之后，在肯德基餐厅一片歌舞升平的笑声中，南京冠生园黯然的背影却让人无法忘记。南京冠生园被揭露使用陈馅做月饼，在危机发生之后，不仅是媒体一致讨伐，消费者更是齐心抛弃冠生园。在对中国某个品牌或某种产品失去信心上，中国消费者往往有惊人的一致性，冠生园彻底无人问津，仅仅短短几个月时间就被市场黯然抛弃。同样是产品质量危机，为什么肯德基危机与冠生园危机对品牌的影响会截然不同？

8.1 中国公司与跨国公司品牌同样面临品牌危机，而结果迥异的原因

8.1.1 品牌危机管理意识与能力不同

跨国公司品牌在长期发展过程中已经历过各种品牌危机，危机管理防范意识较强，品牌危机管理的机制健全。一旦发生品牌危机，能迅速启动危机处理

程序，调动企业相关资源迅速、正确地处理品牌危机。中国公司品牌发展时间短，一方面没有品牌危机管理意识与经验，另一方面品牌危机管理能力不足。具体表现为：一些企业发生品牌危机后，企业忙于推卸责任；企业无视危机存在，企图不了了之，蒙混过关；开罪媒体，不愿与媒体进行真诚沟通；行动缓慢，陷于被动等等。

8.1.2　品牌管理能力不同

（1）品牌历史沉淀不同

杜邦、联合利华、可口可乐、强生、万宝路、松下等跨国公司品牌，都拥有几十年到上百年的市场竞争环境下的发展历史，在多年的市场竞争中历经风雨，已沉淀了丰富的品牌内涵，形成了强大的品牌影响力，甚至成为一个国家的精神象征。这些品牌拥有的一大批品牌忠诚者和信仰者，是品牌抵抗品牌危机最坚实的支持者。而中国公司品牌大多在市场竞争环境下的发展历史十分短，往往停留在品牌认知度、品牌知名度、品牌美誉度的阶段，缺乏一大批铁杆支持者，品牌内涵较为单薄。

（2）品牌战略规划能力不同

跨国品牌的战略规划往往以长远发展为导向，注重对品牌内涵、美誉度、忠诚度、品牌信仰的建设，从而使跨国品牌具备深厚的发展基础，抗风险能力也大大提高。而中国品牌由于发展时间短，品牌市场规模有限，生存压力很大，导致企业家过分追求短期销售量与利润，品牌规划战略缺失。

（3）品牌综合管理能力不同

许多跨国公司品牌背后都有着完善的管理机制，纵使品牌出现问题，总部也能迅速有序地调动企业各方面资源进行协调处理。从成立危机应急中心、危机处理到控制终端销售等措施入手，跨国公司强大的综合管理能力往往能够将危机的影响控制在一定范围内，而不会让危机影响到企业正常运营，从而保证品牌危机能够被有效化解。而那些因为品牌危机而倒下的中国公司品牌，表面上是品牌危机导致，实质上是战略及规范管理方面出现问题。近几年，中国众多品牌处于快速发展时期，管理规范往往赶不上品牌发展的速度。

8.2　中外企业品牌危机管理比较对中国企业品牌危机管理的启示

8.2.1　提高品牌危机意识

对员工进行品牌危机意识教育、品牌危机消防演练，让员工有识别和处理品牌危机的能力。

8.2.2　改善品牌危机管理能力

制定品牌危机管理计划与制度，完善危机管理的组织与危机预警机制，并提高品牌危机处理技巧。

8.2.3　系统改善品牌管理能力

重视品牌长远规划、品牌内涵的塑造；重视品牌伦理、品牌美誉度、品牌忠诚度、品牌信仰的建设；注重品牌战略与品牌策略的协调发展。

8.3　链接：品牌危机管理案例

8.3.1　分众传媒深陷短信门危机管理案例

（一）分众传媒深陷短信门危机事件回顾

2003 年，分众传媒以电视广告非家庭化为突破口，以开发楼宇电视广告起家，在很短的时间内，通过非常手段占领了全国 80 多个城市、7 万多栋楼宇。

2005 年 7 月，分众传媒不负众望，成功登陆美国纳斯达克。

2007 年 10 月，分众传媒凭借框架媒介一举跳入社区平面媒体领域，江南春顿时感到豁然开朗。很快，分众经过一番斗智斗勇，把平日恨得牙根痒痒的竞争对手聚众传媒鲸吞，于是，分众传媒便有了新的定位——生活圈媒体。

2008 年 3 月 15 日，央视突然曝光分众无线是国内最大的垃圾短信制造者。由此，国内大众对分众无线的谴责声此起彼伏。

2008 年 3 月 16 日，分众无线资深副总否认拥有 2 亿手机用户资料的说法，分众传媒董事局主席江南春称分众无线及旗下公司没有购买特定的数据。

2008 年 3 月 17 日，分众股价大幅下跌 26.59%。

2008 年 3 月 18 日，分众无线资深副总承认拥有手机用户数据库，分众个别业务部门及其收购的一些下属公司在去年承接了大量的商业广告，投放到未经定制或许可的用户，分众表示歉意。但否认数据库是通过买卖方式所得，同时称所拥有的用户资料，只向一些单位内部会员发送通知类的短信，没有发送商业广告性质的短信。

2008 年 3 月 18 日，郑州分众无线副总承认与分众无线的关系，但否认拥有数据库；郑州美和否认与分众无线的关系，但承认与分众无线有业务合作关系；深圳巨澜总经理助理否认与分众无线的关系，并称承揽商业短信是业务员私人行为，与公司无关；深圳分信李姓经理否认与分众无线的关系；深圳精准分众同样否认与分众线的关系。

2008 年 3 月 19 日，分众发布了其 2007 年第四季度财报。根据财报，分众第四季度来自于分众传媒无线的广告营业收入 1600 万美元，手机无线广告收入占总广告收入的 9.2%。同一天，江南春表示将来未来一周内，亲自督促"深查分众无线各下属公司及其员工是否拥有其他非正常途径取得用户信息"。但是，江南春坚称，分众的客户资源来自正规渠道和网络，且认为"分众无线未经许可发出的短信至多也不会超过市场的 2%"。

3 月 19 日，中国移动宣布关闭分众无线短信通道；同日，央视新闻联播再次追踪报道分众无线短信事件。

3 月 21 日，央视《晚间新闻》报道，江南春主席承认旗下公司未经用户许可滥发短信，并公开致歉。

（二）分众传媒深陷"短信门"危机事件处理的案例分析与评价

根据危机公关 5S 原则，对案例做如下点评：

1. 承担责任原则（Shoulder the matter）

品牌危机发生后，公众和媒体对企业形成一种期望，希望企业有所作为，承担责任。因此，不管责任在于谁，企业应首先表现出对受伤害者、品牌利益关系人负责任的态度与行为。本案例中，在短信门事件发生后的几天里，分众传媒要么闪烁其词，推卸责任，要么闭门不出，拒绝面对媒体，从否认拥有手机用户资料到否认滥发垃圾短信，从旗下公司否认与分众的关系到传媒董事局主席公开致歉，期间无不反映了分众无线肩膀的脆弱，以至不敢承担一点压力。不符合承担责任原则。

2. 真诚沟通原则（Sincerity）

品牌危机沟通要诚意、诚恳、诚实。本案例中，作为当事人应该开诚布公地面对现实，给公众了解事实真相的机会，宜疏不宜堵。关键时刻最忌藏着、掖着，甚至欺骗大众，但16日分众无线资深副总否认拥有手机用户数据库，分众董事局主席也否认购买手机用户信息。2天之后，该副总又承认拥有手机用户数据库，但否认是通过买卖获得，同时否认未经用户允许发送商业广告短信。直至21日，江南春承认旗下公司未经允许滥发短信，并公开致歉。分众无线这种敢冒天下之大不韪的公关做法的确不算高明，作为公司资深副总，分众无线的高层领导，应该很清楚分众无线是否拥手机用户数据库、数据库是否通过买卖获得、发送的是否为垃圾短信，更应该清楚分众如此反复的行为早已引起公众的不满、舆论的哗然，以至于再惹众怒，招致央视等诸多媒体的数次讨伐和谴责。不符合真诚沟通原则。

3. 速度第一原则（Speed）

要求在第一时间里正确地处理品牌危机事件。本案例中，在3月15日央视突然曝光分众滥发短信事件后，分众无线资深副总在16日就发布新闻称否认拥有2亿手机用户资料和分众传媒董事局主席江南春称分众无线及旗下公司没有购买特定的数据。先不论新闻的真实可靠性，单单从24小时内便采取公关措施，可以说明该危机的速度值得肯定。符合速度第一原则。

4. 系统运行原则（System）

品牌危机管理涉及多方面的系统运作，各部门的配合。本案例中，分众传媒想以一招"移花接木将责任推卸给旗下的全资子公司分众无线，从而快速撇清与纳斯达克上市公司的分众传媒的关系，殊不知这会再度惹众怒，遭遇央视等重磅级媒体的讨伐和谴责。更为重要的是，事件从发生至今已经过去3天，分众传媒对于此事却始终没有予以"公开、正面的回应，其反应速度之慢令人对于其公司内部管理和组织架构产生怀疑。不符合系统运行原则。

5. 权威认证原则（Standard）

品牌危机管理要求企业充分发挥和随时调动新闻媒体的权威传播功能；争取权威机构的支持；争取消费者代表的支持。本案例中，在"短信门"事件之后，央视1套、2套、新闻频道等主流媒体对此事做了专门的新闻报道。特别是央视的《新闻30分》等收视率王牌栏目还在此事曝光后的第二天做了跟踪报道。更令人费解的是，在事发第二天，央视《新闻联播》中又专门针对此事做了一个后续的新闻追踪，时间长达1分多钟。在《新闻联播》的镜头中，分众传媒的一位女性副总裁面对记者的采访时表现得极为不耐烦，还矢口否认分众传媒掌握手机用户的信息。但是在这一事件发生之后的2天内，分众传媒不是推卸责任、就是否认拥有全国手机用户的信息资料。不符合权威认证原则。

作为身陷危机的企业，首要任务是抓住舆论的导向，然后引导舆论的发展方向，最后通过恰当的手段和方法化解危机或者是减少危机对企业造成的损失。事发至今，分众传媒既没有召开公开的新闻发布会说明和解释原因，也没有专门针对此事发布相应的公告或道歉函，而是任凭媒体无序报道和自发采访，由于缺乏统一的应对口径和说辞，从而造成了媒体的多种猜测和报道，对分众传媒的企业形象和今后的发展造成了极大地冲击和影响。

近年来，分众传媒利用资本手段对国内同行进行了大规模地收购兼并，一度出现了分众传媒在新兴广告媒体上的垄断地位，如此一来就加速分众传媒的狂妄自大，不将公众放在眼中，以为只要拥有这些新兴媒体的核心资源和信息就可以全面扩张，忽视了企业的社会责任感和道德意识。同时，作为一家在短期内快速发展起来的大企业，分众传播的成功在模式，发展却在管理。只有建立健全而完善的管理体系和组织架构，才能推动企业的可持续发展。作为分众传媒的创始人，江南春也曾在不同场合表示对公司内部管理水平和快速扩张速度等问题的担忧。危机事件一出，作为一般的企业应该快速反应，一边向公众说明造成危机的背后原因和情况，一边要采取相应的应急手段来平息和化解危机。但分众传媒在事发第二天，央视记者前往其北京公司采访时却是没有人接待和应对，显然公司人员都在放大假，估计一些高层都不知道此事的发生和后果。其公司公关部门的工作状态和表现实在很幼稚。

分众做的是一个纯渠道的广告媒体，靠创造强制性收视，攫取注意力进而售卖广告赚钱的，而广告历来是为人们所排斥的。今天广告无处不在，人们的生活被广告严重的打扰。而分众的理念恰恰是覆盖渗透人们的生活空间，围绕消费者生活形态展开，建造一个无时不在，无处不在的数字化广告平台。

广告为我们带来资讯的同时，也给我们的生活带来麻烦。尤其当在商业利益的驱使下，像江南春一样打造了一个无所不在的广告环境，人们被广告包围了，广告成了城市的污染源，这是对环境的巨大破坏。广告泛滥，信息过量，这给人们的健康也带来了不可估量的伤害，分众的商业模式受到人们的质疑也就不难理解了。广告对于人们生活的渗透要有个度，当人们连自己的手机屏幕都不能由自己做主时（分众无线的垃圾广告干扰），自然要承受人们的反抗。人们愤怒地说，分众们就是给城市空间到处贴"狗皮膏药"。在"分众无线垃圾短信门"之后，江南春曾说："以后在商业模式设计上应该考虑商业道德问题。"江南春一语道破天机，现实的商业环境下，人们在赚钱的同时，很少有考虑商业道德问题。那么，中国的创业者们在进行创业初期的商业设计时，是否有考虑商业道德问题？分众无线的夭折不但让江南春警醒，也应该让更多的中国商界人士警醒。

8.3.2　五粮液涉嫌违反证券法规危机管理案例

（一）五粮液涉嫌违反证券法规危机事件回顾

2009年9月9日，五粮液公司接到中国证券监督管理委员会调查通知书，其内容如下："因你公司涉嫌违反证券法律法规，根据《中华人民共和国证券法》的有关规定，我会决定立案调查，请予以配合"。

9月9日下午，五粮液突然发出公告称，其因涉嫌违反证券法规受到中国证监会立案调查。消息一出，这个备受市场追捧的股票应声狂跌，在当天下午开盘后21分钟内即被封至跌停，至收盘时，跌幅仍高达6.22%，成交金额高达50亿，创下五粮液上市11年来的天量。按走势估算，仅当天下午短短2小时，五粮液市值便迅速"蒸发"掉57亿，中小投资者损失巨大。其后数日内，五粮液股价呈现跌势。一时间，市场开始纷纷猜测五粮液违规被调查的原因，出现多种版本，如偷逃税、涉嫌虚增利润、委托理财资金去向不明、利益输送等。在立案消息公布后不久，五粮液股票随即出现大批量恐慌性抛盘，20分钟不到即已跌停。

9月10日，五粮液公司召开电话会议，参会机构达到170多家，公司期望以此举稳定军心。

9月15日，五粮液董事长唐桥就外面议论的三种五粮液遭证监会调查的原因进行回应。猜测一，涉嫌偷税漏税；猜测二，关联交易问题；猜测三，涉嫌违规委托理财。

9月23日，中国证监会有关部门负责人表示通报，自7月28日对五粮液股份有限公司涉嫌违规行为立案稽查至今，已发现五粮液存在未按规定披露重大证券投资行为、未如实披露重大证券投资损失、披露的主营业务收入数据存在差错等三项违法违规行为。目前该案仍在进一步调查中，证监会将尽快查清相关事实，并依法程序做出行政处罚。

9月29日，宜宾五粮液股份有限公司发布第四届董事会公告。公告称，2009年9月23日，公共媒体中刊载中国证监会对本公司立案调查的相关信息，本公司从证监会对媒体的通报中知悉了相关调查情况。目前，公司正依法积极配合证监会调查组的调查工作。同时，公司将以此次调查为契机，进一步完善公司法人治理结构、完善各项规章制度和内控制度，不断提高法人治理水平，提高生产经营水平。

从百度中搜索一下关键词"五粮液危机"，找到相关网页2590000篇，其搜索量为年度最高。此危机事件影响和损害面非常大，不仅打击了持有五粮液股票的股民的信任，也打击了中国整个酿酒食品行业，严重损害了五粮液的企业形象。

（二）五粮液涉嫌违反证券法规危机事件处理的案例分析与评价

根据危机公关5S原则，对案例做如下点评：

1. 承担责任原则（SHOULD THE MATTER）

品牌危机发生后，公众和媒体对企业形成一种期望，希望企业有所作为，承担责任。因此，不管责任在于谁，企业应首先表现出对受伤害者、品牌利益关系人负责任的态度与行为。本案例中，对于证监会的调查事件，五粮液公司并未去隐瞒或辩解，而是不断对公众强调公司的主营业收入并未受到此次调查影响，公司经营一切照常，稳定了市场信息，从而稳定了公司股价。符合承担责任原则。

2. 真诚沟通原则（Sincerity）

品牌危机沟通要诚意、诚恳、诚实。本案例中，五粮液公司及时召开媒体见面会或新闻发布会，将事件进展状况告知公众，对公众的三种猜测分别做出了解释，从而最大限度地遏制了谣言。符合真诚沟通原则。

3. 速度第一原则（Speed）

要求在第一时间里正确地处理品牌危机事件。本案例中，在见证会发布公告当日，五粮液公司多名高管当晚即召开紧急会议，商议对策，并紧急约见媒体，答疑解惑，稳住了大局。符合速度第一原则。

4. 系统运行原则（System）

品牌危机管理涉及多方面的系统运作，各部门的配合。本案例中，五粮液公司在十面埋伏中，没有顾此失彼，而是四面出击，争取到了各方的支持，主要的经销商、供应商、银行都力挺五粮液，而公司内部更是众志成城。符合系统运行原则。

5. 权威证实原则（Standard）

品牌危机管理要求企业充分发挥和随时调动新闻媒体的权威传播功能；争取权威机构的支持；争取消费者代表的支持。本案例中，五粮液让证监会权威部门来发布案件调查进度结果，而不是一味地掩饰自己的过失。董事长唐桥更是在回复公众猜测"涉嫌违规委托理财"事件时，表态"如果五粮液的人有谁涉及这个案件，该怎么处理就怎么处理"。符合权威证实原则。

综上所述，五粮液面对危机采取一系列快速且有效的措施，其公关能力值得点赞。结局虽然可算完美，但是总归也是产生了不小震荡。那么，五粮液为什么会发生涉嫌违反证券法事件呢？主要是因为会计诚信存在问题，而致使会计不诚信现象出现的原因则主要有以下四点：

（1）所有权和经营权相互分离。由于五粮液是上市公司，广大的中小股东不可能参加企业的生产经营管理，这就为控股股东和经营者滥用权力损害中小股东的利益提供了可能。五粮液控股股东和经营者正是利用所有者对经营者的失控散布虚假信息，虚增利润，达到为其谋得较高利益的目的。

（2）经营者利用驱动。五粮液的经营者为了提高五粮液在市场上的形象，抬高股价，从中获得利润，从而虚构巨额利润，导致会计信息失真。

（3）监管不力。首先，政府监督由于面积广、任务重、人员紧缺，不能从根本上保证会计信息质量。对于五粮液的造假工程，特别是市场上出现了怀疑五粮液高额利润真实性的说法时，法院没有受理有关案件，也没有进行调查取证，使得五粮液在宽松的环境下随便虚构利润，损害中小股东的利益。其次，社会监督也存在一些问题。由于社会监督机构之间的不正当竞争和一些注册会计师素质比较低，也使有些注册会计师审计的会计信息也会出现失真的现象。最后，单位内部监督制度不健全。没有监督的权力是可怕的，没有监督的行为也是可怕的。

（4）中介机构的不规范行为。对五粮液财政年报严重不实，负责审计其会计报表的四川华信会计师事务所却出具无保留意见的审计报告。

从本次事件中，我们可以有以下几点启示：

（1）完善证券市场法制建设。加大对造假者和违规者的处罚力度，提高造假和违规的风险，平等并公正地对待所有股东，通过立法、建立股东共同赔偿制度，使得广大中小股东在其利益受侵害时，可以依法得到保护。

（2）完善法人治理结构。合理安排公司董事会、监事会的功能、结构以及股东权力，严格按照规定选取董事会、监事会成员，突出监事会的监督作用，大力推行独立董事制度。

（3）加强对市场中介机构的约束力。将违规违法的会计师事务所清理出市场，除了追究违规违法机构和人员的刑事责任外，还要加大对违法者个人的经济处罚力度，可以尝试建立再审计制度。

（4）完善内部审计制度。尽快建立完善的内部审计法律制度，使企业内部审计做到有法可依，同时建立董事会领导下的完善内部审计制度，保持内部审计的独立性，要发挥独立董事和监事会的作用。

（5）减小造假的收益，加大造假的成本。要加大会计造假的处罚力度，提高发现会计造假的概率，加大对审计机构参与造假的处罚力度。

（6）制定提高会计诚信水平的相关配套措施。例如：加强司法和政府监督力度，加强社会监督员与评价机制，加强社会教育机制等。

危机公关并不仅要求企业在危机形成后发生后进行危机公关，更重要的是重视自身的潜在危机，防患于未然。危机公关应对越早越好，处理越重视越好。危机公关要做到：一、积极预防，控制危机大发生风险；二、找出问题所在，解决问题；三、与公众媒体沟通，达到重塑形象，建立公众企业互信的目的，做到有则改之，无则加勉。

8.3.3　农夫山泉"标准门"风波危机管理案例

（一）农夫山泉"标准门"风波危机事件回顾

3月15日，某南方网站报道农夫山泉水中现黑色不明物。对此，农夫山泉回应称，含有天然矿物元素的瓶装水在运输储存过程中，有时会受到温差等影响而析出矿物盐，并不影响饮用。

3月22日，中国广播网报道，有消费者投诉农夫山泉瓶中有不少棕红色的漂浮物。经销商在未取走问题样品的情况下回复表示，自己是从湖北丹江口工厂进的货，经过厂家检测得出的结果是，棕红色的不明物质为矿物质析出所致，水可以正常饮用。农夫山泉总裁办主任钟晓晓在接受采访时也坚称，农夫山泉生产工艺肯定没有问题。

3月25日，某南方网站再报道农夫山泉丹江口水源地污染。报道称，在农夫山泉取水点周边水域岸上，遍地是各种各样的生活垃圾，其中不乏大量疑似医用废弃药瓶，俨然"垃圾围城"之势。对此，农夫山泉回应称，媒体所报道的不整洁区域距离其公司取水口下游约1.4公里，对取水质量并无影响。此外，农夫山泉取水口源水符合DB33/383－2005《瓶装饮用天然水》天然水源水质量要求。

4月9日，国际金融报报道，农夫山泉在广东万绿湖水源地、浙江千岛湖水源地和湖北丹江口水源地均采用的是"DB33/383－2005"标准，而该标准是浙江地方标准。但令人奇怪的是，广东也有本省的饮用天然水标准，但广东万绿湖水源地的产品却未采用该标准，仍采用对水质要求较低的浙江标准。

4月9日，华润怡宝在钓鱼台国宾馆发起2013《中国瓶装水企业社会责任倡议书》，向国内瓶装饮用水企业发起全面承担企业社会责任的倡议，旨在倡导做有责任的企业，做有责任的品牌。

陷入"标准门"之后，农夫山泉一直保持沉默。4月11日，农夫山泉终于在其官方微博做出郑重声明：农夫山泉饮用天然水的产品品质，始终高于国家现有的任何饮用水标准，远远优于现行的自来水标准。农夫山泉产品的砷、镉含量低于检测限值，含量低至无法检出，霉菌和酵母菌亦均无法检出。

此外，农夫山泉还将矛头指向华润怡宝。农夫山泉在声明指出，近期针对农夫山泉的一系列的报道是蓄意策划的，隐藏在幕后的就是国有控股饮用水企业——华润怡宝。农夫山泉罗列出一系列怡宝的"罪证"，并表示"作为国有控股的饮用水企业，利用民众对食品安全和环境污染的恐慌心理作为行销手段，以达到打击竞争对手、扩大市场份额的目的，这一做法令人遗憾。"

农夫山泉所列证据包括已被删除的华润怡宝此前推出"中国饮用水之殇"网页和广告的截图，以及"华润怡宝用'大自然搬运过来的水，你还敢喝吗?'将矛头直指农夫山泉公司广告语'大自然的搬运工'"等。

农夫山泉并引用21世纪网的调查新闻标题，暗示21世纪网参与其所谓"策划"，对此，21世纪网已发表严正声明予以驳斥。

农夫山泉还邀请电视、报纸和网络媒体以及消费者对农夫山泉水源、生产过程和产品品质进行全面的实地访问和监督，拟邀请人数不少于5000人。

4月11日晚，华润怡宝发布声明称："我司从未以任何方式对农夫山泉声明中所提到的做法予以任何形式的参与。作为一家有社会责任的企业，我司一贯反对任何企业不正视自身问题、推卸自身责任，通过利用媒体转移公众视线将自身危机转嫁给竞争对手的任何行为。我司保留对农夫山泉采取法律行动的一切权利。"

4月16日，华润怡宝声明称，为维护自身合法权益，已向深圳市南山区人民法院对农夫山泉提起诉讼，该诉讼已于2013年4月15日被该院正式受理。

同时，农夫山泉也将矛头对准曝光媒体。《京华时报》等媒体报道农夫山泉水质标准低于国家标准。4月14日，农夫山泉进行回应，称《京华时报》所谓的"相对于农夫山泉从未从严修订标准的是其从宽修订标准却显得非常积极"完全是置事实于不顾，颠倒黑白，并称《京华时报》无知。甚至在15日的微博中放出狠话：你跑不掉，也别想跑。对此，京华时报官方微博于16日上午发博回应：标准面前，你跑不掉，也别想跑。

4月15日，农夫山泉声明自称其标准中甲苯、亚硝酸盐指标限值是严于自来水标准的，并称就一两项指标就判定整个标准谁高谁低是毫无法律依据的。对此，中国民族卫生协会健康饮水专业委员会马锦亚表示："我们看一个标准的高与低，更重要的是关注其中对人体有害的指标，哪怕你只有一项低于国家标准，你的标准就是不如国标"。

4月18日，中华民族卫生协会健康饮水专业委员会秘书长马锦亚表示，农夫山泉不仅没有正视自己的问题，还公开指责该协会是"莫名其妙的协会"、"信口雌黄"，决定将农夫山泉从协会中除名。

4 月 19 日，《京华时报》发表声明称，对于本社指出的农夫山泉执行的地方标准在部分指标上低于国家标准一事，农夫山泉不正视自身存在的问题，反而反复通过强调"产品品质高于国家标准"来混淆视听，转移视线，并通过言语恐吓、制造舆论影响等手段，打压媒体责任，挑战新闻媒体的舆论监督职责，严重侵犯了本社名誉权，本社保留对农夫山泉股份有限公司的上述行为采取法律行动的一切权利。

从 4 月 10 日开始，《京华时报》连发多篇文章，报道农夫山泉的"标准门"。与此同时，农夫山泉也连续四次回应。

在此过程中，北京市桶装饮用水销售行业协会下发《关于建议北京市桶装饮用水行业销售企业对"农夫山泉"品牌桶装水进行下架处理的通知》，要求北京市桶装饮用水行业各销售企业即刻对农夫山泉桶装饮用水产品做下架处理。

5 月 2 日，农夫山泉官网上更是发出了题为"《京华时报》& 农夫山泉到底谁在说谎"的文章，指责《京华时报》在发难前，从未就自来水问题采访过农夫山泉方面。

5 月 6 日，农夫山泉发布消息称，已经向法院提起诉讼，向《京华时报》索赔 6000 万元。

当天，农夫山泉在北京召开了长达 3 个小时的新闻发布会，会场上，农夫山泉与《京华时报》正面交锋对质，现场激辩，场面一度混乱。期间，曾有现场工作人员对《京华时报》记者喊"滚出去"。

发布会上，农夫山泉一方表示，指责其产品水质不如自来水是无稽之谈，阐述其执行的 DB33/383 - 2005 浙江标准是科学可靠的地方标准，表示其虽未在产品包装上标识 GB19298 - 2003 卫生（安全）标准，却并不代表农夫山泉未执行此强制标准。公司更列出早前在美国所做的水质监测报告，以证其清白。而《京华时报》一方认为，农夫山泉所执行的浙江地方标准中有多项指标低于国家标准，且不认同农夫山泉关于国家卫生（安全）标准和质量标准的解释。在现场，双方就"标准"一事，各执一词。

钟睒睒还在发布会现场宣布，将关闭农夫山泉位于北京的工厂。对于如此结果，钟睒睒在会上表示，很遗憾仅仅因为一个行业协会的决定导致农夫山泉的产品在北京下架。钟认为，对这样的市场环境，农夫山泉只能选择退出，公司关闭北京工厂是为"维护其品牌尊严"。

从 4 月 10 日到 5 月 7 日，连续 28 天，74 个版面，《京华时报》对农夫山泉的追踪报道"锲而不舍"、一步未停。对此，钟睒睒直指《京华时报》"开辟了一家媒体批评一个企业的新闻纪录"。

5月7日，《京华时报》再次投入包括头版在内的7个整版，继续猛烈抨击农夫山泉。《京华时报》在报道中称，农夫山泉在京停产是因其质量不符标准，北京质监局已经介入调查；需要明确的是北京质监部门依法监管市场，而不是农夫山泉主动"退出"。报道还针锋相对地提出，农夫山泉在16个省市的媒体上曾刊登公告"谩骂京华时报"。"从2013年4月16日到2013年5月6日，农夫山泉在全国10多个省市数十个渠道刊登含有谩骂京华时报内容的公告，1个月内超过120个版面……这些公告明显针对京华时报依法依规的舆论监督横加指责，其刊登范围之广，时间跨度之长，史所罕见，中外罕见。

（二）农夫山泉"标准门"风波危机事件处理的案例分析与评价

根据危机公关5S原则，对案例做如下点评：

1. 承担责任原则（Shoulder the matter）

品牌危机发生后，公众和媒体对企业形成一种期望，希望企业有所作为，承担责任。因此，不管责任在于谁，企业应首先表现出对受伤害者、品牌利益关系人负责任的态度与行为。本案例中，3月15日，有媒体报道农夫山泉的水中出现不明悬浮物，农夫山泉公司对此并未做出回应，对消费者的投诉置之不理，更称不上承担任何责任。后期对《京华时报》提出质疑的问题，农夫山泉不做回应态度强硬，加深了消费者对企业及其产品的误解，迅速将消费者推离。不符合承担责任原则。

2. 真诚沟通原则（Sincerity）

品牌危机沟通要诚意、诚恳、诚实。当企业处于危机困境中时，是消费者和媒体关注的焦点，企业的各种行动都会被关注，此时的企业是不能存有任何的侥幸心理，以期采取一些鸵鸟政策，来企图蒙混过关，最好的方法是主动地与媒体联系，通过媒体和消费者进行有效的沟通，说明事实的真相，从而避免危机的继续扩大。农夫山泉在应对这次危机事件时，缺少和消费者、媒体真诚沟通的态度。早期的做法是不露面，不回答质疑，拒绝采访，无法让人们感受到企业面对问题的诚意。不符合真诚沟通原则。

3. 速度第一原则（Speed）

要求在第一时间里正确地处理品牌危机事件。本案例事件过程中，农夫山泉公司反应迟缓。农夫山泉的公关部门对《京华时报》4 月 20 日的第一篇报道并未给予重视，导致农夫丧失了处理危机最佳的黄金 24 小时，使得事件进一步扩大，随后迫于媒体的压力才召开新闻发布会，对事件做出解释，显得非常被动。这种做法背离了 5S 的速度第一原则，使得企业丧失了舆论引导的主动权，产生各种各样的信息失真，从而使事态不断扩大，对企业的信誉产生了严重的负面影响。不符合速度第一原则。

4. 系统运行原则（System）

品牌危机管理涉及多方面的系统运作，各部门的配合。本案例中，农夫山泉在此次标准门事件的应对中，可以说是毫无章法，这与其良好的营销策略形成鲜明对比。农夫山泉的公关工作始终没有找到应对此次危机的正确方向。不符合系统运行原则。

5. 权威证实原则（Standard）

品牌危机管理要求企业充分发挥和随时调动新闻媒体的权威传播功能；争取权威机构的支持；争取消费者代表的支持。本案例中，农夫山泉为了自证清白，拿出了美国标准检测报告和几千克重的材料，但是缺乏权威人士或部门的认可，这种方式实难服众。不符合权威证实原则。

总的来说，农夫山泉应对此次的危机公关不仅不及时，而且一错再错，始终未能抓住问题的本质，是一次失败的危机公关案例。该公司在这次危机事件中的做法完全违背了危机公关的 5S 原则，导致其危机公关的失败，最终只得以退出拥有十万用户的北京桶装水市场收场。对企业信誉、形象、市场都形成了严重的损伤，充分暴露了企业危机公关意识差和能力弱带来的恶果。此次事件也给中国的企业敲响了警钟，将如何提升危机公关能力的问题提上议事日程。

在危机事件中，企业如何化"危"为"机"，是每个企业必修的一门课程。如果企业对危机处理得当，则能扭转局势，使事情向良好的方向发展，从而重塑企业形象。反之，如果处理不当，则有可能置企业于死地。

第九章
跨国公司在华品牌危机和中国企业
自主品牌国际化经营的启示

近几年来，跨国公司在华的品牌危机不断，丰田公司的汽车霸道广告事件、砸奔事件、芝华士勾兑事件、博士伦眼药水事件、哈根达斯黑作坊事件以及众多跨国公司（如 IBM、西门子）在中国的行贿丑闻等品牌危机事件，不断刺激国人的神经，一场场风波影响了中国消费者对于外来品牌的信任。

9.1 跨国公司在华频频发生品牌危机的原因

9.1.1 中国市场不成熟，竞争博弈下的产品双重标准

迅速发展的中国市场，是一个机会与风险并存的复合体。一方面，庞大的人口数量和日益增长的人均收入为企业提供了巨大的市场空间；另一方面，众多竞争对手令每一个行业都充满残酷厮杀的味道。为应对中国本土企业的成本优势，一些跨国公司不得不低下高昂的头，推出低端产品去应对竞争，例如宝洁推出 9.9 元的飘柔去回击丝宝的进攻；东芝、飞利浦等高端彩电大跳水，以抗击创维、长虹等中国本土企业。而广州本田的飞度也是以极具竞争力的价格才在中国车市中赢得相应的地位。可以想象，在残酷价格竞争的背后往往就是对产品质量的漠视与降低，而在不同国家对产品采取双重质量标准以使产品更具价格优势，则是许多跨国企业在中国的常用手法。而这些，都是引起产品质量危机爆发的根源之一。如日本企业对待欧美市场和发展中国家市场有着明显的差异，日本企业的产品召回做法在不同的市场上存在较大差异，同样技术失

误造成的赔偿，对欧美市场消费者的赔偿额度要高得多。日本企业在欧美市场保持着谦逊而诚实的形象，但在中国市场上，他们的形象则有很大的差异，这很容易让中国的消费者产生反感。中国消费者对低端产品和中高端产品的要求是不同的，往往难以容忍中高端的产品出现质量问题，这就意味着，从消费者心态上来讲，跨国公司在中国市场上所犯的质量错误更容易引起不满。

9.1.2　中国法律不完善，市场监管体系的缺失

由于中国的市场经济起步晚，相关的法律与法规尚不完善；同时，消费者的维权意识非常不成熟，这些都在一定程度上给企业出现产品质量问题时有法律漏洞可钻的原因。而某些跨国公司正是居于以上原因，在中国市场的产品质量监管不如在其他国家所实施的标准一样严格。在监管严格的欧美国家，如果发生产品质量危机事件，企业要做的工作，不仅仅是立即停止、回收该产品，蒙受巨大的经济损失，如果企业被查明在相关事件中采取隐瞒或欺诈的手段，还可能要面对巨额的惩罚性罚款。而在中国，跨国公司却基本上不会有这种风险，他们的超国民待遇、巨大的品牌影响力往往可以使他们大事化小、小事化了。正是在这种心理因素的驱动下，跨国公司难有动力去提供最一流的产品给中国市场。跨国公司进入中国以来，给中国市场带来了先进技术、产品与品牌管理经验的同时，由于对不同国家与地区的区别化对待、将瑕疵产品向中国市场倾销等问题，也成为部分跨国公司备受谴责的焦点。

9.1.3　中国消费者期望与名牌逆效应

跨国公司没有及时了解消费者自身意识的觉醒。从进入中国市场之初，跨国公司一方面在投资政策上享受特殊优惠；另一方面，在很多政府主管部门的意识里，世界 500 强企业都很完美。随着中国经济的快速发展，人们收入水平的不断提高，部分消费者自主意识逐步觉醒，对跨国公司的不当做法勇于说"不"，对于知情权的要求不断提升，部分消费者对品牌价值不能妥协的期望也提高。今天，许多消费者在安全、环保、客户关系、员工承诺等诸多方面对于企业责任有更高的期望。过去这些跨国公司的身上，被人为罩上了一层光环，消费者对其产生较高的期望，若期望破灭，就会产生强烈的名牌逆效应。

9.1.4　文化差异使部分跨国公司品牌管理与危机处理不当

多数跨国公司在中国经营的本土化不足，高层极少任用中国人。绝大多数在华跨国公司的决策层还是由外籍人士担任，即便这些公司在中国时间不短了，但是许多管理人员流动性太大，很多人对中国的了解是非常表面化的，对中国的法律法规体系以及传统文化观念的理解有限。在这样的情况下，企业决策者对危机的误判是在所难免的。而在每次公关危机发生以后，由于对当地文化和国民喜好、政治环境了解不足，品牌很容易发生危机。如杜邦公司的特富龙事件、丰田汽车的霸道广告事件等品牌危机都是跨国公司对中国文化与民族情绪不了解导致。

许多跨国公司发生品牌危机后又处理不当，如习惯用法律解决，结果可能赢了官司，丢了市场。殊不知，中国文化里"情、理"往往比"法"还重要，即使通过法律解决，也要动之以情，晓之以理。在品牌危机管理的法则中，法律并不能解决一切问题，消费者才是市场的主体，他们的体验和感受，将决定产品和品牌的命运。在中国消费者的砸奔事件中，最为典型的案例莫过于奔驰公司利用中国法律不完善的漏洞来赢得官司、丢了市场。还有许多跨国公司在品牌危机发生后，忽视中国媒体及消费者的反应，不采取相应危机处理措施，企图蒙混过关，不了了之。例如，上海工商部门 2007 年 2 月公布的不合格进口服装名单中，涉及 20 多个国际知名品牌。但在公布后的 10 多天时间里，仅有 1 家企业通过媒体向消费者深表歉意，并承诺立即采取措施对服装改进处理，而其他大多数国际知名品牌则选择保持缄默，如阿玛尼、博柏利、杰尼亚。

9.1.5　中国媒体的市场化与成熟

近几年来，媒体市场化的进程在加快，媒体对于市场和商业信息的关注度越来越高。另外，在互联网的带动下，媒体的传播速度日新月异，当一个事件具备必要的新闻要素后，一夜之间就有可能变成一个社会热点话题。宋宗诚认为，跨国公司确实容易受到媒体的关注，这是由两方面的原因造成的。一方面，跨国公司都是庞然大物，公众对其关注度高，媒体自然认为其有新闻价值，而挑战跨国公司更是具有轰动性新闻价值；另一方面，媒体挑战跨国公司的风险是最小的，而对于有影响力的国企，媒体报道其负面新闻时总会小心翼翼。顾环宇认为，一些中国媒体的价值取向越来越西方化，猎奇、炒作也成为某些媒体新闻价值的重要标杆。在媒体发挥应有的社会监督作用的同时，对企业品牌也有一定的破坏力。

9.2　跨国公司在华品牌危机对中国企业自主品牌国际化的启示

商务部副部长于广州在 2007 年中国经济发展高层论坛上强调，尽管中国贸易结构正逐步优化，但我国贸易"三弱"现象依然突出，即创新弱、营销弱、品牌弱。数据显示，我国拥有自主商标的企业不到 20%，自主品牌出口不足 10%，大部分企业国际营销投入不足，121 家自主品牌出口企业平均境外广告投入不足 300 万元。中国大陆企业在世界 100 强品牌排行榜中，连续多年榜上无名。由于没有名牌，中国制造业在世界产业分工中处于第三级（美国垄断标准和规则、日本垄断技术、中国从事加工）。为优化中国对外贸易结构、提升中国企业品牌竞争力，中国商务部牵头 11 个部委出台一系列支持中国企业自主品牌的国际化经营，良好的政策环境与中国企业自身发展需要，使得中国企业自主品牌的国际化经营将进入快车道。面对陌生的国际市场环境，刚刚起步跨国经营的中国自主品牌，必将面临各种品牌危机的挑战。中国企业除了要对员工进行品牌危机意识教育、品牌危机消防演练，让员工有识别和处理品牌危机的能力以外，还应注意重视品牌的本土化经营和重视产品品质管理，确保符合所在国与地区的法律规范，确保产品质量方面的危机隐患。

9.2.1　重视品牌的本土化经营

（1）人才的本土化

人才本土化有利于加强对本土市场营销环境的了解，进而真正做到经营的本土化。因此，要尽量培养本土化的管理团队，招聘和使用本土化人才，并逐步向本土人才开放中高层岗位。在条件允许情况下，优先招聘和使用在中国工作过或留学过的本土人士或在国际化经营所在国家或地区留学过或工作过的中国人。

（2）加强对本土市场营销环境的了解

冲出国门，扬名全球，一直是中国品牌的梦想。中国品牌国际化的先锋海尔、联想、TCL、中国石油等，走在了众多中国品牌的前列，然而这些品牌的国际化可谓荆棘丛生，太多波折。如海尔收购美国的家电品牌美泰克遇阻；联想在美国遭遇美国国会的刁难；TCL收购阿尔卡特、施奈德之后的消化不良。倘若海尔能通过文化导入和公关活动，被当地的政府和居民所接受；倘若TCL在进行收购之前，能够对跨国文化差异进行研究，对阿尔卡特及施奈德等进行科学、系统的评估。那么，今天的国际化困境，在一定程度上是可能避免的。中国企业品牌国际化经营时间较短，且开展国际化经营的国家与地区有限，缺乏经验。因此，必须加强对国际化经营所在国家和地区的政府政策、法律、文化习俗、经济发展、竞争态势、中间商状况等经营环境进行了解，为品牌经营本土化提供决策参考。

（3）经营的本土化，确保规避品牌营销方面的危机隐患

品牌营销战略、策略与品牌传播，要适合所在国与地区的营销环境，进行本土化营销，并积极参与当地社会活动，建设有社会责任感的品牌伦理。例如，在伊拉克战争期间，为免遭各地抗议浪潮的冲击，阿根廷麦当劳公司想出一个应对措施，在各大媒体上宣传麦当劳已经实现本土化："16年前麦当劳进入阿根廷市场，迄今已有200家分店，1万名阿根廷人在店内工作，每天就餐人数达40万人，配餐所用的原料97%是阿根廷生产的"。这样做的目的是在告诉阿根廷人，如果阿根廷人制裁麦当劳，实际上就是在制裁阿根廷自己。很快，麦当劳的做法受到阿根廷人的支持。

9.2.2　重视产品品质管理，确保符合所在国与地区的法律规范，确保产品质量方面的危机隐患

各国的行业质量标准与检验标准不一样，要根据所在国与地区的法律规范及行业品质管理规范的要求，进行产品的规范管理，并保证产品命名及包装符合所在国与地区的文化习俗与审美观点。

9.3　链接：跨国公司品牌危机案例

9.3.1　刘翔退赛危机管理案例

（一）刘翔退赛危机事件回顾

2008 年 8 月 18 日上午 11 时 45 分，北京奥运会田径赛场上，刘翔出场，在进行了两组跨栏训练后，刘翔突然停了下来跪倒在地，他用手按住右脚跟腱，表情非常痛苦。11 时 50 分，刘翔踏上起跑器，枪响后有人抢跑，但是之后刘翔却没有重新踏上起跑器，而是直接走向了运动员通道选择了退赛。在全世界聚焦的目光中，刘翔走出了奥运赛场。

8 月 18 日中午 12 点 30 分，刘翔退赛仅过了半个小时，国家体育场新闻发布中心内紧急举办新闻发布会，刘翔的教练孙海平和中国田径队总教练冯树勇就已经开始面对 500 多名记者，解答中外记者的疑问，并详细说明刘翔的伤势。中国田径队总教练冯树勇表示，刘翔的退赛应该能够得到全国人民的理解。

截至 8 月 18 日 17 时，在新浪网对刘翔退赛的观点调查中，数十万网友对刘翔表示宽容和理解；367391 名网友中，33.16% 表示理解，认为身体更重要；31.35% 表示震惊和不可思议；还有 27.04% 表示遗憾，为之惋惜。少数网友表示"说不清"。

在事件发生后的第一时间内，各大广告赞助商也纷纷支持和力挺刘翔：

奥康集团董事长王振滔对刘翔退出比赛的理解和支持，并称："我们 2009 年还是会继续合作的。我相信，他会更好"。

伊利声明称："伊利将会一如既往地支持刘翔，相信刘翔一定能尽快回到跑道上"。

耐克声明称："耐克为能与刘翔紧密合作而感到自豪。在此时，我们理解他的感受，并期待他伤愈复出"。

平安声明说："退出也是一种勇敢，我们不要舍命的一博，平安就好。祝愿刘翔早日康复，期待飞人再次飞翔，未来取得更好的成绩！"

上海通用汽车声明："我们将继续站在中国田径和刘翔身后，为刘翔呐喊助威，支持刘翔克服一个又一个的困难，争取一场又一场的胜利。希望刘翔能安心养伤，期待刘翔继续充满信心和斗志，重返田径赛场！"

可口可乐声明："刘翔在本届奥运中因伤而退出比赛，我们表示完全理解。我们全体可口可乐系统的员工都非常关注他的伤势，希望他早日康复。虽然在这次北京奥运中刘翔因伤退赛，但可口可乐和他的合作目前不会因此发生变化。"

安利声明："安利纽崔莱将一如既往地支持刘翔，并衷心祝福他早日康复，重返赛场，再创辉煌！"

联想声明："我们对刘翔因伤退出比赛表示惋惜和充分理解，祝愿他能早日康复。奥林匹克精神倡导积极参与和超越自我，刘翔全力备战，不懈拼搏的精神是奥林匹克精神的重要体现。目前联想围绕运动员的营销计划执行顺利，已经取得了超出预期的效果。"

（二）刘翔退赛危机事件处理的案例分析与评价

根据危机公关5S原则，对案例做如下点评：

1. 承担责任原则（Shoulder the matter）

品牌危机发生后，公众和媒体对企业形成一种期望，希望企业有所作为，承担责任。因此，不管责任在于谁，企业应首先表现出对受伤害者、品牌利益关系人负责任的态度与行为。本案例中，在刘翔退赛后，中国田径队与孙海平教练就及时举行了新闻发布会，向现场500位中外记者说明情况，符合承担责任原则。

2. 真诚沟通原则（Sincerity）

品牌危机沟通要诚意、诚恳、诚实。本案例中，在新闻发布会上，孙海平教练与中国田径队总教练冯树勇，向500多名记者解释刘翔的离开。在发布会现场，孙海平教练泣不成声；中国田径队总教练冯树勇表示，刘翔的退赛应该能够得到全国人民的理解。符合真诚沟通原则。

3. 速度第一原则（Speed）

要求在第一时间里正确地处理品牌危机事件。本案例中，在刘翔退赛仅半小时后，就急举办新闻发布会，符合速度第一原则。

4. 系统运行原则（System）

品牌危机管理涉及多方面的系统运作，各部门的配合。本案例中，中国田径队与孙海平教练在举办新闻发布会的同时，借助各种媒体力量说明刘翔退赛的事实，从而避免媒体的负面报道，控制了退赛事件的发展，获得事件应对的主动权。符合系统运行原则。

5. 权威认证原则（Standard）

品牌危机管理要求企业充分发挥和随时调动新闻媒体的权威传播功能；争取权威机构的支持；争取消费者代表的支持。本案例中，由于应对措施得力，刘翔的退赛得到各方的理解与支持，广大公众也对刘翔给予理解。符合权威认证原则。

如果"刘翔"是一个个人品牌的话，这个品牌正遭遇危机公关事件；如果选择刘翔做代言的国际国内品牌行使的是"品牌代言人"的推广策略时，他们正遭遇一场使用人物（准确点来说是明星）代言所可能存在的风险一遇。刘翔突然退赛，可能令这些赞助商遭受难以估计的损失，从现有事件进展来看，他们需要像耐克一样，尽快做出反应。因此，接下来以权威人士的分析为基础，分析耐克品牌商如何妥善应对危机的：

（1）耐克的危机公关处理措施

刘翔退赛后，耐克公司发表声明"刘翔是中国最杰出的田径运动员。自2004 年雅典奥运会夺金及之后打破世界纪录以来，他一直并将继续为中国和世界各地支持者带来激情。耐克为能与刘翔紧密合作而感到自豪。在此时，我们理解他的感受，并期待他伤愈复出"。

19 日凌晨，以刘翔退赛为题材的耐克广告，及时出现在报纸媒体上。在上海知名报纸头版，耐克打出新版刘翔广告，"爱比赛。爱拼上所有的尊严。爱把它再赢回来。爱付出一切。爱荣耀，爱挫折。爱运动，即使它伤了你的心。"一段煽情的文字，加上刘翔的大头照，耐克在力挺"飞人"的同时也打赢了一场公关战。

（2）耐克危机处理过程分析

第一，无可比拟的反应速度。NIKE 在刘翔宣布退出比赛的第二天，也即 19号，在广州各大报纸头版刊登了几乎半版的彩色广告。先不讨论广告费有多高昂，最起码 NIKE 让我体会到一个出色企业的市场策划速度能快到何种程度。据了解，这个广告是熬夜通宵至 19 日凌晨 4、5 点才最终确定下来的。不要忘记，当天的报纸可是早上 6 点就从报社派发出去的。高手交锋，胜负只分于毫秒之间。

第二，扭转乾坤的危机公关。刘翔的退出，毫无疑问对其代言的品牌会产生无可避免地负面影响。虽然其最后产生的结果几何仍是未知之数，但是我相信 NIKE 把这次事件看成是一次"危机"来处理。鲜明的立场，明确的态度，迅速的行动，使得 NIKE 可以在极短的时间内把产生的负面影响控制到最低，甚至能第一时间影响人们思想的方向，扭转形势，将坏事变成好事。

第三，无懈可击的出色策划。正如上面说到，NIKE 甚至把刘翔退赛这件事情往一个更积极的方向引导。简单的几句广告语，配合一张缜密编制的"网"，使得 NIKE 把刘翔这次退赛的事件升华到"精神"的层面——放弃也是一种勇气。广告画面用黑色、土色为主色，营造出唏嘘沧桑的意境，配上刘翔坚毅的眼神，视觉效果一流。

爱比赛——刘翔的身份是运动员，而不是代言人，淡化了人们对刘翔的代言所得的注意。爱拼上所有的尊严——通过这句话，首先加固刘翔在国人心目中的英雄形象，尽可能降低退赛事件对刘翔个人形象的影响。

爱把它再赢回来——暗示会卷土重来，并且夺取胜利。强调这次退赛事件只是一个插曲而不是结局为，是在为将来的东山再起埋下伏笔。只要日后刘翔在国际大赛上重新获得金牌，这一伏笔将对日后各项市场策划提供极大的发挥空间。

爱付出一切，爱荣誉，爱挫折——暗示退赛事件实属无奈。相信 NIKE 也预估到人们对此次退赛事件是否预先策划会产生疑问，在淡化人们这种想法的同时，也再次加强刘翔的正面形象。

爱运动，即使它伤了你的心——最后一句很有"苦肉计"的味道。相信大家看了潜意识里面很大可能会浮现"刘翔也是受害者"这种想法。这样便很容易激起受众的同情心，减少了被口诛笔伐的机会，间接保护了刘翔的形象。

最后 NIKE 的招牌口号"Just Do It"起到画龙点睛的作用，完美结合自己的品牌，成功将一个客观的"事件"升华到主观的"精神"层面，向受众传达"放弃也是一种勇气"的正面积极思想。

（3）权威人士评价

品派行资深品牌资产管理顾问田敏说："对于品牌核心价值定位于——'超越自我，要做就去做'的耐克而言，运动员的最佳竞技状态虽然重要，但品牌要传递的更是一种勇往直前，敢爱敢做的'爱'的精神力量，哪怕运动本身伤了你，这才是一个品牌超越产品本身、超越代言人本身，需要真正传递的精神价值！"

总而言之，奥运会对于喜欢赞助运动员的品牌厂商很像一场赌博，如果签约运动员意外取得优异成绩，对于相关产品的品牌形象将带来巨大提升；一旦赌注落空，则意味着巨大损失。耐克曾是这一策略最大的受益者，它与美国NBA巨星迈克尔·乔丹的合作将耐克在全球的声望推向了巅峰。

（4）启示

刘翔退赛是谁也没有料到的事，但这也正是它成为"危机事件"的原因所在。通过分析上诉企业对此事件进行的危机处理，可以看到，应对危机事件应做到如下几点：

第一，未雨绸缪，做足准备。危机可能随时发生、可能以各种形式出现，如果想要减轻危机造成的负面影响，就要在危机发生之前，充分预测，做足准备，才能未雨绸缪。在退赛事件中，耐克的广告人员曾说，他们的广告准备了夺冠的版本，也准备了未夺冠的版本，但就是没有想到会退赛，看来，一切皆有可能，怎么准备都不过分。

第二，快速反应机制。无论是想到的还是没有想到的，当真正的危机发生时，企业必须能够在第一时间做出反应。虽然说沉默是金，但是当危机发生而没有任何回应的情况下，你无法控制大众的想法和心理，这个企业可能被人为是想逃避责任或者想要掩盖某些不想为外人知的事实。所以，企业必须对危机有所反应，哪怕是承认自己企业犯了错，这至少会赢得原谅。

第三，正确认识，巧妙化解。想要做到这一点，对企业的要求比较高。仅从刘翔退赛事件的危机处理来看，我们可以把企业的反应分为三类：第一类，正面积极处理危机，虽然有潜在风险，但是符合广大消费者的感情诉求；第二类为口是心非型，口头上公开表示支持，但暗地里已经偷梁换柱；第三类是保持沉默型，对公认的危机事件不置一词或者仅是中庸地甚至是很客观公正地表明一下自己的立场，不过他们的真实意图早已"路人皆知"。

第四，营销策略应长久考虑。从品牌营销的角度，企业如何选择品牌代言人，金错刀的建议是在体育明星营销上要做到专业，不是盲目追星，而是一种长期的体育营销。

另外，要找到代言人和产品的结合点，而不是盲目地寻找明星的光环效应。

9.3.2 肯德基"秒杀门"危机管理案例

（一）肯德基"秒杀门"危机事件回顾

4月6日上午10点，肯德基在其淘宝"超值星期二旗舰店"推出了"秒杀"促销活动。根据活动规则，"秒杀"活动共分三轮进行，其中后两轮在下午2点和4点开始。按照活动安排，每轮活动提供100张电子优惠券，网站根据最先抢得的100个IP地址将优惠券发至用户邮箱，用户可转发、复印给朋友。优惠券共三类，其中以32元的价格购买原价64元的"外带全家桶"优惠券被放在了最后一轮，由于优惠额度较大，引起了许多网友的关注。此类券上标明"限2010年4月6日至2010年4月9日使用"，以及"此优惠券需打印使用，复印有效"的字样。

一位名为"半价全家桶"的网友在天涯上的发帖详细描述这次"秒杀门"的经过："4月5日16时秒杀的是全家桶，限量100张，有幸我同学秒到了，然后发给了其他一些朋友，优惠券上面写明了可以打印可以复印。"

这位网友介绍说，6日12时30分，他去肯德基用优惠券，餐厅经理收了32元，给了他一个全家桶，然而到下午3时左右，他朋友又去肯德基，此项优惠却不能用了，经理说全家桶活动取消了，周围也有很多拿着同样优惠券吃闭门羹的人，但优惠券上面明明白白写着能复印，能打印，全家桶的优惠活动是4月6日到9日。

在帖子的最后，他还贴出了肯德基的优惠券电子版，称"KFC，我们不想这么被忽悠，行不。"

同样的状况，在猫扑、百度贴吧等各大论坛，都有类似的投诉帖子，有网友甚至把各地的秒杀券使用情况汇总，一并向肯德基投诉。

百度贴吧一份关于"各地秒杀券使用情况汇总"的发帖显示，一直到6日下午4时前后，北京和深圳的3种秒杀优惠券都能使用；而广州、武汉、太原、天津、苏州等地则被拒用；南京、常州有网友反馈声称，优惠券下午3时到4时可以用，5时以后都不能用了，晚上7时左右，不仅优惠券不能用，有些肯德基店居然暂停营业了。

与此同时，肯德基中国官方网站发表声明称，此次与淘宝网合作的"秒杀"活动，库存100张电子优惠券，网站根据最先抢得的100位IP地址将优惠券发至用户邮箱，用户可转发、复印给朋友。但是在第一轮"秒杀"活动后，在个别网站上已经出现后两轮"秒杀"活动的假电子优惠券，为此肯德基临时决定取消优惠兑现，停止第二轮、第三轮活动。目前，凡是市面上关于第二轮、第三轮"秒杀"活动的优惠券均为假券，肯德基餐厅一律拒收。对于这样的解释，许多网友表示无法接受，一时间，投诉肯德基出尔反尔、取消优惠活动的帖子遍布各论坛，"谁动了我的全家桶?""KFC秒杀门，涉嫌欺诈消费者"纷纷成为网络热帖，要求肯德基"还我半价鸡腿"、"还我半价全家桶"。

有消费者质疑，"优惠券上明明白白写着能复印，能打印，而且使用期限未到为何不能使用?""同一网站下载的其他券能用，为何这张不可?"消费者怀疑，肯德基之所以停止活动，完全是因为秒杀活动诱惑力之大导致销售异常火爆。而肯德基工作人员则将这种现象归结于"肯德基官网遭遇黑客袭击"，秒杀活动尚未开始，顾客便拿到了优惠券。

此后，倍感压力的肯德基又发表了第二份声明，"现在不是真假的问题，而是有效和无效的问题。"声明提出，坚持声称持有第二、三轮活动相关优惠券的消费者，可通过证明券的有效性继续消费，但条件相当苛刻，必须出具以下三个证明:

1. 如为100名成功秒杀买家之一，请提供肯德基发给成功秒杀买家的正式邮件。

2. 如为朋友转发或复印，请提供原始收到肯德基发给成功秒杀买家的正式邮件的转发件或复印件。

3. 如从肯德基官方网站、肯德基优惠网或淘宝网肯德基"超值星期二"旗舰店上下载，请提供下载网址。

肯德基的强硬态度再次把自己推向风口浪尖。在新浪网一项"对于肯德基秒杀优惠券突叫停行为"的网友调查中，有93%的网友认为"肯德基做法非常可耻，对消费者不负责"。同样在开心网的网友投票中，6.2万名参与的网友中有94%认为肯德基"玩不起就别玩"。

甚至有法律界人士指出，"企业的商业广告中有关于活动举行时间、形式等的明确约定，临时取消活动，违背了其中条款，属于违约行为。"肯德基的做法涉嫌违反《消费者权益保护法》和《零售商促销行为管理办法》，最高可被处罚数千万元。

"肯德基前两份声明太过于强硬，完全是站在消费者的对立面，这样的说法让他们处于非常被动的位置。"一位业内人如此评论。

4月12日，肯德基以公开信的形式发表了第3份声明，"向广大消费者衷心致歉"。

公开信指出，"秒杀"活动考虑欠周详，未能充分预估到可能在社会上引起的广泛反响；同时，网络安全预防经验不足，没有预料到活动开始前就出现了大量非授权途径可下载的无效电子优惠券；临时取消该两轮活动后，应对不够及时、完善，对手持无效券前来餐厅的消费者处理不够妥当，甚至个别餐厅还出现了差别待遇，造成社会潜在不安全因素。

公开信还表示，在第一次声明中，将"非授权途径发出的无效券"称为"假券"，用词欠妥。"因为消费者拿全家桶券去门店消费时确实秒杀活动还没开始，所谓秒杀，能享受优惠的消费者自然数量有限，我们都是发到其邮箱一一确认，到目前为止，我们还在调查优惠券的流经渠道，不过，"假券"说法不准确。"

为什么事发后数日一直态度模糊？"因为一直在寻求解决方案，反复考虑如何推出更好的替代活动。但经咨询多方意见、反复考量及论证后都苦无良策，接下来将广泛寻求政府指导及公众意见，如有合适方案，会适时推出。

肯德基中国相关负责人表示，"致消费者公开信"是谨慎的，想让消费者看到肯德基对待这件事情的真诚，"这对我们是一次很好的教训"，"今后我们将怀着如履薄冰、慎之又慎的态度做好以后的每一次活动。"

"第三次致歉是不得已的做法。"有评论分析指出，在这次所谓的道歉中，肯德基并未对事件的本身做出任何实质性的解决方案，而仅是一个表态，显得仓促，并且已在时间上失去道歉的最佳时机。

"肯德基单方面声明优惠券无效，实际上是其过大的使用了自己的权力，看高了自己的地位。"众所周知，当这样的优惠券在发放之后已经生效并具备法律效力，单方面的撤销只是一种毁约行为，而肯德基却视而不见，断然决策撤销优惠券活动，实际上已经无视了消费者的存在与权力，妄意地实施了"独裁化"，而这一点，无疑将让肯德基的品牌价值大打折扣。

（二）肯德基"秒杀门"危机事件处理的案例分析与评价

根据危机公关5S原则，对案例做如下点评：

1. 承担责任原则（SHOULD THE MATTER）

品牌危机发生后，公众和媒体对企业形成一种期望，希望企业有所作为，承担责任。因此，不管责任在于谁，企业应首先表现出对受伤害者、品牌利益关系人负责任的态度与行为。本案例中，事件发生后，肯德基选择保护自己不继续遭受更大损失而忽视顾客的利益，肯德基先是临时决定取消优惠兑现，停止第二轮、第三轮活动。接着，宣布凡是市面上关于第二轮、第三轮"秒杀"活动的优惠券均为假券，肯德基餐厅一律拒收，然后又要顾客满足苛刻的条件来证明券的有效性才允许继续凭券消费，这样对顾客不信任、将错误的代价完全推卸给顾客的做法，引起顾客不满的情绪在网上发酵，无疑让肯德基的品牌价值大打折扣，对后续事件的解决极其不利。不符合承担责任原则。

2. 真诚沟通原则（Sincerity）

品牌危机沟通要诚意、诚恳、诚实。本案例中，肯德基第一、第二份声明使用了不信任顾客的词语，无法体现出处理危机事件的真诚沟通原则。以至于第三份"向广大消费者衷心致歉"的声明发出后，舆论虽有好转，但仍有人认为"肯德基并未对事件的本身做出任何实质性的解决方案，而仅是一个表态"，太缺乏诚意。不符合真诚沟通原则。

3. 速度第一原则（Speed）

要求在第一时间里正确地处理品牌危机事件。本案例中，危机发生后，肯德基中国官方网站即发表声明，但显然是在第一时间里做出错误的选择，而真正"向广大消费者衷心致歉"，则是在事件发生后足足一个星期后才发出，此时其舆论导向完全不具有优势，处于被动应付的局面。不符合速度第一原则。

4. 系统运行原则（System）

品牌危机管理涉及多方面的系统运作，各部门的配合。本案例中，肯德基公司并未启动由公司高层领导领头的危机处理系统，也没统一新闻发言人，仅在其中国官网上发布信息，整个品牌危机处理过程缺乏主动，危机处理整体效果欠佳。不符合系统运行原则。

5. 权威证实原则（Standard）

品牌危机管理要求企业充分发挥和随时调动新闻媒体的权威传播功能；争取权威机构的支持；争取消费者代表的支持。本案例中，肯德基没能通过媒体向真诚向消费者道歉，加上企业对消费者缺乏负责任的态度，导致不少媒体出现对企业的负面报道。整个事件中没有权威机构的介入，没有公布问题的后续处理办法，消费者并不买账，找不到一个双赢的办法来解决此次危机事件。不符合权威证实原则。

直到 2010 年 4 月 12 日，在"秒杀门"事件发生足足一个星期之后，肯德基终于在其中国官方网站上以一纸公开信的方式向全国消费者致歉：肯德基承认此次"秒杀促销"活动考虑欠周详，第一次声明中的"假券"用语欠妥，对于网络安全预防经费不足以及事后处理不当，公司将深刻反省。此番道歉一出，网上关于饶了肯德基的声音开始逐渐多了起来，与此同时，也有不少人认为这份道歉"诚意不足"，对于消费者强烈呼吁的"秒杀门"赔偿措施，肯德基始终避而不谈，只是表示"尚无解决方案"。综合来看，肯德基在此次危机事件中并没有表现出大企业应该有的应对危机的能力，应该要尊重消费者，放下傲慢，真诚沟通，做好公关工作。

9.3.3 麦当劳过期食品风波危机管理案例

（一）麦当劳过期食品风波危机事件回顾

3 月 15 日，中央电视台 3·15 晚会报道，一家地址位于北京三里屯的麦当劳发生鸡翅超过保温期后不予取出、甜品派以旧充新、食材掉地上不加处理继续备用等违规情况。在当天晚上 9 点左右，北京市卫生监督所数名工作人员立刻赶到现场，对麦当劳三里屯店进行突击检查。记者跟随检查人员进入麦当劳的厨房加工餐厅后，发现卫生情况并不乐观，夹道等多处地方有不少面皮。鸡翅六分钟放进保温箱，一直到 14 点 35 分，保温箱中的鸡翅仍然在，此时超过保温期 1 小时 24 分钟。吉士片拆了包装两个小时外观会发生变化，这些物质应该丢弃，凌晨一点十分，摆放着两个已经拆包但是没有用的吉士片，过了几个小时仍然被员工用来做早餐的吉士蛋汉堡，且记者未在操作间发现任何计时设备。约一个小时后，卫生监督所工作人员向媒体公布了检查结果，发现麦当劳后厨有数处问题违规，并相应提出了《卫生监督意见书》。检查人员介绍，检查期间发现麦当劳操作间的垃圾桶没有加盖，冷库内存放的食品有些未上架存放，食品和外包装材料有混放情况，且在夹道内发现数批面包坯子而未存放在食品专用库内。

麦当劳公司方面相关负责人也赶到现场。面对媒体，其公关部相关负责人田女士，并没有提供央视报道中提及的员工手册。她表示，麦当劳方面对此事十分重视，将借此契机加强内部管理，并启动系统自查，如果查明属实，将对相关员工进行惩罚。对于媒体报道的麦当劳个别供应商存在的问题，麦当劳方面昨晚表示，已第一时间通知全国所有餐厅，立即停用并封存所有肉类食品。同时，公司立即成立调查小组，对及其关联企业展开全面调查，并将尽快公布结果。

就在这天晚上 9 点 50 分，距被曝光违规操作仅一个小时麦当劳新浪官方微博做出回应：央视"3·15"晚会所报道的北京三里屯餐厅违规操作的情况，麦当劳中国对此非常重视，我们将就这一个别事件立即进行调查，坚决严肃处理，以实际行动向消费者表示歉意。我们将由此事深化管理，确保营运标准切实执行，为消费者提供安全、卫生的美食，欢迎和感谢政府相关部门、媒体及消费者对我们的监督。

对于麦当劳的这种解释，不少网民指责其态度敷衍。麦当劳作为世界 500 强企业之一，在销售环节中出现这样的问题必须承担相应的责任并彻底自查，而不是拿"个别事件"的理由来敷衍公众。麦当劳食品卫生手册制定要求高，实际操作起来困难，尤其是成本控制，但不能高标准宣传，降低标准来操作，涉嫌欺骗。

3 月 16 日，麦当劳三里屯店关门歇业。麦当劳中国一名负责人对媒体表示，目前麦当劳已经对三里屯门店进行停业整顿处理，将追究相关人员的责任，并同时对其全国 1400 多家门店重申了餐厅操作标准，要求各门店进行彻底自查。

3 月 16 日上午，国家食品药品监管局食品安全监管司主要负责人对麦当劳（中国）有限公司负责人进行责任约谈，要求麦当劳（中国）有限公司对 3.15 晚会媒体曝光的问题高度重视，认真汲取教训，采取有效措施，立即进行整改，强化诚信教育，严防此类事件再次发生，有效维护消费者的切身利益。

3 月 22 日，麦当劳三里屯店正式恢复营业。该店门上不仅贴上"用心承诺"的字样，在门前还摆放了一封致歉信。"深表歉意"、"监督"、"批评"、"产品质量"等字均用大号字体。北京麦当劳方面表示，在停业期间，餐厅积极接受并配合了相关部门的检查。目前三里屯餐厅已经完成了内部自查和培训，恢复对外营业。

（二）麦当劳过期食品风波危机事件处理的案例分析与评价

根据危机公关 5S 原则，对案例做如下点评：

1. 承担责任原则（SHOULD THE MATTER）

品牌危机发生后，公众和媒体对企业形成一种期望，希望企业有所作为，承担责任。因此，不管责任在于谁，企业应首先表现出对受伤害者、品牌利益关系人负责任的态度与行为。本案例中，事件经过媒体曝光以后，麦当劳餐饮公司马上就通过其官方微博及时向公众公开道歉，并向相关监督部门表示感谢，诚意十足。同时，公司相关负责人也在第一时间赶到现场，与媒体和公众进行沟通。符合承担责任原则。

2. 真诚沟通原则（Sincerity）

品牌危机沟通要诚意、诚恳、诚实。出现问题并不可怕，可怕的是企业在面对问题时，还依然狡辩或者绕开消费者需要正视的问题，这样无疑会消费者寒心。本案例中，被曝光后，麦当劳没有召开新闻发布会，也没有过多的言论反驳，而是通过官方微博致歉，道歉态度诚恳，言辞恳切，让更多受众看到其真诚的一面。符合真诚沟通原则。

3. 速度第一原则（Speed）

要求在第一时间里正确地处理品牌危机事件。麦当劳方面表示，已第一时间通知全国所有餐厅，立即停用并封存由上海福喜提供的所有肉类食品。同时，公司立即成立调查小组，对上海福喜及其关联企业展开全面调查，并将尽快公布结果。央视报道播出之后仅仅一个小时，麦当劳新浪官方微博即发出声明，承认这是一次违规事件，表示将立即调查，严肃处理，并在未来进行改善。这一快速回应让麦当劳迅速占据了舆论制高点。第二天各传媒报道这一事件时几乎都会附带提及这一表明积极态度的微博声明，麦当劳的企业形象也因此在这一事件中得到保全。符合速度第一原则。

4. 系统运行原则（System）

品牌危机管理涉及多方面的系统运作，各部门的配合。本案例中，麦当劳除了第一时间发布致歉声明，企业相关负责人也及时赶到现场，与公众和媒体进行沟通。此外，对问题店进行停业整顿，并通过媒体释放全国各门店彻底清查的举措。符合系统运行原则。

5. 权威证实原则（Standard）

品牌危机管理要求企业充分发挥和随时调动新闻媒体的权威传播功能；争取权威机构的支持；争取消费者代表的支持。本案例中，麦当劳除了发布致歉声明，还请北京市卫生监督所进行检查，并将检查结果公布于众。虽然检查结果证明麦当劳在卫生方面确实存在问题和漏洞，但让人看到了麦当劳认识错误并勇于改正错误的态度和决心。符合权威证实原则。

纵观整个事件，如果没有媒体的镜头呈现，公众或将很难相信，一些洋快餐店居然以过期原料来回馈中国消费者的忠诚和信赖。事件虽然告一段落，但由麦当劳3.15引发的争论还在扩大，最终把矛头指向政府监管失职、法律法规软弱无力、行业标准缺失的身上，政府的监管失职被拿出来遭舆论的"狂轰滥炸"。诚然，监管不力助长食品安全犯罪的嚣张气焰，人们不单意识到这一点，也查出背后的原因是监管制度的不合理与落后。完善行政监管制度，成为人们普遍认为的，拯救食品安全危局的良策。与片面强调监管的论调相比，我们更倾向于强调食品安全需要两手抓，一手抓行政监管力度，一手抓市场经济制度餐企标准化和制度化，两手都要硬，并且后者的建设与完善才是降低食品企业犯罪率的根本之道。

标准化作为一个企业能不能在市场竞争中取胜，决定着企业的生死存亡。根据世界各国的经验，企业标准化工作要攀登三个台阶：一是制定好能确切反映市场需求，令顾客满意的产品标准；二是建立起以产品标准为核心的有效的标准体系；三是把标准化向纵深推进，运用多种标准化形式支持产品开发。无疑，麦当劳作为一个世界知名品牌，在标准化方面做得很好，而中国餐企还都处于落后阶段。

北京麦当劳出事了，但不能否认全球麦当劳的成功。它的成功之道，就是标准化系统的复制力量。他们不单是产品标准化的成功，更是管理手册系统的成功，是企业完整运行的成功。他们将人为随意性管理因素降到最低点，犹如一台机器和流水线，每个人和部门都是机器的一个部件，形成流水线的一个环节，有各自相互依存和有机连接。所以，国际品牌企业的成功，也是管理系统的有机整体和完整体系的成功。同时我们应该看到，麦当劳3.15事件暴露出麦当劳在考核机制上的缺失，也反应出洋快餐与中国本土饮食习惯的互相渗透。也许在中国，绝大部分消费者日常的饮食标准与西方有着品质上的悬殊差距。过时就扔掉，对于普通消费者的个人日常生活标准未免是浪费的行为，但这恰恰是麦当劳在中国长期受到追捧力挺的优势所在。中国人经营的麦当劳要不要坚持这个标准，也是讨论的焦点，差别对待是消费者不能接受的。同样作为经营者，与国内餐企在同一市场，食品存放标准差别经营使本土麦当劳经营者倍感压力。

随着网络信息化的进步，消费者变得越来越理性，各种违规行为也无所遁形。一个事件，让我们知道我们真正想要的是什么：消费者希望的是中式餐企借鉴麦当劳的标准，向麦当劳的标准化科学管理靠拢，提高食品安全质量。而对于麦当劳，只要坚持做好它根本的标准，保存好优势就可以仍然拥有国人的心。

9.3.4 苹果手机涉嫌歧视中国消费者危机管理案例

（一）苹果手机涉嫌歧视中国消费者危机事件回顾

3月15日晚，央视3·15晚会曝光苹果手机在中国市场实施不同于国外的售后政策，其在中国宣称的"以换代修"、"整机交换"并没有真正实现更换整机，而通常沿用旧手机后盖，以逃避中国手机"三包"规定，涉嫌歧视中国消费者。随后，在没有开通企业微博的情况下，苹果公司通过@新浪科技发布名为《苹果回应央视315报道》的官方声明。声明中称："苹果公司致力于生产世界一流的产品，并为所在市场的消费者提供无与伦比的用户体验，这也是为什么我们在每一家苹果零售店的 Genius Bar 天才吧提供深受消费者喜爱的面对面支持，我们也与全国270多个城市的超过500个授权服务点密切合作，我们的团队一直努力超越消费者的期望，并高度重视每一位消费者的意见和建议。"

3·15晚会结束后，大批媒体记者一起来到苹果西单大悦城店。在现场，一些消费者看了电视节目后来讨说法。对于苹果手机如何执行整机交换政策，店内工作人员表示暂时还不能回答，会通知苹果公司公关人员予以解释。该店负责人王先生联系了苹果公司公关部门，王先生称相关负责人将来到店内，但记者始终未见到，这位王先生提供的媒体热线座机号码也无人接听。

3月16日上午，多名记者来到苹果公司北京办公地点进行采访，虽然灯是亮着的，但始终没有人出现。之后连续多天，央视《新闻联播》《焦点访谈》CCTV2《经济半小时》等不断曝光苹果相关问题。

3月23日，苹果公司二度回应：中国消费者享有苹果最高标准的服务，我们的政策完全符合本地法律法规，苹果在中国所提供的保修政策和在美国及世界各地大致相同。

3月25日，《人民日报》连续5天"炮轰"苹果。

3 月 29 日，央视记者采访苹果总部未果，被拒视频网上疯传。

4 月 1 日晚间，苹果中文官网在主页醒目位置，增加了苹果 CEO 提姆·库克《致尊敬的中国消费者的一封信》。苹果表示，对过去两周里收到的在中国维修和保修政策的反馈意见进行了深刻的反思，意识到对外沟通不足而导致外界认为苹果"态度傲慢，不在意或不重视消费者的反馈"，并对此表示"诚挚的歉意"。同时，苹果提出四项改进，包括 iPhone4 和 iPhone4S 维修政策、在 Apple 官方网站上提供简洁清晰的维修和保修政策说明、加大力度监督和培训 Apple 授权服务提供商，以及确保消费者能够便捷地联系 Apple 以反馈服务的相关问题。对于此前被广泛质疑的保留后盖的维修方式，苹果称，对 iPhone4 和 iPhone4S 维修政策进行改进，自 2013 年 4 月起，Apple 将 iPhone4 和 iPhone4S 服务包升级为全部采用新部件的设备更换，并且自更换之日起重新计算 1 年保修期。

（二）苹果手机涉嫌歧视中国消费者危机事件处理的案例分析与评价

根据危机公关 5S 原则，对案例做如下点评：

1. 承担责任原则（Shoulder the matter）

品牌危机发生后，公众和媒体对企业形成一种期望，希望企业有所作为，承担责任。因此，不管责任在于谁，企业应首先表现出对受伤害者、品牌利益关系人负责任的态度与行为。本案例中，被曝光后，苹果手机通过微博发布声明，但声明内容并未流露出一丝道歉的意味，这则不足 200 字的声明被网友称为是"官方回复假、大、空的经典范文"。不符合承担责任原则。

2. 真诚沟通原则（Sincerity）

品牌危机沟通要诚意、诚恳、诚实。本案例中，苹果公司不但在官方声明上毫无歉意，而且在晚会结束后，对于媒体与公众沟通，苹果公司的工作人员与公关部门相互推诿，三缄其口，延误最佳沟通时间和机会。不符合真诚沟通原则。

3. 速度第一原则（Speed）

要求在第一时间里正确地处理品牌危机事件。本案例中，被曝光后，苹果公司第一时间通过微博发布声明，对曝光问题予以回应。符合速度第一原则。

4. 系统运行原则（System）

品牌危机管理涉及多方面的系统运作，各部门的配合。本案例中，被曝光后，苹果公司除了在微博上发布声明外，接下来并没有其他与媒体和公众沟通的举措。不符合系统运行原则。

5. 权威证实原则（Standard）

品牌危机管理要求企业充分发挥和随时调动新闻媒体的权威传播功能；争取权威机构的支持；争取消费者代表的支持。本案例中，苹果公司仅仅在微博上发布一个官方声明，自说自话，并没有邀请第三方进行佐证。不符合权威证实原则。

总的来说，苹果公司事件的进展情况可以将其分为三个阶段：

第一阶段是央视315晚会揭露苹果公司维修骗局。这一阶段事件浮出水面，危机显现。随着该问题被曝光，危机出现，这段时间无论是苹果公司没有对这个问题给与足够的重视，失去应对危机的最佳时机。

第二阶段是从2013年3月15日到2013年3月29日。在这个阶段中，苹果公司虽然采取一些措施，但是危机尚未完全解决，事件处于危机后遗症期。在这个阶段中，虽然苹果公司针对该事件在其官网发布了两则声明，但声明内容无关痛痒，根本没有深刻地认识到自己所犯下的重大错误。

第三阶段是2013年4月1日苹果公司发表道歉信，至此苹果公司危机得到缓解。这个阶段是危机的解决阶段，然而在解决的过程中，苹果公司缺乏的是诚恳的态度和对危机敏捷的反应速度，这种做法不仅严重影响了苹果公司的品牌形象，更加伤害了中国消费者的心。

而导致苹果此次危机的原因大致有以下几个：

（1）公司的危机管理意识较薄弱

在此次危机事件中，苹果公司对危机的处理意识较薄弱，导致事件解决的滞后性。事件刚刚出现时，公司并没有采取一些积极的对策，在众多媒体以及公众曝光出公司的众多违规视频类证据后，苹果也没有以积极的态度来配合调查工作，而且还表现出拒绝采访和侥幸的态度。

（2）没有把消费者的合法权益放在首位

苹果公司在进行手机维修时，不更换后盖以降低维修成本的做法严重损害了我国消费者的合法权益，他们没有做到把维护中国消费者的合法权益放在首要位置。

（3）企业文化不同

不管是文化还是企业文化中西方都有着很多差异，西方企业文化的经营理念强调的是"股东第一"，即股东的权益高于一切；然而，在中国"顾客第一"才是企业的至上理念。苹果公司作为典型的西方公司，自然奉行的是西方的企业文化和经营理念，他们对于"顾客第一"的理念缺乏足够的认识。从根本上说，这种企业文化和经营理念的差异是引发这次危机的首要深层原因。

（4）公关手法不加

苹果公司贵为手机销售行业的巨头，在乔布斯担任苹果公司首席执行官期间，出现如苹果总部打人事件等危机事件时，乔布斯依靠其杰出的公关能力总能成功化解危机。反观此次危机，由于现任首席执行官库克公关意识的淡薄，公关能力的不足，致使事态越演越烈。

针对此次危机事件，有以下解决方案：

（1）处理原则

坚持"顾客权益与股东利益兼顾"原则，即在确保股东利益最大化的同时，尽全力保护消费者的合法权益，既追求经济效益也追求社会效益。

（2）处理程序

分九个步骤来处理此次危机事件。①立即启动危机处理应急机制；②建立危机应急处理专案小组；③通过各种渠道收集相关信息；④召开危机处理紧急会议，听取相关部门对危机情况的汇报；⑤专案小组反复研讨，对危机进行认真诊断，形成应急处理报告；⑥迅速向公司董事会汇报，并及时召开新闻发布会公开向消费者诚恳道歉；⑦立即召开消费者座谈会和临时股东大会，听取消费者和股东的意见，尽量同时满足他们的诉求；⑧专案小组指挥公司各部门立即行动，着手处理相关事宜；⑨对此次危机进行经验教训总结，以免类似事件再次发生。

通过对苹果公司"双重标准"案例的分析，可以得出：企业无时无刻都面临着危机，但危机并不可怕，可怕的是不懂得如何化解危机。企业由上至下必须高度保持着居安思危的危机意识，建立危机预警，密切关注企业内外部环境的变化，完善危机应对机制。

危机公关的关键是危机预测与防范，品牌危机的事前管理有助于消除危机的产生或降低危机发生后对品牌资产造成的伤害。而如果危机不可避免，那么在危机发生时，企业管理者必须保持冷静的头脑，在第一时间内迅速对危机做出反应，制定应对危机，防止危机蔓延的最优对策和方案，重新赢得消费者和媒体的信任及支持。只有这样才能在应对危机的过程中灵活自如，从而保证企业的平稳发展。

9.3.5 一汽一大众奥迪被泡72小时危机管理案例

（一）一汽一大众奥迪"被泡"72小时危机事件回顾

2015年5月17日至5月18日期间，一场突如其来的暴雨夹杂着冰雹袭击了长春。这场暴雨造成长春城区多处发生了严重积水，也将一汽-大众奥迪引入一场公关危机事件。

5月18日晚，位于长春市东风大街和西四环交接的奥迪临时停车场积水严重，283台奥迪A6L全部被雨水浸泡，造成不同程度受损。之所以积水严重，一是因为该位置地势较低，雨势大，造成瞬间积水；二是因为该停车场附近的一处大坝出现垮塌，加重积水的程度。

5月19日晚，奥迪新车被淹的图片发布在网上，并且开始泛滥发酵。十几分钟之后，奥迪公关部门觉察到负面信息，迅速寻找信息源头，奥迪的危机监控公司很快找到原因——改联新推出的APP"改装圈"，并第一次电告该媒体，对被泡车辆的处理没有任何说明，只是希望能够删帖，结果被婉拒了。此时，该贴的流量接近3万。

5月20日下午，"改装圈"第二次接到奥迪团队的电话，他们说明问题的来源是天灾导致的底部进水，但仍然只字未提车辆流向和解决方案。厂家再次提出删帖，此时该帖的流量已经超过10万。

5月20日晚，"改装圈"第三次接到奥迪团队的电话，他们表示不会让这些车辆流向市场，并称这是个大事，需要走内部流程，没有那么快。厂家又一次提出删帖的要求。两个小时之后，"改装圈"第四次接到奥迪团队的电话，这次试图用公关费来说服媒体删帖，但是同样被婉拒。而此时该贴的流量已经超过35万。

这场舆论漩涡来得有些突然，但是作为实力企业，应对危机已算是迅速。

在得知车辆被水浸泡这一消息之后，一汽－大众奥迪的相关部门，尤其是公关部门和相应的公关公司，在第一时间就接到关于该事件的舆情监测信息并启动危机公关流程，而关于这批车辆的处理意见也在第一时间上就上报相关高层。至于如何处理这批车辆，在舆论大范围发酵之前，也已经有处理方案，即决定浸水车不进入销售渠道，但是因为内部流程较慢，迟滞 21 日才发布公告。

5 月 21 日，一汽—大众奥迪正式发布官方声明，就车辆进水一事做出回应，证实由于长春暴雨导致 283 辆奥迪 A6L 浸泡受损，宣布浸水车按制度进入"质损车流程"，承诺不会进入销售渠道。公告发布后，虽然多数舆论认可奥迪的处理措施，依然有部分媒体及舆论认为奥迪做得还不够，对这批车的去向表示关心，担心奥迪会等风头过去，将这批车重新投入市场，进而损害消费者利益。

5 月 22 日，为彻底平息媒体和消费者担忧，奥迪再次发布公告，并且将 283 辆受损车底盘号全部公布。

至此，事情得到妥善解决，受损车的处理已经非常清楚，消费者可以打消疑虑，媒体的知情权得到捍卫，奥迪也体现出作为全球高端品牌应该具有的责任感，相对而言是一个较为完美的结局。

（二）一汽—大众奥迪"被泡"72 小时危机事件处理的案例分析与评价

根据危机公关 5S 原则，对案例做如下点评：

1. 承担责任原则（Shoulder the matter）

品牌危机发生后，公众和媒体对企业形成一种期望，希望企业有所作为，承担责任。因此，不管责任在于谁，企业应首先表现出对受伤害者、品牌利益关系人负责任的态度与行为。本案例中，在事件开始发酵的时候，奥迪试图删除负面帖子。很多人因而抱怨奥迪在事件发生时第一反应是消除负面影响，而不是维护消费者利益，对奥迪的处理方式颇有微词。不过，因其之后承诺泡水车不会进入市场，采取的一系列补救措施快速且有效。符合承担责任原则。

2. 真诚沟通原则（Sincerity）

品牌危机沟通要诚意、诚恳、诚实。本案例中，奥迪对于事件的处置总体算是有效率且具有诚意。浸水车事件 19 号晚上开始传播；20 号奥迪就已经提出了处置方案；21 号出公告，此处值得一提的是，21 号正好是奥迪 300 万大庆，当天 4 款 300 万纪念版下线，是奥迪筹备半年的喜事，谁也不愿意让意外冲淡喜庆的气氛，但是奥迪宁可让自己的庆贺仪式不完美，还是决定在当天发布了这样一个处置公告；出公告后媒体不满意，22 号马上公布底盘号。虽然整个过程的确有被媒体推动的成分在内，但是奥迪积极响应舆论号召，尊重媒体意见，接受媒体监督的态度还是值得点赞的。符合真诚沟通原则。

3. 速度第一原则（Speed）

要求在第一时间里正确地处理品牌危机事件。本案例中，关于车辆的处理办法属于内部流程，无法在第一时间发出通知。从这个角度来看，公关部门在上级未指示的情况下，尽可能地阻止消息继续传播，降低对公司信誉的伤害，这一举措便是正确的决定。而且，其公关部门在信息出现的十几分钟就能找到危机源头，效率已算不错。符合速度第一原则。

4. 系统运行原则（System）

品牌危机管理涉及多方面的系统运作，各部门的配合。本案例中，危机发生后，奥迪公司上下一心，公关团队及时把握舆情信息，在内部流程缓慢的情况下依然能够有条不紊地采取最有效的措施，包括承诺、查实、公开底盘号、消除大众疑惑等。符合系统运行原则。

5. 权威证实原则（Standard）

品牌危机管理要求企业充分发挥和随时调动新闻媒体的权威传播功能；争取权威机构的支持；争取消费者代表的支持。本案例中，奥迪的处理方案虽然暂时稳定公众的情绪，但由于没有第三方权威机构监督证实，质疑的声音依然存在。由于不了解奥迪公司公布底盘号之后将如何处理这一批受损车辆，所以对于公告中所说的"不会进入销售环节流向市场"提出质疑。同时，对于此前是否曾经出现过类似情况也存在疑问，以及是否只有报道所说的 283 辆受损车辆等担忧。不符合权威证实原则。

回顾整个事件可以发现，一场突如其来的暴雨引发了奥迪的品牌诚信危机，一汽－大众奥迪虽然发布公告有些迟滞，不过其对舆情的反应算是迅速，应对危机的能力也较强，处理事情的诚恳态度还是值得肯定的。事件虽告一段落，但消费者的关注却并未停止。在充满变数的局势下，如果奥迪处理不当，将会导致消费者对奥迪失去信心，严重损害消费者的忠诚度和美誉度，以及对品牌信誉造成打击。其实，作为一家实力企业，其公关能力不容小觑。不过，奥迪在处理本次事件时也存在一些不足：

（1）大企业内部系统流程过慢，导致失去处置事件的更佳时机。在互联网多屏时代的今天，一天时间意味着舆论将会以几何级的速度爆发，事件也会变得更为复杂。所以，现如今车企做危机公关，"堵"不如"疏"来得可行且有效。那么，最好的"疏"，就是以最快的反应，拿出最大的诚意，以消费者权益为准绳，给出公众最想要知道的内容。我们可以想象，如果本次事件发生时，奥迪能够及早通过正式渠道对外承诺受损车辆不会流入市场，并把"水泡车"底盘号第一时间公之于众，那么奥迪就是第一时间承担责任，安抚了消费者，并提出有效的解决方案，也许最后就不会酿成所谓的危机局面。

（2）对于自媒体这种新锐媒体形式，车企的公关部门显然还需要学习和摸索成熟的应对策略。在平面媒体以及网站时代，奥迪公关部门已经积累到丰富的经验，可以非常娴熟地处理各种突发事件，维护奥迪品牌的形象。但是，微博、朋友圈等自媒体的出现，使得每一个人都有成为媒体的可能。他们无所不在，无所不能，防不胜防，而且很难游说，信息传播速度极快，且影响较大。面对如此复杂严峻的形势，企业公关需要找到与新媒体合理沟通的最佳方式。

（3）缺乏权威媒体证实，并没有完全打消公众的疑虑。奥迪的处理方案虽然暂时稳定公众的情绪，但质疑的声音依然存在。由于不了解奥迪公司公布底盘号之后将如何处理这一批受损车辆，所以对于公告中所说的不会进入销售环节流向市场提出质疑。同时，对于此前是否曾经出现过类似情况也存在疑问，以及是否只有报道所说的283辆受损车辆等担忧。所以，如果奥迪能通过权威媒体公布后续处理过程，将信息更加公开透明化，也许就能真正消除此次危机事件带来的负面影响。

关于后续处理，一般有以下两种解决方式：一是报废，二是修理。如果按照报废车辆处理，那么如前文所说，可以邀请媒体来当场见证这批车辆的处理环节。如果是第二种处理方法，那么，以一汽－大众奥迪强大的体系能力，这批车经过处理，质量一定会达到销售标准。所以，如果进入销售渠道，那么可以以一个合理的折扣价格进行一场拍卖。一方面可以借助公开拍卖的形式将这批车的去路交代清楚，杜绝消费者的任何担心，同时，接受拍卖的消费者事先是知情的，也就意味着不会有售后纠纷。另一方面，奥迪可以将拍卖所得完全捐给慈善机构或者设立基金，用于公益事业，巩固其负责任、有担当的品牌形象，倘若这么做，必然会是一个皆大欢喜的局面。

总而言之，互联网时代，人人都是媒体，企业只有真正了解公众所关心的内容，才能"对症下药"，解决品牌所面临的危机。

第十章
品牌危机事件回顾

10.1 2008年中国市场主要品牌危机事件回顾

2008，一个不寻常的年份。这一年，中国发生不少大事，从年初的冰雪灾害到5.12汶川地震，从夏季北京奥运会、残奥会的完美举办到10月中共十七届三中全会的召开，中国人在这一年里经历了许多喜怒哀乐，而中国市场上的品牌也同样经历了大起大落。

市场瞬息万变，我们常说"危机"，有"危"也有"机"。是否具有提前预知危机的敏锐嗅觉，是否能够在危机萌发时就将其扼杀在摇篮里，是否有能力在危机大面积爆发后将其平息，甚而还可以转"危"为"机"，以上种种都是对企业公关团队的考验，那么现如今企业应对危机时的表现究竟怎样呢？接下来就让我们一起来回顾2008年发生的品牌危机事件吧！

一月

危机品牌： 全聚德

危机起源： 改变传统烤鸭方式引争议

危机指数： ★★★★

危机简介： 2008年年初，中国青年报与新浪网联合开展的一项调查显示，76.8%的公众反对全聚德改用电子烤炉制作烤鸭，62.8%的人担心这样做会使北京烤鸭"快餐化"。这调查源于全聚德在上市前夕透露：将大力推广使用电子烤炉来制作烤鸭。一般情况下，烤鸭制作过程需要1个多小时，而电子炉可大大缩短制作时间。全聚德表示：为保持电炉烤鸭与传统烤鸭的果木香味完全一致，会把特制的天然果汁提前喷涂在鸭坯上。但不少人还是对口味的差异性提出了质疑，担心在北京大多数饭店烤鸭只卖 38 元至 58 元一套的情况下，一直坚守 198 元一套的老字号全聚德将由此成为中国的"肯德鸭"。

危机品牌： 雪铁龙

危机起源： 广告竟然扭曲领袖形象

危机指数： ★★★★

危机简介： 2008 年 1 月 8 日，西班牙大报之一《国家报》整版刊登了雪铁龙汽车的广告，广告画面上有大幅中国已故领袖毛泽东的照片，但其形象被篡改，显得神态奇怪。该广告写道："毫无疑问，我们是王者，对于雪铁龙，革命远远没有结束。我们将在 2008 年将所有已有的技术优势进行到底。来吧……"广告刊出后，引起西班牙华人强烈不满和抗议，在中国国内也引起了较大反响。1 月 14 日，雪铁龙总部表示该公司已要求西班牙媒体停止雪铁龙该款广告的刊登，并"向所有被该广告伤害的人表示歉意"。随后，该公司用拿破仑像取代了原来的毛泽东像。

二月

危机品牌： 五谷道场

危机起源： 资金链断裂商标被查封

危机指数： ★★★★

危机简介： 2008 年 2 月，"五谷道场"四项商标被北京房山区人民法院依法予以查封。据介绍，北京大森长空包装机械有限公司以中旺集团旗下的北京五谷道场食品技术开发有限公司屡次拖延付款、不立即申请财产保全将使自己的合法权益受到难以弥补的损失为由，向法院提出诉前财产保全申请，要求法院对五谷道场的商标予以查封，标的额为 135 万元。

危机品牌： 养乐多

危机起源： 荷兰"致命益生菌"风波

危机指数： ★★★

危机简介： 针对荷兰"致命益生菌"的报告，2008 年 2 月初，养乐多中国公司发表声明坚称益生菌无害。"荷兰的研究实验中没有涉及任何养乐多及养乐多公司的产品，跟养乐多毫无关系。"养乐多表示。据英国《每日电讯报》报道，荷兰乌得勒支大学医学中心发布消息称，24人在2004年到2007年间服用益生菌酸奶饮料后死亡。随后，荷兰患者和消费者同盟就死亡事件要求调查多种益生菌奶制品，作为世界最大的生产和销售发酵型活性乳酸菌的制造商之一的日本养乐多集团的乳饮品赫然在列。对此，养乐多表示，其产品所采用的益生菌完全不同于该医学实验所采用的医用益生菌，并坚称其产品对全球消费者都安全无疑。

危机品牌： 恒源祥

危机起源： 12生肖广告

危机指数： ★★★

危机简介： 2008年2月6日除夕夜开始，一则著名毛纺品牌"恒源祥"的电视广告在全国多家电视台黄金时段播出，1分钟内，广告背景音从"鼠鼠鼠"一直叫到"猪猪猪"，把十二生肖叫了个遍，其单调的创意和高密度的播出，遭到了许多观众炮轰，这则"很牛很暴力"的广告极大地考验了观众的忍耐力。广告播出后，网上开始出现一批模仿这则广告的搞笑作品，其中一个是一只山羊出现在新闻发布会上，向"所有人—广告中出现的动物、顾客、他们的家庭以及中国的每一个人"表示道歉。而重要的门户网站、论坛、博客、传统媒体也都加入声讨中。新浪网所做的调查显示，在1563名受访者中，有61.7%的人对恒源祥广告是"排斥"态度，近七成公众将用弃买行动抵制恒源祥等恶俗广告。2008年2月17日，恒源祥召开新闻发布会，宣布停播这则广告，并为此向观众做出道歉。

三月

危机品牌： 大连雪龙

危机起源： 冒充奥运极品牛肉

危机指数： ★★★

危机简介： 2008年3月初，有媒体报道称，大连雪龙产业集团被初步确定为奥运会供应极品牛肉，该公司的肉牛是经过特殊饲养的。对此，北京市商务局和北京奥组委运动会服务部相关负责人进行了澄清：网民关于"奥运极品牛肉"报道的议论已经引起我们的注意，北京奥组委从未确定该企业为奥运餐饮原材料供应商，相关报道是虚假失实的。以奥运会为名义进行虚假宣传是严重违背商业道德的欺诈行为。

危机品牌：分众

危机起源：滥发垃圾短信

危机指数：★★★★★

危机简介：央视3·15晚会突然曝光分众无线是国内最大的垃圾短信制造者，分众传媒旗下公司向公众发送海量垃圾短信事件，引发了广泛持续的媒体追踪及舆论抨击。晚会中，曝光的公司利用群发器向手机用户发送各种广告短信，并拥有大量手机用户资料，且信息详尽到用户单位名称、车牌号码、家庭地址等。被曝光的公司之一分众无线技术公司透露其数据库里掌握着2亿手机用户的详细资料，占有"垃圾短信"80%的市场。在2008年3月18日，中国移动对被曝光的七家公司短信业务端口予以关闭后，分众传媒创始人兼执行主席江南春亲自出面向公众道歉和澄清，并表示将停止短信广告业务。在事件发生一周内，分众股价出现超过20%的大跌。6月初，分众传媒正式停止所有手机短信业务，并调整分众无线的商业模式。

危机品牌：阿迪达斯

危机起源：产品不当使用中国国旗图案

危机指数：★★★★

危机简介：2008年3月初，阿迪达斯因对中国国旗图案的不规范使用，而被指涉嫌违反《国旗法》。据悉，阿迪达斯在香港销售的两款产品采用国旗"红底黄五星"作基本图案，在五星中最大的一颗内印有阿迪达斯三叶草的标志。根据我国《国旗法》第十八条规定：国旗及其图案不得用作商标和广告。3月6日，阿迪达斯中国大陆总部公关部门发表声明称：阿迪达斯对在香港市场销售的两款产品（背包和球衣）的设计，涉及对中国国旗图案的不规范使用，向广大消费者致以极为诚挚的歉意。阿迪达斯已经将这两款产品从香港全面撤柜，并决定全球召回。

四月

危机品牌: 东方航空

危机起源: 多个航班人为返航

危机指数: ★★★★★

危机简介: 2008 年 3 月 31 日和 4 月 1 日,东航云南分公司从昆明飞往大理、丽江等六地的 21 架航班在飞到目的地上空后,乘客被告知无法降落,航班又全部飞回昆明。对于这一恶性事件,东航曾一直解释是由于"天气原因",在舆论的质疑与声讨声中,4 月中旬,中国民用航空局就此事公布调查结果:返航的 21 个航班中,非技术原因故意返航的 4 班、听到前机返航,也盲目返航的 5 班、因译码设备工作不正常,缺乏数据无法从技术上判定返航原因的 9 班;并做出处罚决定:停止东航云南地区部分航线、航班的经营权,对东航处以人民币 150 万元罚款。

危机品牌: GE

危机起源: 涉嫌非法用工

危机指数: ★★★★

危机简介: 2008 年 4 月,美国非营利机构 Policy Matters Ohio(PMO)(俄亥俄政策事务)调查发现,GE 在厦门的合资企业通士达公司工人每周工作 64 个小时,且不支付工人应得的加班费,许多工人不知道他们生产的一款产品中包含有毒的水银,也没有接受处理危险事故的基本知识培训。4 月中旬,GE 发布声明,否认厦门通士达存在该机构指责的劳工损伤事件,并称 GE 已于 3 月派出环境、健康、安全专家到该厂复查。目前尚未发现 PMO 所称的现象,并且通士达为所有员工提供安全培训,包括有害物质认知培训及考试。

危机品牌: 雷诺

危机起源: 召回迟缓

危机指数: ★★★

危机简介: 2008 年北京车展期间,雷诺宣布将召回中国市场的雷诺梅甘娜汽车,比在欧洲市场召回同款汽车迟了近一年半。雷诺亚非区副总裁表示:"的确有一些梅甘娜出现技术故障,但不存在危及安全的问题,因为中国的政府和消费者对此比较担心。我们上周做出召回的决定，只是为让用户安心。"2008 年 3 月 28 日，质检总局发布了关于法国雷诺汽车公司产梅甘娜汽车存在安全隐患的风险警示通告，称由于变速器存在安全缺陷，雷诺汽车公司于 2006 年 10 月 24 日开始在欧洲召回梅甘娜（MEGANE）II、克丽奥（CLIO）III 两款汽车，而雷诺汽车公司当时却未向国家质检总局主动说明缺陷情况。

危机品牌：家乐福

危机起源：遭遇网络、短信抵制

危机指数：★★★★

危机简介：2008 年 4 月中旬，呼吁抵制家乐福的网络帖子、手机短信开始流传，连续几天，类似的信息通过手机、QQ、MSN 或者网络论坛迅速流传，网友们发起了一场线上线下的抵制家乐福运动，理由是奥运火炬在法国传递期间遭到干扰和家乐福集团涉嫌捐巨资给达赖集团。受到爱国情绪的鼓动，抵制"家乐福"的号召从互联网的各种渠道被全面发动：从传统的 BBS 论坛，到博客、集合相册和视频的个人空间、分享网站，再到门户网站的投票调查，每个人的 MSN 和 QQ 聊天好友和聊天群，甚至 MSN 和 QQ 的签名档。法国驻华大使表示，自己不认为网民或手机短信要求抵制法国公司和法国产品是正当的，也不认为它们有意义。外交部发言人在例行记者会上表示，中国民众表达了他们自己的意见和情绪，法方应很好地反思。接着传统媒体，如电视和报纸等平面媒体都纷纷介入报道，继续激发起民众的愤怒情绪，网上的抵制舆论迅速演变成现实的抵制暴力，各地陆续有民众举着抗议牌匾到各家乐福分店示威，家乐福销售面临着巨大的阻力。

危机品牌：玫琳凯

危机起源：政府公关资料被泄密

危机指数：★★★★

危机简介：2008 年 4 月 26 日，天涯等网络论坛上流传一篇帖子《玫琳凯泄密资料之政府公关机密记录档案》。帖子中公布了数百位获赠玫琳凯化妆品的人员名单及其详细个人信息，以表格的形式呈现，分别有"姓名、单位、职务、部门职务、礼品种类、电话/手机、性别、大约年龄"等栏目。单位一栏赫然标有包括广东省工商行政管理局、广州市工商行政管理局、广州市国家税务局、广州市公安局等数家单位几十个部门，甚至包括若干电视、报纸的部分媒体。所含的地区除广州市以外，还包括深圳、佛山、珠海、惠州等几乎全部的广东省内城市，仅在广东省地区，所涉及具体人员达 248 人。针对此事，玫琳凯（中国）化妆品有限公司发函表示，此事是该公司离职员工所为。由于该员工离职时跟公司闹了矛盾，故获取了公司的内部资料，并利用网络论坛开始散布这些政府机关人员的个人信息。由于该名单涉及内容的敏感性，所以在网上被公布之后，立即引来多方的关注，不仅各大网站进行疯狂转载，而且平面媒体也开始追踪报道，相关的政府监管部门也开始对事件进行调查。受此危机事件的影响，玫琳凯的政府公关与关系建设受到很大阻力，这必然对其下一步在中国市场的发展造成影响。

危机品牌：可口可乐

危机起源：广告内容被质疑与西藏事件有关

危机指数：★★★★

危机简介：在西藏"打、砸、抢"事件后不久，有网民在互联网上贴出图片表明，可口可乐公司新的广告海报在德国一个火车站上出现，一群僧侣乘坐一辆过山车，配以"梦想成真"（Make It Real）的标语。这名网友形容广告中的 3 名僧侣便是代表西藏喇嘛，而过山车代表自由，"Make It Real"则代表"实现西藏自由"。大批网民支持该网友的说法，誓言从此不碰可口可乐。可口可乐发布的声明称，该广告是 2003 年德国推出的一组主题为"Make It Real"（中文为"勇于尝试"）的系列营销广告之一，旨在鼓励人们勇于尝试新鲜事物，感受生活的快乐，没有任何干涉政治与宗教事务的含意，目前该广告已经撤下。但网友认为，即使可口可乐的广告是"被误解"的，不良反应却已经形成。企业为了迎合某一地区的消费者，而伤害另一个地区的消费者，这是营销策略的失败。同时有网友质疑，按照可口可乐营销主题的节奏，2003 年的广告活动不可能一直延续到 2008 年。

五月

危机品牌：迪奥

危机起源：代言人不当言论引危机

危机指数：★★★★★

危机简介： 2008 年 5 月 26 日，美国影星莎朗·斯通在戛纳电影节上接受访问时，对汶川大地震发表了不当言论，立刻引起各方声讨。莎朗·斯通所代言的法国产品 DIOR 第一时间发表声明：称绝对不认同莎朗·斯通的言论。迪奥中国随后又进一步发布声明称："立即撤销并停止任何与莎朗·斯通有关的形象广告、市场宣传以及商业活动。我们对此次四川汶川大地震中不幸遇难的人表示哀悼，并对灾区的人民表示深切的同情和慰问。我们重申对中国市场的长期承诺并对灾区重建予以鼎力支持。"

六月

危机品牌： 路易威登

危机起源： 违反中国轻工行业标准

危机指数：★★★

危机简介： 2008 年 6 月初，被喻为"全世界业绩最好"的路易威登（LV）专卖店之一的 LV 杭州大厦专卖店悄然歇业。6 月 18 日，浙江省工商局正式对路易威登（中国）做出处罚决定，公布 LV 杭州店销售的三款背提包不符合其承诺执行的中国轻工行业标准，被判定为不合格产品，并责令其限期整改，没收违法所得 29.86 万元，并处以罚款 46.25 万元。随后，LV 杭州店重新开张，并表示服从处罚，尽快落实整改。

危机品牌： 工商银行

危机起源： 地震灾区分行违规买鞋

危机指数：★★★★★

危机简介： 2008 年 6 月 12 日，国家审计署发布了第 1 号《关于汶川地震抗震救灾资金物资审计情况公告》，公告称，2008 年 5 月 28 日，中国工商银行绵阳涪城支行弄虚作假，将为该行 56 名职工购买的 56 双耐克运动鞋（价值 2.85 万元）的销售发票中的商品名称填写为雨衣、雨靴和雨伞，之后在其上级行安排拨给的"抗震救灾特别费"中报销了这笔开支。次日，工行回应称由于有员工在避险过程中扭伤了脚踝，涪城支行要求员工在抗震救灾期间必须穿运动鞋，且购鞋费用系上级行核批的用于抗震救灾的财务费用，不是救灾捐款。因为涉及填写虚假名称发票，涪城支行党委书记兼行长被暂停行使行长职务。

危机品牌：美好时光

危机起源：品牌可能被假冒

危机指数：★★★

危机简介：2008 年 6 月 4 日，北京食品安全办公布的全市停售食品名单中，一款"美好时光海苔"榜上有名。该海苔生产企业是郑州市小白兔食品有限公司，且该公司的食品已不是第一次登上停售名单。广东喜之郎有限公司享有"美好时光"的商标注册权，他们从未授权过其他厂家生产"美好时光海苔"。

危机品牌：长安马自达

危机起源：半轴异响引发车主群体维权

危机指数：★★★★

危机简介：2008 年 6 月 15 日，由于购买不到一年的马自达 3 轿车存在半轴异响问题，湖南车主张洪峰发起维权行动，不少马自达 3 车主加入到维权队伍中，要求厂家给一个合理满意的答复。2008 年 4 月 11 日，长安马自达方面否认半轴异响是技术缺陷，只能提供加装垫片的服务。然而，湖南省天罡司法鉴定中心对此进行鉴定的结论为马自达 3 轿车半轴异响，属该部位的设计缺陷。2008 年 4 月 19 日，4S 店为张洪峰的马自达 3 更换了一个新的半轴，但是长安福特马自达公司不同意为其他车辆更换新的半轴，于是张洪峰仍然组织车主继续维权。

七月

危机品牌：宝马

危机起源：车主用牛拉宝马游街

危机指数：★★★

危机简介：2008 年 7 月中旬，广州一女子花万元雇水牛拉宝马车游街。据悉这位姓马的女士花 70 万元买的宝马车，却在行驶中屡屡熄火，在与华晨宝马公司交涉多次却没达成共识的情况下，她雇人用水牛将爱车拉到华晨宝马公司位于广州白云大道的 4S 维修店。2007 年合肥一车主也因自己的宝马经常半路上突然熄火的问题与宝马公司交涉未果，而用牛拉宝马游街。

危机品牌：名爵

危机起源：涉嫌商标侵权被告

危机指数：★★★

危机简介：2008 年 7 月，南汽集团生产的"名爵"轿车因涉嫌商标侵权，被商标权利人告上法院。原告浙江籍自然人徐斌，于 2003 年 6 月 25 日申请了第 3607584 号"名爵"商标，专用权期限为 2005 年 1 月 21 日至 2015 年 1 月 20 日，国际分类第 12 类，该商标商品服务列表中明确写有"小型机动车"产品，而被告南汽集团生产的名爵轿车，"名爵"商标被突出地使用在汽车车身、车尾、网站、销售店面门头、店内装饰和产品宣传彩页上。

危机品牌：双环汽车

危机起源：涉嫌侵权在德国被禁售

危机指数：★★★

危机简介：针对德国慕尼黑地方法院判决，石家庄双环汽车有限公司新闻发言人 2008 年 7 月初表示，双环 CEO 与宝马 X5 存在显著差异。根据欧盟法律在德国不能被禁止上路，公司会支持德国经销商上诉，双环生产计划和出口欧洲计划亦不会改变。2008 年 6 月底，德国慕尼黑地方法院判决德国经销商销售的中国双环 CEO 汽车外形设计与宝马 X5 车型"相似"，属于"侵权行为"，双环汽车必须立即停止在德销售，如果 4 周内德国经销商不提起上诉，双环就必须销毁在德所有涉案车型，并向宝马公司赔偿损失。

八月

危机品牌：康师傅

危机起源：广告中宣称的优质水源不过是自来水

危机指数：★★★★★

危机简述：一段时间以来，康师傅矿物质水广告中声称的"选取优质水源"竟是自来水的消息，在网络上被不断传播。2008 年 8 月初，康师傅承认杭州生产基地所生产的矿物质水确实是城市自来水净化而成的。8 月 6 日晚，康师傅发表声明称，"我司生产之'饮用矿物质水'，系以纯净水为基础再添加符合'食品添加剂与营养添加剂'国家标准的矿物质原料，完全符合国家标准 GB10789 饮料通则中有关'饮用矿物质水'品类的定义"，但康师傅没有向消费者表达歉意，随着事件不断升温，部分商家开始将康师傅矿物质水下架。9 月初，康师傅饮品控股公司正式就此事向媒体和消费者道歉。

危机品牌：刘翔代言的部分中外品牌

危机起源：明星代言人奥运退赛

危机指数：★★★★

危机简述：2008 年 8 月 18 日，北京奥运会 110 米栏预赛上，中国飞人刘翔因伤退赛，给他所代言的部分中外品牌带来了冲击。18 日下午，耐克迅速做出反应，发表官方声明支持刘翔，并于 19 日推出一则新的平面广告"爱运动，即使它伤了你的心"。伊利也在 18 日下午对外宣称广告计划不变，并很快推出"有梦想，就有下一次的飞翔"的主题广告。20 日，安利"风雨后见坚强"的广告开始在平面媒体上刊登。中国平安表示：退出也是一种勇敢，我们不要舍命一搏，平安就好！VISA：与刘翔永远是朋友。可口可乐：营销计划不变。奥康皮鞋：一如既往支持刘翔。凯迪拉克：在以后的日子里继续支持刘翔……联想虽然对刘翔退赛表示惋惜，但同时认为"合同期满是否继续有待评估"。

九月

危机品牌：三鹿

危机起源：产品含三聚氰胺引发行业危机

危机指数：★★★★★

危机简述：2008 年 9 月中旬，国家处理奶粉事件领导小组事故调查组宣布，三鹿牌婴幼儿奶粉事件是一起重大食品安全事件，国务院启动国家重大食品安全事故 I 级响应机制，国家质检总局紧急在全国开展了婴幼儿配方奶粉及液态奶三聚氰胺专项检查，结果蒙牛伊利光明等多家知名企业纷纷被查出产品含三聚氰胺，导致整个乳制品行业陷入危机。

危机品牌：蒙牛、伊利、光明

危机起源：因含三聚氰胺被撤销中国名牌产品称号

危机指数：★★★★★

危机简述： 国家质检总局 2008 年 9 月下旬发出第 109 号公告称，撤销蒙牛、伊利、光明三家企业液态奶产品中国名牌产品称号，因为"蒙牛"牌液态奶、"伊利"牌液态奶、"光明"牌液态奶部分批次产品发生三聚氰胺污染。此前"伊利"、"圣元"和"古城"这三个品牌的乳粉产品的中国名牌产品称号已经被撤销。"三鹿"牌婴幼儿配方乳粉、乳粉、灭菌奶也全部被撤销中国名牌产品称号。

危机品牌： 友邦保险

危机起源： 母公司财务危机遭退保

危机指数：★★★★

危机简述： 美国国际集团的财务危机，使得中国的投保人高度紧张。2008 年 9 月 18 日，保监会公开表示，AIG（美国国际集团）在中国大陆地区设立了美亚财产保险有限公司和友邦保险有限公司分公司，分别在部分地区经营产、寿险业务。目前，上述公司经营状况稳定，业务状况正常，国内保险业务不受影响。9 月 17 日晚，一份由友邦在华 7 家分支机构联合发布的声明称，AIG 面临的问题，不会影响到友邦在华各分支机构所签发的保险合同项下，每一位投保人、被保险人或受益人的利益。据悉，尽管 AIG 获得美国政府的贷款，暂时渡过破产危机，但亚洲各地的退保恐慌还是不可遏制。9 月 18 日，在新加坡、中国香港、韩国等地仍有不少民众要求退保。虽然退保潮未曾蔓延到内地，但上海深圳等地也出现小规模退保人群。

危机品牌： 海信

危机起源： 海外参展展品被没收

危机指数：★★★★

危机简述： 2008 年 9 月初，海信等因被怀疑"可能侵犯专利权"而被没收大量展品的参展商，向德国柏林国际消费电子展主办方提交了抗议书，要求追回展会期间的损失。8 月末，德国海关突袭数十家企业展位，并没收包括海信、海尔等企业的大量展品。原因是展览开幕前夕一家 MP3 专利代理公司 SISVEL，向其提供了一份可能侵犯其专利的公司名单。海信表示，在没有任何实际证据的情况下对中国多家企业采取粗暴的查抄行为，给海信在欧洲市场的名牌形象造成恶劣影响，海信将抗争到底。

危机品牌：丸美

危机起源：涉嫌捏造日本血统遭起诉

危机指数：★★★★

危机简述：2008 年 9 月，"著名打假人"王海将销售丸美产品的广西南宁百货大楼告上法庭，原因是丸美涉嫌虚假宣传其产品拥有"日本背景"。丸美一款眼霜外包装盒的宣传语为"创始于昭和 54 年"、"日本眼部护理专家"等。经调查后，王海认为，丸美在日本市场上根本买不到，其宣传给消费者制造假象。原告代理律师称，丸美商标是 2000 年 3 月在中国申请注册的，2001 年 5 月注册成功的，而该商标在日本申请注册的时间是 2002 年 7 月 3 日，因此丸美源于中国，不是日本品牌。

危机品牌：汇源果汁

危机起源：朱新礼卖掉汇源

危机指数：★★★★

危机简介：2008 年 9 月，被誉为中国民族品牌代表的"汇源果汁"宣布，它也要嫁入豪门了——可口可乐要以 179 亿港元的价格把它收纳旗下。消息传出，立即引来强烈争议，有人谴责朱新礼不爱国，据网上一份调查显示，80%网友反对汇源"卖身"可口可乐。在大多数网友看来，根据以前经验，很多民族品牌落入外资之手后品牌将会逐渐消亡，外资进而进一步垄断果汁饮料市场，更有人质疑朱新礼卖掉汇源是为了套现退身，甚至还有人说是迫于达能的威胁等等，种种猜忌，让朱新礼及其汇源集团无法阻挡。

十月

危机品牌：微软

危机起源：以黑屏打击盗版争议巨大

危机指数：★★★★★

危机简述：微软为打击盗版而采取的使一些用户电脑黑屏的做法，引发了广泛的争议，一些人认为此举涉嫌侵犯用户隐私，甚至有正版软件用户也将电脑调成了黑屏以示抗议。2008 年 10 月中旬，微软宣布推出针对 Windows 和 Office 的正版增值计划通知的两个更新，旨在帮助用户甄别 Windows 和 Office 是否是正版软件。如果用户没有通过正版验证，开机后桌面背景将变为黑色，并会看到显示"您可能是软件盗版的受害者"等提示信息的对话框等。

危机品牌：百事可乐

危机起源：遭天府可乐索要品牌

危机指数：★★★★

危机简述：2008 年 10 月 10 日，针对媒体报道"天府可乐将向百事可乐索要品牌"一事，百事可乐表示：对这种谣言或者猜测不作评论，百事会让包括百事在内的各个品牌得到发展。然而，百事方面的回应并没有得到天府可乐方面的认同。作为 16 年前一度占据了中国可乐市场 75% 份额的品牌，天府可乐在把品牌转让给百事可乐以后逐渐消失。

十一月

危机品牌：海航

危机起源：拖欠机场费用被曝光

危机指数：★★★★

危机简述：2008 年 11 月，中国民用机场协会公布最新拖欠机场费用的航空公司名单，其中，海南航空公司以 1.076 亿元排名欠费"黑名单"榜首。根据中国民用机场协会统计数据显示，截至 2008 年 3 月 1 日，国内 20 家机场应收账款为 7.03 亿元人民币，所统计数据包括机场地面服务费和气象费。

危机品牌：国美

危机起源：黄光裕事件引发众多猜疑

危机指数：★★★★

危机简述：2008 年 11 月，有媒体报道国美董事局主席"黄光裕被拘查"的消息，当月 24 日，国美在香港联交所发表的通告指出，为免媒体进一步发放未经核实的指称而可能导致市场陷于混乱及令公司股价产生波动，公司申请停牌。又称，公司的业务、营运及财务状况尚未受到影响，与供应商的关系亦维持正常。三星、夏普、海尔、格兰仕、美的等一批国美主要供应商的负责人也纷纷发布声明，否认断供追讨货款的谣传，并表示对国美电器战略合作关系的力挺。

危机品牌：华硕

危机起源：维权消费者"洗冤"导致更大关注

危机指数：★★★★★

危机简述：2008 年 11 月 10 日，曾蒙冤入狱的华硕天价索赔案女主角黄静正式向中国消费者协会提交《立案调查申请》，在遭遇维权、被捕、取保候审、国家赔偿的一系列经历后，黄静坚持要向华硕讨回公道。11 月 19 日，华硕披露黄静事件七大原始证据，声称黄静电脑安装的非华硕原厂销售、认可的配件，该电脑并不在保修范围之内。各大媒体对此事件空前关注，持续追踪。由于华硕维权消费者竟饱受牢狱之苦，作为知名跨国公司的华硕，陷入一场空前的危机。

危机品牌：百度

危机起源：勒索营销

危机指数：★★★★★

危机简述：2008 年 11 月 15、16 日，央视《新闻 30 分》连续两天报道了百度的竞价排名的黑幕，百度竞价排名被指过多地人工干涉搜索结果，引发垃圾信息，涉及恶意屏蔽，被指为"勒索营销"，并引发了公众对其信息公平性与商业道德的质疑。在此次"勒索营销"危机事件爆发之前，2008 年对于百度来说已经是多事之秋。在 10 月 31 日，北京某律师把一册 16 开本厚达 91 页的《反垄断调查申请书》，送到了国家工商总局反垄断处一位官员手中，申请对百度滥用市场支配地位的反垄断调查。"勒索营销"事件的爆发，在网络引发一股声讨百度的巨大浪潮，这股"反百度"的浪潮主力一方面是过往饱受"勒索"之苦的企业，另一方面的主力则是呼吁得到真实公正搜索真相的网民。这两股反"百度"的主力，在网络上掀起打击百度还互联网真实声音的呼吁。

十二月

危机品牌：可口可乐

危机起源：大学生调查报告曝光用工问题

危机指数：★★★★

危机简述： 2008 年 12 月，由大学生组成的社会调查小组，在北京发布《可口可乐调查报告》称其严重侵害派遣工利益。报告称：可口可乐中国系统存在大量的派遣工和其他非正式工，这些工人干着最危险、最苦、最累的工作，工作时间最长，工资却最低，而且还被拖欠甚至克扣。对于该调查报告，可口可乐称经初步调查结果显示，该报告中的指责并不属实，同时，报告中所涉及的 5 家工厂也发出书面声明，对报告所指的问题一一进行了反驳。

10.2　2009 年中国市场主要品牌危机事件回顾

如果说 2008 年是中国企业危机的强力引爆年，那么 2009 年则是企业危机爆发的升级年，许多行业领导品牌、跨国企业都纷纷蹈入危机的深渊。许多细微、不足道的危机因素在外界作用力影响之下，不断叠加累积最终强力爆发，给企业造成严重的声誉影响或市场冲击。关注危机、提升危机意识，已成为中国企业战略管理中不可或缺的工作。接下来就让我们一起来回顾 2009 年发生的品牌危机事件吧！

一月

危机品牌： 上汽、双龙

危机起源： 上汽集团介入韩国双龙运营后矛盾重重

危机指数：★★★★★

危机简介： 在宣布全面停产后，2009 年 1 月初，上汽集团控股 51.33% 的韩国双龙汽车董事会又做出决定：向韩国首尔中央地方法院提请"回生"流程，与此同时，双龙汽车公司总裁和中方代表理事辞去并申请法院接管。在韩国的司法体系中，申请法院接管近似于破产，这意味着上汽完全放弃作为双龙汽车大股东的权利，而由法院决定是否救助这家公司。至 2009 年 8 月，双龙宣布将尽快出售企业资产，而上汽也由此失去对双龙的控制权。

危机品牌： 芬达

危机起源： 在英国被检出含杀虫剂

危机指数：★★★★

　　危机简介：2009 年 1 月初，传出可口可乐公司在英国销售的芬达碳酸饮料中被检测出含有杀虫剂，含量是自来水或者沸水中含量的 300 倍。据了解，西班牙哈恩大学研究者共检测购自 15 个国家的 102 听和 102 瓶软饮料，发现了 100 种杀虫剂。其中在英国销售的两种橙汁中含有抑霉唑，含量是可饮用水中单一杀虫剂允许含量的 300 倍。1 月 7 日，可口可乐公司对此发出声明，表达其产品是安全的。可口可乐中国公司相关人士也表示："可口可乐公司在中国销售的所有产品都是本地生产的。产品遵循严格的质量控制程序，安全完全符合中国政府的法律法规要求。"

　　危机品牌：谷歌、搜狐、网易等
　　危机起源：因"内容低俗"而被国家新闻办等部委曝光
　　危机指数：★★★
　　危机简介：2009 年 1 月 5 日，谷歌、新浪、搜狐、百度等十几家知名网站因"内容低俗"而被国新办等七部委曝光。次日，新浪、网易等各大网站均向网民发布道歉信，称对低俗内容进行了及时处理，并表示将继续加大监督，营造良好的上网环境。随后，中国互联网协会互联网违法和不良信息举报中心发布消息称，新浪等网站积极展开清理工作，整治效果不错。谷歌、搜狐、腾讯等网站的清理工作还有待改善，但百度、网易等网站仍存在大量低俗信息。整个 2009 年度，各大网站因此被多次曝光，谷歌的曝光率甚至高达三次之多。直至年底，央视《新闻联播》仍然提及百度、搜狐等网站色情泛滥，并再次点名谷歌涉黄状况严重，称其英文版"淫秽程度远远超过中文网页"。

二月

　　危机品牌：蒙牛
　　危机起源：蒙牛特仑苏违规添加 OMP（欧安派）
　　危机指数：★★★
　　危机简介：2009 年 2 月 2 日，国家质检总局向内蒙古自治区质量技术监督局发出公函，要求该局责令蒙牛公司禁止向特仑苏牛奶添加 OMP（欧安派）物质。公函中提到："鉴于目前我国未对 OMP（欧安派）的安全性做出明确规定，IGF－1（类胰岛素一号增长因子）物质不是传统食品原料，也未列入食品添加剂使用标准，如人为添加上述物质，不符合现有法律法规的规定。"内蒙古自治区质量技术监督局表示：按照总局要求，蒙牛在 2 月 2 日以后产的特仑苏已经不含有 OMP（欧安派）物质。2 月中旬，卫生部等多部门专家表示，添加 OMP（欧安派）的特仑苏牛奶不会危害健康，但蒙牛未经允许引进添加 OMP（欧安派）原料且夸大宣传产品功能，违反有关法规。

危机品牌：东芝

危机起源： 电视屏幕触"竖线"引发投诉暴增

危机指数： ★★★

危机简介： 2009 年 2 月中旬，有关东芝液晶电视屏幕出现"竖线"极大影响观感的消费者投诉集中暴增起来。截至 2 月 10 日，出现"竖线"的东芝问题电视已达 5 款。东芝方面仍否认设计缺陷，称此属于正常范围内的故障率偏高，可采取换屏、修复、退款等方式，并没有第一时间采取"召回计划"。让消费者更加不满的是，更换之后的东芝 46ZF500C 液晶电视不久后也出现同样的问题，东芝在官网上再次低调道歉，承认"一部分产品液晶面板不良"的事实。权威数据显示，东芝液晶电视的市场占有率由之前的 8.3% 急速下滑至 1.6%。

危机品牌：天力士、白云山

危机起源： 陷入学术造假与互揭内幕争议

危机指数： ★★★

危机简介： 2009 年 2 月 8 日，广州白云山制药厂、天津天士力制药股份有限公司卷入"院士论文造假事件"。天士力发布声明称，李连达院士是生产"复方丹参片"的广州白云山制药厂的利益代言人，而白云山制药厂也正是天士力"复方丹参滴丸"的竞争对手。李连达院士及其相关人员借学术权威的幌子编造事实，对天士力公司及"复方丹参滴丸"进行了恶意攻击，致使当日下午，天士力的股票大幅下跌，紧急停牌。而李连达则指责举报自己学术造假的祝国光是天士力的高级顾问，是为阻止自己公布天士力"复方丹参滴丸"具有严重毒副作用的事实，才受指使出此下策。由此，两家著名上市药企之间的纠葛浮出水面。

危机品牌：恒源祥

危机起源： 生肖广告卷土重来再遭非议

危机指数： ★★

危机简介： 继 2008 年春节十二生肖贺岁广告遭到非议之后，2009 年春节期间，恒源祥十二生肖贺岁广告再度卷土重来。12 组演员分别扮演十二生肖，"我属牛，牛牛牛"、"我属虎，虎虎虎"、"我属鼠，鼠鼠鼠"……又被从头到尾说上一遍，只是在新版广告最后加了一句"不管你属啥，我和你，我们都是一家人"。恒源祥集团品牌中心总监李巍表示，这种类型的广告将"10 年、20 年做下去"。有专家表示，尽管有些城市公众感到"被二次戏弄"，但"增加了品牌在农村的知名度"，企业仍可能受益。

危机品牌： 联想

危机起源： 巨亏之下老帅重出山

危机指数： ★★★

危机简介： 2009 年 2 月 5 日，联想集团公布截至 2008 年 12 月 31 日的第三财季业绩，净亏损达 9700 万美元，号称联想史上最大的一次亏损。为此，联想集团董事会宣布调整公司管理层，柳传志重新担任公司董事局主席，杨元庆也接替威廉·阿梅里奥重新担任 CEO 一职，以共同挽救集团危机。联想的全球重组计划曾预期 2009－2010 财年节省约 3 亿美元开支，借此提升集团的成本竞争力及运营效率。2009 年 11 月 5 日，联想发布了连续三个季度亏损后的首份季度盈利财报。

危机品牌： 马自达

危机起源： 明星吸毒，品牌遭殃

危机指数： ★★★★

危机简介： 2 月 1 日，奥运金牌王菲尔普斯吸食大麻的照片，被英国媒体曝光。舆论震惊，尽管菲尔普斯在第一时间道歉，但美国游泳协会还是给予其 3 个月的禁赛处罚，随后，菲尔普斯在两家美国的赞助商宣布解除与菲尔普斯的代言合约。这一事件的发生令刚刚聘请菲尔普斯为代言人的一汽马自达措手不及。菲尔普斯吸食大麻的丑闻将一汽马自达推向了危机的漩涡。

危机品牌： 多美滋

危机起源：众口铄金的危机破坏力

危机指数：★★★

危机简介：2009 年 02 月 11 日，据媒体报道浙江等地 48 名婴儿在饮用多美滋婴儿配方奶粉后出现肾结石的症状，怀疑奶粉遭到污染，但多美滋方面发表声明予以否认。在陷入三聚氰胺疑似风波一周之后，多美滋捧着上海质监局出具的检验报告——多美滋产品未验出含三聚氰胺，开始在全国各大主流媒体刊登大幅主题广告："真金不怕火炼！"广告的内容大意为三聚氰胺的谣言已被击破，多美滋不含三聚氰胺，请消费者继续购买。

三月

危机品牌：携程

危机起源：销售假保单遭遇天价索赔

危机指数：★★★★

危机简介：2009 年 3 月，央视跟踪报道了携程网因销售假保单而被要求赔偿 80 万元一事，使得"保单门"事件成为舆论焦点。原告梁玉祥订购携程网两张机票的同时，购买了两份平安交通工具意外伤害保险，随即却因保险期限问题对保单真伪提出质疑。保监会保险中介监管部副主任吕宙指出，携程网并不具备保险兼业代理资格，涉嫌非法经营。而携程网最初的表示是"保单 100% 肯定是真的"，并用礼物、致歉信和 4000 元现金来对原告进行补偿，并且称原告提出的 80 万元索赔为"天价要求"，双方长时间协商未果遂对簿公堂，同时也引发了全国航意险打假的高潮。

危机品牌：中国移动

危机起源：山东分公司发送垃圾短信被曝光

危机指数：★★★

危机简介：2009 年央视 3.15 晚会对 2008 年曝光的"垃圾短信"问题做了再调查。结果显示，山东省内一些移动公司仍不断向用户发送垃圾短信，引起了舆论一片哗然。监管部门相关领导表态要严查到底，坚决制止和打击这些在利益驱使下，牺牲消费者的个人权益和利益的行为。随后，中国移动通过调查发现山东移动部分公司确实存在违规发送垃圾短信的行为，并决定对德州、日照等分公司相关负责人给予免职、降级和警告处分，对山东移动给予通报批评。

危机品牌： 强生、帮宝适

危机起源： 产品含有毒物质并涉嫌隐瞒

危机指数： ★★★

危机简介： 2009 年 3 月中旬，美国"安全化妆品运动"消费者组织发布报告称，强生、帮宝适等知名品牌的婴儿卫浴产品中含有少量有毒物质，并指出商家并没有把这些有毒物质含量在商品标签上列出，是对消费者的隐瞒。3 月 20 日，国家化妆品质检中心对强生（中国）生产的 26 种 31 个批次的婴幼儿洗浴用品产品进行检验，结果显示，有一种产品（婴儿香桃沐浴露）中的一个批次检出微量二口恶烷。3 月 22 日，强生匆忙召开新闻发布会称，经国家有关部门检验，证实强生婴儿护理产品是安全的，没有必要下架和召回。针对含二口恶烷的婴儿香桃沐浴露，强生也表示，该款产品是否对人体产生危害尚需进一步的毒理分析，因而将继续销售。

危机品牌： 贝因美

危机起源： 遭竞争对手攻击称含有阪崎杆菌

危机指数： ★★★

危机简介： 2009 年 3 月 17 日，质检总局公布了最新一批进境不合格食品和化妆品名单，159 批次产品上了"黑名单"，当中不乏知名品牌。其中，贝因美集团有限公司从美国进口的两批共 37 吨乳清蛋白粉被检出含有阪崎杆菌。阪崎杆菌通常不对人体健康产生危害，但对新生儿可致病，严重可导致败血症脑膜炎等。浙江贝因美科工贸股份有限公司立即启动危机应对措施，紧急向传媒说明相关原料已经被拦截或销毁，保证没有用于生产任何产品，也没有流入市场。对于此次危机的发生，贝因美宣称危机的爆发是因为竞争对手恶意攻击所致。

四月

危机品牌： 丰田

危机起源： 丰田凯美瑞隐瞒缺陷并逃避召回

危机指数： ★★★

危机简介： 2009 年 4 月下旬的上海国际车展上，丰田携新凯美瑞推出其在中国车展史上的最强阵容。而 4 月 21 日央视《午间新闻》却报道了凯美瑞因刹车安全问题遭到用户强烈投诉一事。为此，国家质检总局调查了 200 位凯美瑞车主，发现该车真空助力器存在隐患，其中超过 15% 的消费者因此发生过危险状况或交通事故。而丰田在向国家质检总局递交的《汽车制动助力失效实验报告》中却坚持认为"汽车制动助力部分失效的情况不属于安全缺陷"，并称此前曾开展过 6 个月的免费更换真空助力器的活动，但该活动结束后，车主便需自己承担更换费用。在 200 位消费者中，有近两成是自费更换或不清楚免费更换的，按照此比例，丰田不采取主动召回近 26 万辆问题车辆就意味着至少可省下近 2 亿元。国家质检总局表示，该公司这一行为已涉嫌隐瞒缺陷、逃避召回。4 月 23 日，广州丰田发出媒体说明信称，已于 4 月 22 日向国家质检总局缺陷产品管理中心提出召回申请。

五月

危机品牌： 王老吉

危机起源： 原料夏枯草涉及食品安全

危机指数： ★★★★

危机简介： 去年在抗震救灾晚会上捐款一亿元"一战成名"的加多宝集团在时隔一年之后遇到麻烦。5 月 11 日，卫生部召开的新闻发布会上有记者提出王老吉凉茶的原料之一夏枯草不在卫生部公布的 87 种允许食用的药材名单中，食品安全所常务副所长严卫星对此予以了确认。13 日，罐装王老吉的生产者加多宝集团对外声明称王老吉不存在违法添加非食用物质的问题。卫生部 14 日也表示王老吉凉茶是依法备案和销售的产品。医学专家表示，夏枯草可入凉茶，但胃寒者不宜饮用，体寒体虚者长时间服用还会伤脾胃。

危机品牌： 中国电信

危机起源： 3G 时代的黑色幽默

危机指数： ★★★★

危机简介： 5 月 19 日 21 点 06 分开始，6 个省份的中国电信网络用户发现无法登录网络。与此同时，电信的客服部门源源不断地开始接到客户的投诉——

中国电信罕见的全国性网络断网事件发生了。而此时此刻，距离517国际电信日、电信宣传大举进军3G时代仅仅过了二天时间。5月20日工业和信息化部通信保障局发布的公告，确认该事件原因是暴风网站域名解析系统受到网络攻击出现故障，导致电信运营企业的递归域名解析服务器收到大量异常请求而引发拥塞。虽然出问题的是电信宽带，但中国电信却是最大的受害者——所有的舆论批评与消费者怒火都向中国电信宣泄。引发此事件的肇事方北京暴风网际科技有限公司发布针对"5.19"南方六省断网事件的公开信，正式就该事件向网民道歉，但中国电信对此事三缄其口，引发舆论的一片批评。一段股民漫骂中国电信的音频在互联网上迅速传播，短短数天时间被上百个论坛转载，网民跟贴评论超过万条，而不少受此断网事件影响的电信客户更是谋划着联名向中国电信提起诉讼或索赔。

危机品牌： 红牛公司

危机起源： 红牛在海外被检出含有可卡因

危机指数： ★★★★

危机简介： 去年的奶粉业三聚氰胺事件和康师傅"水源门"事件，让公众对食品安全问题非常关注。就在《中华人民共和国食品安全法》实施前夕，各大媒体突然爆出"红牛饮料在海外被检出含有可卡因"的消息，一时间舆论哗然。虽然红牛集团表示大陆地区销售的是红牛维生素功能饮料，产品在国内生产，不含可卡因，但割不断的品牌血缘关系还是让中国产红牛遭遇信任危机，甚至面临有史以来最大的一次公共危机。

六月

危机品牌： 农夫山泉

危机起源： 千岛湖水质被疑为工业用水

危机指数： ★★★

危机简介： 2009年6月初，有媒体报道称，据中国环境监测总站公布的最新（2009年3月19日）一期《中国地表水水质月报》，农夫山泉水源地之一的千岛湖，质量位居第Ⅳ类。根据国家环保部的分类，Ⅳ类地表水主要是用于一般工业用水及人体非直接接触的娱乐用水区。消息一传出，农夫山泉就立即收到深圳一家经销商 1 万箱水的退货要求。千岛湖所在地淳安县环保局办公室相关负责人对媒体表示，此次千岛湖被列入第 IV 类的是总氮这一项指标，仅指表征水体的营养程度和发生富营养化的风险程度，并不表明富营养化或失去水体环境功能。随后，浙江省环保厅负责人对外宣称"千岛湖水质总体良好，是全国水质最好的水库之一"。

危机品牌：雷诺

危机起源：因严重安全隐患被禁止进口

危机指数：★★★★

危机简介：2009 年 6 月 10 日，国家质检总局发布公告责令进口商停止进口雷诺品牌存在隐患的车型，包括目前雷诺向中国出口的所有车型：拉古那二代、风景二代、梅甘娜二代、梅甘娜敞篷等。公告说，近期检验检疫机构在实施进口检验时，陆续发现法国雷诺公司生产的乘用车批量不符合我国强制性标准和有关技术法规，存在严重安全隐患。经查，雷诺公司的乘用车产品一年来在我国已多次出现安全质量问题。

危机品牌：华能、华电

危机起源：无视环保被责令停工整改

危机指数：★★

危机简介：2009 年 6 月 11 日，国家环保部称，由于"严重违反国家产业政策、发展规划和环境保护准入条件"，决定"从即日起在完成科学论证和各项整改措施前，暂停审批金沙江中游水电开发项目、华能集团和华电集团（除新能源及污染防治项日外）建设项目"。作为五大国有电企之一的华能集团以及华电集团，各有一家在建的水电站被责令停工进行整改。

危机品牌：施恩奶粉

危机起源：陷入假洋身份质疑

危机指数：★★★

危机简介：2009 年 6 月 14 日，继 2008 年曝出"三聚氰胺含量超标百倍"的"质量门"事件和虚假宣传"100% 全进口奶源"的"奶源门"事件后，施恩公司又被指出是雅士利在美国注册的一个子公司，属于"假洋"公司，利用

"洋品牌"做了大量虚假宣传，陷入"身份门"事件。据媒体报道，施恩公司所称的商标持有人"FRANK LIN"于2007年5月7日在美国得克萨斯州的一个普通私人住宅注册登记成立施恩公司，该产品根本从未在美国销售过，并因违反税法拥有不良记录，属于雅士利的空壳子公司。专业人士表示："配方和质量与雅士利并无多大区别的施恩，却卖出远高于雅士利的价格。这是雅士利利用国家税收优惠和外资身份赚取更多市场利润的方法而已"

危机品牌：谷歌

危机起源：涉黄严重再度被责令整改

危机指数：★★★

危机简介：2009年6月19日，全国整治互联网低俗之风办公室透露，国家有关部门已经召见"谷歌中国"网站负责人，对该网站大量传播淫秽色情内容进行执法谈话，宣布暂停该网站境外网页搜索业务和联想词搜索业务，并责令其立即进行整改，彻底清理淫秽色情和低俗内容。谷歌公司美国硅谷总部声明，公司正在对其提供的所有互联网搜索服务进行彻底检查，努力摒除网络低俗信息。中国政府互联网管理部门表示，将根据"谷歌中国"网站的整改情况，决定下一步的处理措施。

七月

危机品牌：雅芳

危机起源：遭经销商集体退货并举报"涉嫌传销"

危机指数：★★★★

危机简介：2009年7月初，12家哈尔滨雅芳专卖店经销商集体要求退货事件引起全国关注，在这些经销商与雅芳当地分公司协商未果，向地方政府举报雅芳"涉嫌传销"，引发了当地工商局突击检查之后不久，全国部分大城市也都曝出雅芳专卖店货品大量囤积、退货无门的消息，还曝光了"雅芳专卖店可从发展的下线专卖店获得销售额0.6%－1.8%的收益等具有传销性质的经营行为，使得这个首家在华拿到直销牌照的公司立即成了新闻焦点。雅芳方面回应认为这本是一起区域市场的个别业务纠纷，是经销商引发了这次大范围的影响。雅芳相关人士表示"退货门"与"涉嫌传销"为先后关联事件，然而"涉嫌传销"的影响比退货事件要大得多，这一放大效应令雅芳始料不及。

危机品牌：力拓

危机起源：员工窃取中国国家机密被拘

危机指数：★★★

危机简介： 2009年7月7日，《悉尼先驱晨报》报道了世界第二大铁矿石生产商力拓集团四名销售团队成员被上海市公安局拘留一事。四人中有一位澳籍华人胡士泰，是力拓上海首席代表、哈默斯利铁矿中国区的总经理，负责力拓在华矿石的所有销售工作，与其他被捕的三人组成力拓中国铁矿石业务部门最核心的团队。公开信息显示，胡士泰等4人通过拉拢收买中国钢铁生产单位内部人员，刺探、窃取的秘密包括藏于力拓办公电脑中的数十家与力拓签有长协合同的钢企资料。这些资料涉及中国钢企详细的采购计划、原料库存、生产安排等数据，甚至包括某些大型钢企每月钢铁产量、销售情况以及中国主要钢企的财务情况、生产成本、行业平均毛利、设备运行情况、国家政策动向等。其中最为关键和敏感的是与铁矿石价格谈判直接有关的相关钢企的采购计划、原料库存、生产安排等数据，以及中国钢铁工业协会牵头组织的议价团队的谈判策略、筹码等信息。7月9日中国外交部发言人证实胡士泰等因涉嫌为境外刺探和窃取中国国家秘密而被拘，胡士泰等给中国的经济利益和经济安全造成了严重损害。据悉，"力拓间谍门"给我国钢铁行业造成7000多亿元的惊人损失，由此暴露出了中国企业在信息安全方面所面临的严重问题。

危机品牌：中石化

危机起源：朋友去中石化参观了价值1200万的天价吊灯

危机指数：★★★

危机简介： 2009年7月13日，ID为"banwanliming"的网友在论坛上发出一篇名为"朋友去中石化参观价值1200万的天价吊灯"和一篇名为"天天喊亏损天天喊穷的中石化公司装修要2.4亿"的帖子，内文中列出一个"中石化现在正在进行的中国石油化工集团公司维修工程"的预算，质疑中石化"天天喊亏损"要求政府提油价，却投入如此巨资进行装修，是在"忽悠老百姓，忽悠政府，忽悠油价"。在网络舆论上，网友们之所以对中石化的吊灯这么感兴趣："明说天价灯，暗指油价高"。一边天天喊亏损频频上调油价牟取高额利润，一边却奢侈浪费大肆挥霍，又怎能不激起公众的愤怒！中石化的一盏"天价灯"，不仅照出垄断行业的暴利和贪婪，更是照出监管部门的失职和公众的无奈。

危机品牌：江中药业

危机起源：健胃消食片被评为"劣药"

危机指数：★★★★

危机简介：2009年7月20日，广东省食品药品监督局发布了2008年广东省药品质量公告（总第41期），由广东茂名市药品检验所监测的标注为江中药业生产的健胃消食片（规格为每片重0.5克薄膜衣片，批号为0710029）因抽检不合格被列为"劣药"，不合格项目为"重量差异、含量测定"。江中药业市场部有关负责人表示，公司的任何产品都经过严格的质量管控，且健胃消食片是公司最为主导的一款产品，已经卖了10多年，从未接到过这样的有关质量问题的报告。次日，江中药业方面提出：健胃消食片不是劣药，参加抽检的问题药品不是江中药业生产，而是冒充的"假药"。

八月

危机品牌：百事可乐、可口可乐

危机起源：被北京市列为重点水污染企业

危机指数：★★★

危机简介：2009年8月8日，北京市发改委发出"关于开展清洁生产审核、深挖节能减排潜力的通知"，要求对重点水污染企业和年耗能1万吨标准煤以上的重点用能企业开展清洁生产审核工作。百事可乐北京公司、可口可乐北京公司等12家企业被列为重点水污染企业，主要是因为这些企业在平时生产过程中的用水量较大，与其他企业相比会产生更多的污水。可口可乐北京公司表示目前厂内的用水及污水的处理排放是完全按照国家标准来做的，厂内的生活用水只有在经过处理，达到养鱼的标准后才会排放出去，从而减少对市政的污染。

危机品牌：丰田

危机起源：罕见特大规模产品召回

危机指数：★★★★

危机简介：从 2009 年 8 月 25 日开始，广汽丰田、天津一汽丰田决定召回部分凯美瑞、雅力士、威驰及卡罗拉轿车。本次召回涉及车辆总计 688314 辆，属国内罕见特大规模召回事件。召回原因是受同一供应商影响，驾驶员侧的电动车窗主控开关控制模块在制造过程中润滑脂涂抹过多，可能导致内部短路，引起开关发热、熔损，操作时有卡滞感，车窗无法正常升降，极少部分会导致车门内饰板熔损。为此，广汽丰田、天津一汽将对召回范围内的车辆免费更换电动车窗主控开关缺陷零部件，以消除安全隐患。并且，2009 年 11 月 25 日丰田也宣布从美国市场召回 426 万辆油门踏板可能存在安全隐患的产品，包括普锐斯、凯美瑞和雷克萨斯等 7 种车型，也成为全美历史上最大数量的召回事件。

危机品牌：诺基亚

危机起源：经销商集体上访

危机指数：★★★

危机简介：2009 年 8 月，来自全国 15 个省市的 280 多家经销商，在北京集体声讨诺基亚公司。经销商代表称已经向国家相关部门递交举报信，揭露诺基亚存在价格垄断、偷税漏税、侵害消费者权益等行为，同时产品存在鲜为人知的"换壳"内幕。此事件被认为是去年诺基亚重罚"窜货"风波的升级版。对此，诺基亚方面表示，公司并没有违反《反垄断法》，也绝不涉及偷税漏税，这些经销商对诺基亚的指控是毫无根据的，诺基亚将对发表该不实言论的有关人士采取法律行动。

危机品牌：农夫山泉

危机起源："一分钱"捐赠遭质疑

危机指数：★★★

危机简介：继"水源门"事件后，2009 年 8 月 11 日，中国社会工作协会主办的《公益时报》发表文章，质疑农夫山泉始于 2000 年的"一分钱"捐赠活动是"假捐"，中国社会工作协会也随即宣布将农夫山泉排除在 2009 年"优秀企业公民"活动评选范围之外。《公益时报》表示，2008 年农夫山泉的市场销售约 15 亿至 20 亿瓶，按此规模农夫山泉应该每年至少拿出 1500 万元注入助学基金，而不仅仅是 2006 年与宋庆龄基金会合作捐赠的 500 万元。对此，农夫山泉将《公益时报》连同中国社会工作协会一起告上法庭，坚持要求登报道歉并索赔500万元名誉损失费，称"每一分钱项目都在有关媒体上公布了捐赠细则，甚至让公证单位进行公证，一切都有据可查"。

九月

危机品牌：优酷网

危机起源：侵权行为遭联合起诉，面临巨额赔偿

危机指数：★★★★

危机简介：2009年9月15日，以搜狐、激动网、优朋普乐为发起人的中国反视频盗版联盟，宣布起诉优酷网503部国内影视剧盗版侵权行为，要求其赔偿人民币5千万到1亿元。联盟发起人之一的张朝阳透露："联盟"已对优酷、土豆、迅雷等主要视频网站上1000余部被盗版侵权的国内影视剧进行取证保全。9月21日，广电总局也发出通知，要求对互联网视听节目服务许可证制度的落实情况进行专项检查，对无证播出的视频网站亮出"格杀令"。2009年11月底，优朋普乐起诉优酷网侵权案开庭，法院对首批47部优酷侵权作品进行判决，宣布"侵权事实清楚证据确凿，依法判决优酷网赔偿原告优朋普乐公司45万元，并承担所有诉讼费用"，成为反盗版联盟一系列维权诉讼中的首个审判结果。

危机品牌：五粮液

危机起源：遭中国证监会立案调查

危机指数：★★★★

危机简介：2009年9月9日中午，五粮液股份有限公司突然发布公告，称因涉嫌违反证券法规而受到中国证监会立案调查。当日开盘21分钟后，被市场追捧的五粮液股票价格即狂跌停盘，引发市场恐慌，并连累深圳成分指数从12097点下探至11828点9月23日。证监会通报初步调查结果，称五粮液涉嫌三方面违法违规：一是未按照规定披露重大证券投资行为及较大投资损失；二是未如实披露重大证券投资损失；三是披露的主营业务收入数据存在差错。9月30日，五粮液就可能造成百亿元赔偿的"三宗罪"作出回应，称其2007年度报告收入数据差错未及时更正，但对另外两项并未做出解释。据此，五粮液虚假陈述行为已无悬疑。

危机品牌：淘宝

危机起源：网友质疑秒杀活动开始前货品被转移

危机指数：★★★★

危机简介：2009 年 9 月 25 日 20 点整，淘宝为庆祝成立六周年发起"一元秒杀"活动，然而该活动从第一天开始就受到了网友的质疑——"活动开始前货品就被转移了！"、"同一天的同一秒，同一个 ID 居然可以拍到两到三个货品，明显骗人！"、"限量 5 台，却拍出去十几台？"等信息在各大论坛上流转。有关"秒杀门"被内部人做了手脚的怀疑声不绝于耳。

十月

危机品牌：谷歌

危机起源：严重侵权中文图书

危机指数：★★★

危机简介：2009 年 10 月中旬，谷歌数字图书馆涉嫌大范围侵权中文图书事件被曝光，其中 570 位权利人的 17922 部作品未经授权被谷歌扫描上网。事发后，谷歌表示可按照与美国作家协会和出版者协会达成的赔偿协议进行赔付，但这份苛刻的协议要求作者必须在规定期限内提出"申请"才能得到"赔偿金"，并且，该协议的诉讼范围仅包括英美等国出版的图书，中国作家群体还有待与谷歌重新谈判。中国文字著作权协会认为，根据美国法律指定的和解方案不能适用于中国作者的作品，并表示由于谷歌态度强硬导致协商毫无结果。目前该协会正在与专家协商下一步的维权行动，国家版权局已经明确表示支持中国文字著作权协会在法律范围内维权。11 月 2 日，谷歌承认扫描计划"未经授权"，愿按最低 60 美金每本的标准支付稿费，但随即引来舆论关于稿费过低和我国作品版权保护意识太弱的批评。

危机品牌：四川江油、湖北安陆

危机起源："李白故里"之争

危机指数：★★

危机简介：2009 年 10 月中旬，四川江油第三次交涉"李白故里"的律师函发往湖北安陆，并对央视国际频道恢复播出安陆城市形象片表示质疑并要求停播。不久前，安陆城市形象广告"李白故里，银杏之乡，湖北安陆欢迎您……"引发了安陆和江油到底谁才是"李白故里"、使用"李白故里"的提法究竟是不是侵权的争端。国家商标局对此事做出批复："安陆市对"李白故里"的使用不构成对江油的侵权"。对此，江油表示不服：安陆共享李白文化可以，但由于李白故里是地域性、历史性问题，也是品牌问题，不能共享。而安陆则认为：李白不仅是江油和安陆的，也是全国、全世界的，文化不应有独霸心理。

危机品牌：雀巢、壳牌等

危机起源：涉嫌隐瞒排污情况

危机指数：★★

危机简介：2009 年 10 月上旬，绿色和平组织的一项调查显示，包括壳牌、雀巢在内 18 家企业无视《环境信息公开试行办法》，未能坦然承认它们在中国业务的污染情况。这些企业违反国家规定，当排放的污染物超过允许的水平时，并没有迅速公开相关信息。对此，雀巢方面表示，雀巢完全尊重并遵守当地政府有关环保方面的法律法规，同时计划在 2009 年年底之前所有雀巢在华工厂均获 ISO14001 环境管理体系的认证。壳牌中国集团 10 月 15 日也对该事件做出说明，称公司已获颁上海市水务局的排放许可证。

十一月

危机品牌：三星

危机起源：冰箱爆炸引致全球产品召回

危机指数：★★★★

危机简介：2009 年 10 月，韩国发生一起三星 Jiperu 双开门冰箱"自爆"事件。三星公司随后宣布对该款型冰箱实施全球召回，三星（中国）也决定从 11 月 10 日起，对从 2007 年 6 月到 2008 年 5 月期间在韩国生产的 6 个型号的原装进口双开门电冰箱实施召回，涉及数量约为 3.2 万台。这是国内首次因家电产品出现安全问题而大范围召回，也是国内家电行业除笔记本电脑电池以外的首宗召回案例。三星（中国）投资有限公司宣布，由于冰箱除霜系统存在缺陷，可能导致内部短路、损坏冰箱，极端情况下可能引发事故，公司将对召回范围内的冰箱添加保险装置，消除安全隐患。但截至 12 月，三星还没有公布在中国市场明确的召回方案。

危机品牌：网易、暴雪

危机起源：《魔兽世界》被新闻出版总署叫停

危机指数：★★★

危机简介：2009 年 11 月 2 日晚，新闻出版总署网站刊登通知，终止由网易代理的美国暴雪公司网游《魔兽世界》的审批，并退回关于引进出版该网游的申请。新闻出版署表示，网易在未经审批同意的情况下擅自开始收费和新账号注册，事实上已经构成了公开运营服务，严重违反国家有关规定。该通知要求网易立即停止以上行为，并将对其作出相应的行政处罚。对此，文化部表示：按照相关规定，文化部是网络游戏的主管部门，新闻出版总署终止《魔兽世界》的审批通知是不符合规定的，明显属于越权行为。面对新闻出版总署和文化部之间关于相关规定解读的差异，网易表示不会关闭游戏，暴雪则保持沉默。

十二月

危机品牌：Jeep

危机起源：牧马人设计缺陷导致油温异常甚至自燃

危机指数：★★★★

危机简介：2009 年 12 月 4 日，国家质检总局发出对进口吉普牧马人越野车的风险警示通告。随后，克莱斯勒表示将召回中国市场上 2007 年 9 月至 2008 年 7 月间生产的 1809 辆 Jeep 牧马人"撒哈拉"车型。原因是在长时间极端条件下，变速箱油温会高至近 130 度，可能会引发交通事故，克莱斯勒的技术人员将在被召回车辆上加装油温控制装置，提示司机及时停车，待油温下降之后继续行驶。对此，牧马人车主表示，停车等待油温下降是不现实的，并且随时停车极易造成其他交通事故，克莱斯勒的上述做法治标不治本，牧马人自燃的真正原因是变速箱的设计存在缺陷，导致油温异常而发生自燃，只有为车辆更换全新设计的变速箱，才能真正排除隐患。

危机品牌：中国移动、中国联通

危机起源：涉嫌阻止手机色情网站不力

危机指数：★★★

危机简介：2009 年末，央视《焦点访谈》等栏目播出的专题报道显示，使用者可轻易通过手机上网进入不良网站，对青少年造成严重危害。据调查，淫秽色情手机网站与电信基础运营商、网络接入服务提供商广告代理商等企业结成利益链条，电信基础运营商丧失社会责任感，片面追逐经济利益，对淫秽色情信息熟视无睹甚至默许。针对这一问题，中国移动和中国联通分别公布相应的整治措施。其中，中国移动宣布暂停其增幅最快的业务——WAP 合作伙伴的计费，这意味着中国移动每日损失在 1000 万元以上，但是中国移动仍将追加投入 1 亿元专项资金，继续打击手机 WAP 色情网站。中国移动总裁王建宙表示，中国移动绝对不会放弃自己的社会责任，绝不会姑息纵容手机色情网站。

危机品牌：丰田

危机起源：汉兰达被质疑无法越野爬坡

危机指数：★★★★

危机简介：2009 年 12 月初据温州电视台报道，有车主反映丰田汉兰达两驱 SUV（运动型多用途汽车）无法开上坡度不大、路面有些沙石的上坡路段，而奥拓、奇瑞 QQ 等小轿车却能够轻松开过同一路段。在反复试验过程中，由于汉兰达的轮胎与路面的剧烈摩擦，以至于出现浓重的轮胎焦臭味。该事件在网上被炒得沸沸扬扬，销售该车的温州红丰汽车销售服务有限公司表示该款 SUV（运动型多用途汽车）是城市车，但事实上该车的使用手册里没有适用路面情况的任何说明，也并未说明此款汉兰达不能开山路。业内人士表示，国内将类似城市型 SUV（运动型多用途汽车）的车辆包装成"越野车"的，并非只有汉兰达，正是因为国内消费者往往对越野车更加感兴趣，才使得部分车企为开拓市场而宣扬汉兰达等城市型 SUV（运动型多用途汽车）的通过性能。

危机品牌：碧桂园

危机起源：联排别墅多次出现质量问题

危机指数：★★★

危机简介：12 月初，因自己位于碧桂园长沙威尼斯城的联排别墅多次出现质量问题，而开发商碧桂园方面没有满足自己的合理要求，业主罗邵波联系有关媒体将碧桂园"质量门"进行曝光。事件并非个案，据广大业主反映，问题别墅所在的小区房屋返工率高达300％。同时，异地碧桂园部分项目也陷于质量门风波中。12月9日-10日，受累于"质量门"事件，碧桂园公司股票连续两日大幅缩水，市值蒸发近40亿港元。令人遗憾的是，"质量门"事件发生后，碧桂园方面没有采取主动的应对措施，而是采取一味回避、网络屏蔽等低级应对措施。作为国内曾经的当红地产企业，碧桂园方面应该有勇气站出来正面回应事件，承担自己的事件责任。

10.3　2010年中国市场主要品牌危机事件回顾

这一年，一些"跻身"在十大品牌危机榜上的企业依旧乌云笼罩危机四伏：丰田汽车"生死召回"的危机影响在2010年全面展开，不断考验着这一巨无霸品牌；在中国风波不停的谷歌在2010年出演一场退出中国大陆市场"的闹剧，损害到的只有它自己的品牌声誉与市场利益。

这一年，一些处于危机重灾区的行业依然余震不断状况层出。品牌在行业潜规则中、在恶性竞争中受伤再受伤。2004年起就不断出现危机的乳品行业，在经历过2008年三聚氰胺的重创后似乎还缺少自省。2010年，圣元、蒙牛等名字又出现在我们品牌危机监测的视野里。

这一年，一些在日常与人们紧密接触的，已有一定声誉的品牌也让我们大跌眼镜：霸王产品及中药世家称号均受质疑；金浩掩盖召回问题茶油达半年之久；美的等的高价紫砂锅竟是普通土壤加有害化工原料所制……

这一年，富士康公司接连发生十多起跳楼事件，举国震惊；本田在广东佛山的零部件工厂工人不满薪资待遇，集体停工。劳动密集型产业中凸显的矛盾已经用生命的代价提请我们反思。

这一年，互联网这个新兴行业也笼罩上恶性竞争的刀光剑影，腾讯QQ与奇虎360在我们的电脑上、在我们的网络生活里乃至在全体国人眼前，赤裸裸地杀得不亦乐乎，独独漠视了他们的消费者，忘却了公众利益。

这一年，国美上演了中国企业史上最为惊心动魄的企业控制权之争，虽然这场争斗暂时告一段落，但国美却可能很长时间不得安宁，给对手超越的机会。

这一年，品牌危机以各种各样的方式发生。这一年，重视危机，科学管理危机，建立危机预警系统与培训机制的品牌，在我们监测的视野中仍然寥寥。

接下来，让我们一起回顾2010年发生的品牌危机事件吧！

一月

危机品牌：谷歌

危机起源：谷歌图书侵权事件末了竟又妄言撤离中国

危机指数：★★★★

危机简述：2010年1月9日，谷歌对其数字图书馆中复制上载中国作家图书事件，首次向中国著作权人道歉。但正当历时近3个月的谷歌图书馆侵权事件得到实质性的进展时，原定于12日举行的第四次谈判在会议即将开始前戛然而止。次日，即将正式道歉但突然变卦的谷歌，在其首席法律官的官方博客上宣布或将撤离中国，这也预示着这桩备受关注的谷歌中国侵权门变得更加复杂和艰难。谷歌进入中国已有4年，市场占有率在30%左右，每年收入约为20亿元人民币这些收入在谷歌全球收入中仅占1%左右，而接连出现牌照门色情门、版权门、税务门和侵权门，谷歌在中国不但没有取得成功反而风波不断，水土不服让其在中国市场举步维艰。

危机品牌：百度

危机起源：百度被黑技术形象受损

危机指数：★★★

危机简述：2010年1月12日上午7点钟开始，全球最大中文搜索引擎"百度"遭到黑客攻击长时间无法正常访问，范围涉及北京、广东、江苏、浙江、四川、福建、吉林等国内绝大部分省市，故障恢复时间长达5小时，折射出百度对安全技术的投入和应急准备明显不足。

危机品牌：迪士尼

危机起源：财务及访客状况堪忧

危机指数：★★★★★

危机简述：2010年1月19日，开业5年的香港迪士尼乐园首次公布财务状况，其2009财政年度净亏损1315亿港元，同比减少165%。据悉，该年度香港迪士尼共接待了460万名访客，其中香港本地游客占41%、内地访客占36%、国际访客仅占23%。这显示，香港迪士尼离它所期望的成为东南亚一带的国际乐园的目标尚有一定距离。自 2005 年 9 月以来，香港迪士尼一直深受人气不旺资金回报率低之困，而批评之声直指其规模——最小的迪士尼公园，以及缺乏对最大目标市场中国内地游客的吸引力，在上海迪士尼兴建后，它的盈利前景或更不乐观。

二月

危机品牌：格力

危机起源：格力"世界名牌"涉及虚假宣传

危机指数：★★★

危机简述：2 月中旬，在格力高调宣称拥有中国唯一一个世界名牌之时，河南洛阳消费者冯浩、湖北武汉消费者涂颖却状告格力"世界名牌"涉嫌虚假宣传。2006 年 9 月，格力被评为"中国世界名牌"，但到 2009 年 5 月"中国世界名牌"评比被取消。有业内人士认为如果评比已经撤销，企业还以此做广告就涉嫌欺骗消费者。

危机品牌：丰田、本田

危机起源：丰田召回系列事件及本田大规模召回

危机指数：★★★★★

危机简述：随着众多媒体对 2 月下旬开始的丰田质量问题进行盘问时，美国国会听证会密集报道，这场由数百万辆级别的大规模召回事件引发的品牌危机风暴日益升级。据中汽协数据显示，受召回门事件影响，丰田在 1 月份首次跌出中国轿车品牌销量排名的前十位，同时，丰田在美国月度销量环比下降 16%，自 1999 年来首次跌破 10 万辆。无独有偶，本田也宣布由于驾驶座的安全气囊在弹出时可能致人受伤，决定从 2 月 10 日起，在北美和日本等全球市场召回超过 43 万辆的雅阁思域 CRV 和奥德赛等系列车型。在此之前的 1 月 29 日，本田已经宣布召回 646 万辆车，两次事件使本田共召回逾 108 万辆汽车。据日本国土交通省调查，大规模召回不仅让日本车企损失惨重，还重创"日本制造"的牌子。

危机品牌：春晚植入品牌

危机起源：广告生硬植入春晚引起反感

危机指数：★★★

危机简述：春晚年年都会有各类的插播广告，但是 2010 年的春晚，国窖、汇源、洋河蓝色经典等品牌以各种或生硬或张扬的方式出现在各大腕明星的节目中，引发社会舆论的不满。这些品牌能够进入春晚要么花了不菲的费用，要么动用不少的资源，本该取得不错的广告效果，却因在植入的方式和植入的度上缺乏考量，不受观众待见，甚至起了负面效应。

三月

危机品牌：范思哲等国际服装品牌

危机起源：质量监测抽检不合格

危机指数：★★★★

危机简述：浙江省工商局 3 月 14 日公布，工商部门近期对杭州、宁波、台州三地市的多个商场销售的 85 批次进口品牌服装进行了质量监测。结果显示，近六成抽检服装不合格，其中包括范思哲、雨果·波士（Hugo Boss）等多个顶级大牌。这些一直被消费者追捧的大牌进口服装产品中存在较严重的安全质量问题，例如色牢度、PH 值、甲醛含量等重要的安全指标不合格。这些问题将会造成染料脱落、破坏皮肤酸碱平衡、刺激呼吸道黏膜和皮肤等，对人体产生危害。

危机品牌：惠普

危机起源：惠普笔记本电脑规模质量问题及应对有误

危机指数：★★★★★

危机简述：央视在 2010 年 3·15 晚会上，对两款惠普笔记本电脑的大规模质量问题进行报道。惠普公司客户体验管理专员将故障原因归结为中国学生宿舍的蟑螂太恐怖——因为脏乱的使用环境造成的质量问题。面对 2008 年 10 月就发现的规模质量问题惠普的应对不仅迟缓而且傲慢，把罪责推卸给蟑螂引起消费者的愤怒。惠普 2010 年 3 月 17 日召开紧急新闻发布会，承诺将在今后的 30 天中展开综合整顿计划，但对于惠普客服人员将电脑发热归罪于蟑螂的说法未直接回应。

危机品牌：谷歌

危机起源：谷歌将搜索服务由中国内地转香港引发连锁负面反应

危机指数：★★★★★

危机简述：北京时间3月23日，Google公司高级副总裁、首席法律官大卫·德拉蒙德公开发表声明，宣布停止对Google中国搜索服务的"过滤审查"，并将搜索服务由中国内地转至香港。外交部发言人秦刚表示谷歌如果撤出在中国的投资，"不过是一个商业公司的个别行为"，不会影响中国的投资环境，也不会改变大多数外资企业在中国经营良好并获取盈利的事实。美国《纽约时报》指出，这一决定对谷歌来说是一个冒险，放弃世界最大的搜索引擎市场有可能挫伤谷歌全球化的目标。专业人士称：一旦谷歌退出中国市场，竞争对手将瓜分谷歌在中国曾经占有的市场份额。

四月

危机品牌：中石油

危机起源：42升油箱却加出47升油

危机指数：★★★★

危机简述：4月8日，哈尔滨的消费者刘先生在中石油的某加油站加油后发现，自己消费了300元，以当日每升6.32元的油价计算，300元可购买47.47升油，而他的车油箱容积只有42升。刘先生此事投诉到当地媒体，哈尔滨石油公司方面的态度是：加油站出错的可能性不存在。为证明这件事，双方协商后在哈尔滨市质量技术监督局的监督下对该加油站加油机进行检测，加油机没有问题，但实验了多种方法后却不能将47.47升油加进42升的油箱。面对此结果，中石油哈尔滨销售分公司负责人表示，将全力调查事情真相。

五月

危机品牌：本田

危机起源：本田工人罢工及第三次大规模召回

危机指数：★★★★★

　　危机简述：本田在佛山的零部件工厂工人，因不满薪资待遇从5月7日开始罢工，要求厂方将薪水提高至2000至2500元。此后，本田零部件工厂提出两种加薪方案，但均未达到工人要求而遭到拒绝。受罢工影响，本田增城和黄埔的组装厂已经从5月24日晚班开始停产，本田武汉组装厂则从5月26日晚班开始停产。在此之前，本田于5月16日在美国宣布，因车辆刹车踏板存在隐患，决定自当日起在北美、中南美等国家召回45万辆奥德赛和Element车型，这是本田2010年发生的第三次大规模召回行动，全球召回总数已超过150万辆。

　　危机品牌：富士康

　　危机起源：富士康12名员工接连坠楼

　　危机指数：★★★★★

　　危机简述：台湾鸿海集团旗下的深圳富士康，于5月26日晚又发生一起员工坠楼死亡事件。这是富士康科技集团2010年以来发生的第12起员工坠楼事件，共造成10死2重伤，引起社会高度关注。就在26日上午总裁郭台铭还邀请媒体参观富士康，并现场鞠躬就公司频发员工跳楼事件向公众致歉。郭台铭称："富士康员工共80多万再加全球的鸿海集团多达90多万人的确很难管理，但是我们有信心，很快就会把这些状况全部稳住"。深圳市政府新闻发言人李平就此表示，富士康科技集团发生的员工连续坠楼事件，是快速工业化、城市化、现代化转型期出现的特殊问题，有些深层的原因，涉及员工个体、企业和社会多个方面的因素情况比较复杂。

六月

　　危机品牌：肯德基

　　危机起源：肯德基优惠券"秒杀"事件伤害消费者

　　危机指数：★★★★★

　　危机简述：6月1日，百胜餐饮集团中国事业部主席兼首席执行官苏敬轼就早前发生的肯德基"秒杀门"事件，公开向消费者致歉。苏敬轼称，相关工作人员工作不够严谨，是造成此次事件的主要原因，对给消费者造成的伤害，他本人深感遗憾和痛心。这是自4月发生肯德基优惠券"秒杀"事件以来，肯德基及百胜餐饮集团高层首次公开致歉。在"秒杀门"中，本应是推广网络优惠、回馈消费者的营销活动，竟因肯德基对网络安全预防经验不足以及事后处理不当，而转变为对全国各地消费者带来的消费情感伤害。

危机品牌： 奥迪、宝马

危机起源： 奥迪、宝马"跻身"汽车投诉排行榜前列

危机指数： ★★★★

危机简述： 中国证券报与汽车投诉网联合推出的中国汽车投诉排行榜显示，在豪华车投诉中，奥迪以31宗高居榜首，宝马和克莱斯勒均有25宗投诉而紧随奥迪之后。此外，奔驰、雷克萨斯等也是榜上有名。奥迪和宝马两大品牌被投诉的原因主要集中在机油损耗过大的问题上，奥迪烧机油的投诉有6宗，宝马烧机油的投诉则有7宗。有业内人士表示中国正逐渐步入汽车社会，但与汽车产销大国不匹配的是，在行业高速增长的背景下，多数汽车企业难以克服浮躁心态而重销售轻服务。合资车企在中国宽松的召回机制和快速成长的行业背景下，很难放下高傲的身段解决消费者的维修问题，更难言全面提高售后服务水平。因此，成为投诉、维权的众矢之的也就不难理解。

危机品牌： 长城、王朝等

危机起源： 解百纳不在属于行业共有资源

危机指数： ★★★★

危机简述： 6月24日，张裕收到控股股东——烟台张裕集团有限公司转交的《北京市高级人民法院行政判决书》，终审判决解百纳商标归张裕公司所有。解百纳在葡萄酒市场已经拥有最高的利润和占据最大的市场份额，其市场份额高达30亿元。长达八年的时间中，长城、王朝、威龙等葡萄酒品牌与张裕争论的焦点在于，解百纳到底是一个品种，属于通用名称，还是企业的独创品牌。这直接关系到解百纳是属于行业共有资源，还是张裕私有。王朝有关人员称，解百纳葡萄酒在王朝的地位仅次于老干红，排在前三位，长城和威龙也有大量的解百纳产品。

七月

危机品牌： 香港旅游

危机起源： 赴港游客遭粗暴对待及强制购物

危机指数： ★★★★★

危机简述： 7 月 13 日，一段有关香港女导游辱骂内地旅客购物少的视频，引起轩然大波。香港旅游发展局主席田北俊就该事件向内地游客道歉，并承认此次事件已经损害香港旅游形象。17 日，国家旅游局新闻发言人宣布，国家旅游局质监所已经发出赴港旅游服务警示，提示游客出行旅游要签订合同、谨防购物陷阱，要理性消费、合理维权。联系在此前出现的类似事件，有关专家和管理机构人士指出，"恶导"频出的根源还在于目前整个导游行业不合理的薪酬制度。中国人民大学中国休闲经济研究中心主任王琪延认为，在旅游中安排强制购物是旅行社无序竞争的结果，它严重影响了旅游地的形象。

危机品牌： 霸王

危机起源： 产品含致癌物二恶烷

危机指数： ★★★★★

危机简述： 7 月 14 日，香港媒体报道，成龙代言的"霸王"品牌旗下的中草药洗发露、首乌黑亮洗发露以及追风中草药洗发水、经香港公证所化验后，均含有被美国列为致癌物质的二恶烷。不久，有媒体报道：飘柔及澳雪等化妆品均被检测出含有二恶烷。消息一出，霸王等公司顿时陷入舆论的风口浪尖，霸王集团 H 股股价连跌 3 天，股价跌幅超过 30%，公司市值缩水 40 亿港元。霸王董事局主席陈启源表示，此次事件是竞争对手借用个别媒体对霸王品牌进行破坏。16 日晚，国家食品药品监督管理局通报"霸王"洗发水二恶烷含量水平不会对消费者健康产生危害。

危机品牌： 云南白药

危机起源： 涉嫌虚假宣传

危机指数： ★★★★

危机简述： 7 月 15 日，有消费者看到云南白药牙膏"抑制牙龈出血、修复口腔溃疡"、"国家保密配方"等宣传和濮存昕代言的广告，遂购买该牙膏治疗牙龈出血。但令人不解的是，一周后购买者竟然病情恶化。后将云南白药、销售牙膏的苏果超市和濮存昕告上法庭，认为云南白药虚假宣传，超市销售违规产品，濮存昕蒙骗消费者，均应承担责任。云南白药称牙膏通过安全试验和临床试验，但以"国家保密配方"为借口未提供试验报告。近两年已发生多起类似事件，专家认为，云南白药牙膏是功效型牙膏，必须有相关医学部门出具并公示的功效临床试验报告，且消费者对此具有知情权，超市也必须查看此报告。

八月

危机品牌： 比亚迪

危机起源： 经销商集体退网

危机指数： ★★★★★

危机简述： 在8月郑州大河秋季车展上，比亚迪汽车河南经销商的工作人员在现场拉出了写有"比亚迪强制压迫．经销商被逼退网"的条幅，后遭遇"打手"围攻。此前，成都比亚迪南区销售冠军——比亚迪平通成都空港旗舰店已经退网并转投竞争对手吉利，山东、浙江、湖南等地的经销商也纷纷退出。分析人士表示，比亚迪向经销商不断增加月度任务量指标，如果未完成指标，将拿不到之前几个月的返利。为拿到返利，经销商疯狂积压库存，不惜降价赔本促销。因为过于强化追求自己产品的输出而忽略了经销商的感受和承载能力，在一个区域市场内过度挤压和设置4S店，导致比亚迪经销商接二连三的反水退网。

危机品牌： 圣元

危机起源： 涉嫌导致儿童"性早熟"

危机指数： ★★★★★

危机简述： 8月初，疑似食用圣元奶粉而导致武汉女婴"性早熟"的事件曝光后，引起社会的广泛关注，圣元奶粉也受到舆论的猛烈抨击。8月15日，卫生部发表公告称，在42份圣元样品中未检出禁用的外源性性激素，湖北患儿家中存留样品的雌激素和孕激素检出值，也符合国内外文献报道的含量范围。但对于湖北女婴是否可以继续食用圣元奶粉，卫生部相关专家组成员并未做出正面回答。2008年，圣元曾位列22家三聚氰胺问题奶粉企业名单之中，花一年多时间才逐渐恢复了产品信誉。此次虽然卫生部公布了"圣元乳粉与儿童性早熟没有关联"的调查结果，但许多消费者对其仍持怀疑态度。

危机品牌：中石油

危机起源：“新闻报道公文稿件慎用词汇表”遭网络流传

危机指数：★★★★

危机简述：一份名为“中国石油天然气集团公司新闻报道公文稿件慎用词汇表”的文件在8月的网络快速流传，并引发网友围观及热议。该表要求报道经营业绩时，不使用“垄断”“暴利”“豪门”等词汇；报道薪酬时，慎用“高薪”“涨工资”“高福利”灰色收入”等词汇；报道资本市场表现时，不使用“圈钱”“套现”“敛财”“破发”“市值蒸发”“头筹”“A股之最”“第一红筹”“全球市值第一”“亚洲最赚钱的公司”等词汇；慎用“走红”“全线飘红”“登陆”“护盘”“荣登股榜”等词汇。中石油有关负责人证实此事，但强调这是内部文件，是为正确引导舆论。

九月

危机品牌：上岛咖啡

危机起源：用山寨产品冒充牙买加蓝山咖啡

危机指数：★★★★

危机简述：9月中旬，上岛咖啡被央视曝光，称其用山寨产品冒充牙买加蓝山咖啡。据央视调查显示，产自牙买加的蓝山咖啡出口中国大陆地区的数量很少，而且真正的蓝山咖啡豆一磅（约450克）的价格高达2000元左右，一杯咖啡的成本就在60元以上。因此，上岛等咖啡店内销售的二三十元一杯的咖啡根本就不可能是真正的蓝山咖啡。牙买加驻华大使拉特雷在接受媒体采访时也表示，牙买加并没有直接向中国出口生豆，即便是烘焙过后的熟豆，外包装上也会印有牙买加咖啡工业局的蓝山咖啡标志，但从上岛咖啡以及批发市场上购买的蓝山咖啡豆外包装上，并未发现上述标志。

危机品牌：丰田

危机起源：在华首次面临商业贿赂处罚

危机指数：★★★★★

危机简述：丰田汽车金融（中国）有限公司于9月20日因商业贿赂，收到杭州市工商局江干分局的行政处罚听证告知书，这是丰田金融也是丰田汽车在华首次面临商业贿赂处罚。其原因为垄断4S店汽车消费贷款业务，收取高额利息并向4S店支付返利。有证据表明，丰田金融的违法所得来自49名丰田汽车消费者的汽车贷款利息，该公司同时还在宁波等地因涉嫌向多家汽车4S店实施商业贿赂被立案调查。

危机品牌：国美电器

危机起源：陈黄之争引发社会广泛关注

危机指数：★★★★★

危机简述：9月28日，国美电器控制权争夺战结果揭晓，国美董事局主席陈晓继续掌控国美电器，国美大股东黄光裕提出的5项议案，仅取消增发授权一项得以通过。2010年5月，国美创始人黄光裕在北京一审获刑14年，曾经习惯于一元制权力架构体系的国美，开始重新建树董事会的独立地位和权威。8月4日，黄光裕发函要求召开股东大会罢免陈晓等高管职位，双方矛盾公开化。自8月6日起短短十余天，国美电器二级市场股价从2.79港元下跌至8月19日的2.34港元，市值蒸发近70亿港元。业内人士分析，陈黄之争真正的获胜者应该是它的老对手苏宁电器。此前，苏宁电器发布中期财报已经显示，其营收超越同期的国美电器110亿，净利等于同期国美电器的2.05倍。

十月

危机品牌：宝马

危机起源：全球接连召回高中档问题轿车

危机指数：★★★★

危机简述：10月1日宝马公司宣布，在全球召回35.08万辆问题轿车。据宝马中国透露，此次大规模召回也涉及中国市场，该公司从20日起召回部分宝马5、6、7系轿车及劳斯莱斯幻影轿车，大陆地区分别涉及宝马21383辆、劳斯莱斯388辆。召回原因是车辆的刹车助力器可能会受到真空泵内润滑油的污染，刹车助力功能可能受影响。2009年和2010年的6、7月宝马已分别在中国市场召回数万辆不同型号的车辆。

危机品牌：丰田

危机起源：4S店对消费者暴力相加

危机指数：★★★★★

危机简述：10月6日，有消费者因自己的汉兰达刹车失灵导致车内人员严重受伤，欲与郑州广汽丰田某4S店协商经济赔偿，而在事件处理过程中，该4S店工作人员竟将消费者五花大绑，引发舆论对暴力行径的强烈谴责。该4S店负责人声称，其员工的行为属于正当防卫并且如果汽车确实有质量问题，愿意进行赔偿，并依法惩治打人者。

危机品牌：蒙牛

危机起源：涉嫌商业诽谤

危机指数：★★★★★

危机简述：10月19日，部分网络媒介发文称，今年7月份一些媒体对伊利"QQ星儿童奶"及深海鱼油品质的质疑，实属某公关公司受雇于业内企业所开展的恶意污蔑行为。次日，媒体报道此事件确系一起有预谋的商业诽谤案。随后，相关部门宣布案件已基本告破，包括蒙牛"未来星"品牌经理安勇在内的主要涉案嫌疑人皆已被警方控制。10月22日凌晨，蒙牛就"诽谤事件"发表声明，表示公司负有教育不周、管理不力的责任，对于安勇个人所造成的不良影响，深表歉意！公司将痛定思痛，认真反思，对员工加强教育，严格管理，坚决杜绝此类事情的发生！

危机品牌：曲美

危机起源：含西布曲明的减肥产品下架

危机指数：★★★★★

危机简述：10月30日，国家食品药品监督管理局正式叫停曲美等15种含有西布曲明的减肥药。对此，生产曲美的重庆太极集团回应，将不再生产曲美减肥胶囊，但是保留"曲美"品牌。因自认符合标准，所以对消费者并无赔偿计划，目前相关产品已下架。西布曲明是一种中枢神经抑制剂，具有兴奋、抑食等作用。2010年1月，欧盟人用医药产品委员会（CHMP）称西布曲明可能增加服用者患心脏病及中风概率，暂停了所有含西布曲明成分的减肥药在欧盟地区的销售使用。

十一月

危机品牌：腾讯 QQ、奇虎 360

危机起源：大打出手且漠视消费者利益受损

危机指数：★★★★★

危机简述：腾讯 QQ 和奇虎 360 在网上摆开战场，11 月更是撕破脸皮大打出手。9 月 360 推出"隐私保护器"拉开了腾讯 360 战火序幕。10 月，腾讯联合多家公司发出联合声明声讨 360，而 360 随即推出"扣扣保镖"，屏蔽了 QQ 广告。11 月 3 日晚，腾讯发布公告称在装有 360 软件的电脑上停止运行 0Q 软件，将腾讯和 360 的纷争推向顶峰，也将用户推上选择的战场。这场被称为互联网史上最为惨烈的竞争，涉及技术冲突、商业伦理、法律规制等诸多层面，引起广泛关注，11 月 10 日，在工信部等部门的积极干预下，腾讯与 360 已经兼容。11 月 21 日腾讯网和 360 公司分别发布道歉信。

危机品牌：周生生

危机起源：K 金产品含金量不足

危机指数：★★★☆

危机简述：11 月 9 日，北京市工商局对外公布对流通领域首饰商品质量监测结果，20 多家企业共 56 款首饰因质量问题被曝光，其中香港知名珠宝品牌周生生被曝出产品含金量不足。周生生 11 月 26 日在其网站上发布声明称，已对所有 K 金产品全国下架，购买 18K 白金手链及其他周生生非镶钻 18K 金手链的内地消费者，可以办理退货手续。并称为让消费者在购买 K 金产品时更放心，周生生近期更对所有 K 金产品进行下架自检，并已委托国家权威机构对全部 K 金产品进行检测，每件 K 金产品都必须检测合格后才能重新上市销售。

危机品牌：广药、王老吉

危机起源：王老吉红绿之争新演进

危机指数：★★★★

危机简述：11 月 10 日，广药集团举行的"王老吉"新闻发布会上，商标拥有者广药集团宣布王老吉为中国第一品牌，称此品牌价值 1080.15 亿元。两天后，付出 15 年心力的商标租用方加多宝公司公告称：红罐王老吉为香港鸿道集团旗下的加多宝企业生产和销售，广药集团与加多宝企业之间无任何隶属关系。广药集团新闻发布会所使用的红罐王老吉图片、数据、广告语均未征求加多宝集团授权，对此公司表示遗憾。

十二月

危机品牌：中国联通

危机起源："史上"最贵微博

危机指数：★★★★

危机简述：北京一位联通用户在莫斯科用 iPhone 手机发了数条微博，回国后拿到的账单显示，用户需缴纳 3900 元上网通信费。对此，中国联通方面表示计费不存在问题。该用户将此事在微博上公布后，引起网民热议，称之为"史上最贵微博"。12 月 6 日中国联通客服部门致歉这位用户，承认联通没有尽到对消费者事先告知的义务，过程中也没有尽到提醒与预警的职能，诚恳致歉并愿意接受意见。

危机品牌：家乐福、康师傅

危机起源：双方纷争爆出商业渠道黑幕

危机指数：★★★★★

危机简述：12 月，家乐福中国区总部给媒体发来说明，称家乐福日前接到康师傅的涨价通知。在目前通胀背景下，家乐福考虑到稳定物价，暂未同意调价，所以在部分卖场出现康师傅断货现象。但有媒体调查称断货另有原因，在康师傅发布提价公告后，家乐福表示康师傅提价可以，但提价部分必须有一半金额要返给家乐福，否则就拒绝提价。这一要求遭到康师傅的反对。

10.4　2011 年中国市场主要品牌危机事件回顾

2011 年又是不平静的一年，正是印证了"危机如同死亡与税收，对于社会与组织来说都是不可避免的"这句话，所以公关一直都是企业与社会组织必不可少的一部分。既然危机无法避免，那么公关团队就需要在一次又一次事件中提升应对危机的能力。而面对来自各种可预测或不可预测危机的考验，企业与社会组织是如何进行危机管理以应对的呢？接下来让我们一起回顾 2011 年的品牌危机事件吧！

一月

危机品牌：家乐福

危机起源：品牌价格虚假

危机指数：★★★★

危机简述：2011 年 1 月中旬，据经济之声《天天 315》节目连续报道家乐福玩价签戏法，价签上标低价，结账时却收高价；明明是打折，促销价却和原价相同。家乐福超市虚假促销，被消费者质问却百般狡辩。此次家乐福欺诈消费者一事后，引起国家发改委的高度重视，经查实，家乐福在一些城市的部分超市确实存在多种价格欺诈行为。目前，国家发改委已责成相关地方价格主管部门依法予以严肃处理，没收违法所得，并处违法所得 5 倍罚款；没有违法所得的或无法计算违法所得的，最高处以 50 万元的罚款。据国家发改委价检司介绍，家乐福在一些城市的部分超市存在虚构原价、低价招徕顾客高价结算、不履行价格承诺、误导性价格标示等多种价格欺诈行为。

危机品牌：中国电信、中国联通

危机起源：品牌市场垄断

危机指数：★★★

危机简述：2011 年年初，中国国家发展和改革委员会（发改委）对中国电信和中国联通涉嫌价格垄断案开始调查。调查历时一年左右的时间，主要调查中国电信以过高价格变相拒绝与中国铁通交易、中国电信和中国联通对互联网服务提供商实行价格歧视的问题。

危机品牌：强生

危机起源：品牌追求低成本

危机指数：★★★

危机简述：2011 年，据外国媒体报道，强生公司（Johnson &Johnson）近日再次爆出大规模药品召回事件，涉及 4700 万件药品。据不完全统计，去年以来，这已是强生第八次进行大规模召回。强生公司表示，历次召回事件之后，强生对其生产记录进行了彻查，发现部分产品的生产清洁环节出现问题，因此进行召回，但是这些问题影响到召回产品质量的"可能性非常小"。此次召回仅涉及批发环节，消费者和医疗机构无须采取行动，强生表示检查仍将继续，并暗示一旦发生问题还可能再次进行召回。强生的召回规模之大，已经使其部分产品在美国等重点召回地区难觅踪影，给消费者的生活带来不便，同时也使强生品牌在消费者中的形象受到影响。去年三季度，强生在美国的总销售额从2009 年的 17 亿美元大减 25% 至 13 亿美元，而出问题最多的非处方药和营养品销售则降低 40% 至 4.38 亿美元。

二月

危机品牌：康芝

危机起源：信誉危机

危机指数：★★★★

危机简述：2010 年 11 月 26 日，央视新闻频道播报了一则关于"2010 年儿童安全用药国际论坛"的报道。报道称："尼美舒利用于儿童退热时，对中枢神经及肝脏造成损伤的案例频频出现。根据中国药物不良反应监测中心的数据，尼美舒利在中国上市的 6 年里已出现数千例不良反应事件，甚至有数起死亡病例。"尼美舒利似乎成儿童退烧药中的三聚氰胺，这一则出自 2010 年儿童安全用药国际论坛的传言与质疑，经由媒体推波助澜，在中国引起一场药品安全恐慌。两个月后，消息开始在网上疯传，并被媒体重新提起，争相报道解读，并将矛头直指生产尼美舒利的康芝药业。至 2011 年 2 月中下旬，媒体报道称全国多地大药房已开始下架"尼美舒利颗粒"等含有尼美舒利的药物。3 月，一封被称为"强生打击尼美舒利"的匿名绝密邮件的出现使得整个事件变得更加扑朔迷离邮件称这场引发骇人听闻的安全性恐慌的事件或是一场阴谋，某跨国药企策划此场商战，意在排挤对手，帮助旗下同类药品抢占市场份额，随后，康芝药业发表声明，有"一些别有用心之人通过各类媒体散布并无端扩大'尼美舒利颗粒'的副作用，从而达到恶意诋毁'瑞芝清'产品声誉的目的"。为此，康芝声称已经向有关部门举报。

三月

危机品牌：双汇

危机起源：品牌使用有害物质

危机指数：★★★★★

危机简述：2011 年，据央视《每周质量报告》的 3·15 特别节目《"健美猪"真相》报谋，河南孟州等地养猪场采用违禁动物药品"瘦肉精"饲养，有毒猪肉部分流向河南双汇集团下属分公司济源双汇食品有限公司。消息一出，在各方均引起了不小的震动。3 月 15 日，双汇集团下属的上市公司双汇发展即以跌停回应市场，大量超市、零售店下架双汇冷鲜肉和火腿肠等肉制品，一些双汇加盟店也"改旗易帜"，脱离双汇的销售体系。该事件无疑再度加剧了公众对食品安全的信任危机，中国肉类加工产业链的种种问题也将接受公众拷问。诚信应是企业立业之本，发展之道，诚信的约束不仅来自外界，更来自我们的自律心态和自身的道德力量。

危机品牌：锦湖轮胎

危机起源：品牌可能被假冒

危机指数：★★★

危机简述：2011 年 3·15 晚会上，据内幕人士爆料，锦湖轮胎在制造过程中一些废掉的半成品会进入新料中再次使用。为保证轮胎品质，锦湖轮胎制定了严格的作业标准，规定在市场上零售的胶品，只允许采用少量返炼胶。标准规定的是一套，可锦湖轮胎实际操作的却是另一套。作为世界十大轮胎企业之一，为包括通用、北京现代、上海大众等汽车厂家提供配套轮胎，在中国国内配套市场占有率第一的情况下公然出售不合格产品，这种视生命为儿戏的做法是我们无法容忍的。通过这一事件，再次要求我们的企业要增强职业道德和社会公德，绝不能以损害消费者生命健康来换取企业发展和经济增长，否则连生存的权利都没有。

危机品牌：国美

危机起源：品牌骗局

危机指数：★★★★

　　危机简述：2011 年 3 月 16 日，北京市商务委经过调查核实，借用家电以旧换新政策，通过购买旧家电、盗用消费者身份信息等多种手段，骗取国家补贴资金，这种情况在国美电器多家门店存在。确认北京国美电器公主坟店、西三环店和花园桥店存在导购人员违规提供家电以旧换新回收凭证行为。据了解，国美并非初次使用这样的伎俩。为此，北京市商务委决定自 3 月 17 日起，取消国美电器上述 3 家门店参与家电以旧换新资格；没收北京国美电器家电以旧换新保证金 10 万元；责成北京国美电器对所有在京店铺进行自查和整改，杜绝此类问题再次发生。同时，北京市商务委下发紧急通知，要求所有参与家电以旧换新企业严格执行相关政策和规定，全面进行自查，防范和杜绝企业在参与家电以旧换新活动中的违规行为。

　　危机品牌：卡尔丹顿

　　危机起源：形象危机

　　危机指数：★★★★

　　危机简述：一个自称产于意大利，叫作"卡尔丹顿"的服饰品牌，据说是欧陆顶级男装品牌，设计主要以意大利风格为主。由于其是高端品牌，因此价格比一般品牌要高出不少。卡尔丹顿从 1993 年被引入中国，至今已有 18 年，目前在全国已有数百家分店，仅机场店就有 30 余家。2011 年 3 月 16 日，央视节目曝光了国内著名的所谓意大利品牌"卡尔丹顿"，其实是纯正国产品牌，打着假洋牌的幌子，要价动辄几千块乃至上万元，坑害中国广大消费者的合法权益。据报道，目前在国内众多机场、高档商场里设立专柜的"欧洲顶级男装品牌"卡尔丹顿，其实只是一个个人注册的空壳意大利商标，在海外注册历史最长也不过 13 年。在国外并没店，意大利只是品牌注册地。然而，从 3 月 18 日起，在互联网上可以发现与卡尔丹顿有关的多篇正面报道。从这些报道，我们可以读到卡尔丹顿品牌的高端气息和优良品质，同时通过聚焦品牌在行业里面的声誉和影响力。

四月

　　危机品牌：中石化

　　危机起源：官员贪污

危机指数：★★★★★

危机简述： 2011 年 4 月 11 日，天涯论坛出现名为《中石化广东石油总经理鲁广余挥霍巨额公款触目惊心》的帖子，引起网民极大关注。网帖贴出四张发票，总消费金额约 168 万元。除此之外，网帖还贴出文字材料，矛头直指中石化广东石油总经理鲁广余，指其"今年中秋节前，指使手下用便利店非油品促销费，从 2010 年 9 月起，先后购进高档酒三批，总价值 259 万元……所有酒都由总经理鲁广余个人支配使用，无人知道酒的去向"。4 月 25 日，中石化天价酒调查结果公布：决定免去鲁广余广东分公司总经理职务并降职使用，同时对其进行经济处罚，对已消费的 13.11 万元红酒费用，由其个人承担。

危机品牌： 沃尔玛

危机起源： 品牌诚信

危机指数：★★★★

危机简述： 2011 年 3 月 14 日，也就是 3.15 消费者权益保护日的前一天，黄先生在沃尔玛印象城店购买生活用品，其中包括一袋 10 公斤重的五芳斋膳珍大米。黄先生清楚地记得，大米货架上的标价签上是 49.9 元，但结账之后的收费小票显示的价格是 71 元，两者相差 21.1 元。黄先生发现问题后，马上与沃尔玛超市工作人员沟通，但超市方面说这袋 10 公斤重的五芳斋膳珍大米，本来的价格就是 71 元的，超市并没有乱收费。在工商部门的压力和媒体的关注下，沃尔玛超市承诺同意按照"五倍差价"赔付黄先生 110 元。黄先生希望沃尔玛超市能发表声明公开道歉，但超市方面负责人表示，此事需向总部汇报再做决定。

五月

危机品牌： 酷 6

危机起源： 品牌诚信

危机指数：★★★★

危机简述： 2011 年 5 月，酷 6 称为提高效率，在没有提前通知的情况下，裁员 20% 左右，全部为销售部门员工，引起广大员工的不满。此事件后逐步升级，上海办公室的女员工遭到打手殴打，员工表示继续在办公室维权战斗；酷 6 北京地区被裁员工集体向海淀区劳动与社会保障局递交投诉书，正式提请政府部门介入调查。2011 年 5 月 26 日零时 45 分，北京市海淀区人力资源和社会保障局依法对此做出裁定：根据劳动法第二十九条和劳动合同法第四十一条，认定酷 6 网 "5.18 裁员事件" 为违法行为，确认此次裁员无效，责令酷 6 网于2011 年 5 月 30 日前限时整改，与此同时，酷六高层达成和解。

六月

危机事件：台湾塑化剂风波大蔓延

危机起源：品牌安全危机

危机指数：★★★

危机简述：2011 年 5 月底，媒体报道台湾塑化剂事件。转至 6 月初，该风波如滚雪球般愈演愈烈，已酿成一次重大食品安全危机。截至 6 月 30 日，国家质检总局网站再次更新台湾地区公布的受塑化剂污染的问题企业及其相关产品名单。名单显示，问题企业增至 316 家，相关产品增至 878 种，其中包括多种儿童食品。民以食为天，现如今食品安全不得不成为人们高度关注的问题，尤其是儿童食品的安全问题，直接关系到下一代的成长安全。我们要呼吁，做品牌，尤其是做食品品牌，如果想要发展百年，必须主动担负起企业应尽的社会责任。

危机品牌：红十字会

危机起源：品牌被诽谤

危机指数：★★★★★

危机简述：2011 年 6 月 20 日，一个署名 "郭美美 BABY" 微博女孩炫富行为引发众怒，更因其微博认证信息显示为 "红十字会商业总经理" 而遭到舆论对红十字会的强烈质疑。尽管红十字会对此连续发表 "严正声明"，希望与这位19 岁的女孩撇清关系。但是，公众对此并不买账。郭美美事件与红十字会的关系如何，并不重要，人们更关心的是红十字会的运作方式为什么这么神秘？如果这个迷不揭开，对红十字会的质疑就没有终点。从红十字会遭遇 "诚信风波"来看，慈善品牌的公信力在一定程度上仍需大力提升。

危机品牌：康菲

危机起源：技术质量问题

危机指数：★★★★★

危机简述： 2011年6月21日，微博曝料康菲和中海油合作开发的油田漏油，康菲作为作业方受到公众质疑。在此过程中，康菲虽然多次道歉，但对监管部门的要求置之不理，欺瞒公众，在与媒体沟通中又一再出现问题，给公众留下傲慢、撒谎的不良印象。11月11日，国家海洋局官方网站正式公开蓬莱19－3油田溢油事故原因的调查结论，康菲石油中国有限公司被指违规操作，造成重大责任事故。12月，河北渔民对康菲提起诉讼，要求责任方康菲公司赔偿经济损失4.9亿余元。2012年1月25日，农业部、康菲、中海油总公司分别公告：康菲出资10亿元，用于解决河北、辽宁省部分区县养殖生物和渤海天然渔业资源损害赔偿和补偿问题。

危机品牌： 蓝月亮

危机起源： 品牌诚信问题

危机指数：★★★

危机简述： 2011年6月20日，有"中国打假第一人"之称的王海在其个人微博上指出，由杨澜代言的蓝月亮洗衣液（亮白增艳）被检测出含有致癌物质荧光增白剂，并且出具了相关的检测报告，引起了众多网友和社会各方的广泛关注。对此，蓝月亮公司迅速做出了反驳，其副总经理邓岗向媒体解释，国家的行业标准允许在洗涤剂中添加两类荧光增白剂，多国允许在衣物洗涤剂中使用。同时，中国洗涤用品工业协会针对此事发表的特别说明称，行业标准所规定使用的荧光增白剂安全可靠，不会对人体和环境造成负面影响，而且可以改善和提高洗涤效果。此后，蓝月亮公司又在其官方网站、官方微博上发布专门解释关于其产品中涉及的"荧光增白剂"的基本知识和使用规范的条文，同时持续强调其洗衣液产品使用"荧光增白剂"符合国家法律法规，企业不会停止使用。

七月

危机品牌： 达芬奇

危机起源： 品牌造假

危机指数：★★★

危机简述： 2011 年 7 月 10 日央视《每周质量报告》播出"达芬奇天价家具洋品牌身份被指造假"节目。随后，达芬奇召开新闻发布会，新闻发言人潘庄秀华现场泣不成声。但是，流泪公关并没有获得消费者的原谅，媒体对该公司部分国际品牌家具提出质疑，主要集中在某些产品产地标注问题、质量问题以及不规范宣传问题。8 月 31 日，沸沸扬扬的达芬奇家居"产地造假门"终于有了官方调查结论。上海市工商局公布，经查实，达芬奇家居公司存在部分"卡布丽缇"家具质量不合格、产品标签标注和广告宣传不规范 3 大问题，而伪造原产地的问题，工商表示尚未发现有造假行为。11 月，达芬奇与媒体展开口水战，坚称广东卫视"故意以虚假新闻诬陷栽赃"，12 月，达芬奇坚称"从未造假"，并且说"不服上海市工商局的行政处罚决定，将依法对该局提起行政诉讼，追究违法行政的法律责任"，期间接受《新世纪》周刊采访，一时成为公众焦点。

危机品牌： 奥的斯

危机起源： 品牌质量问题

危机指数： ★★★

危机简述： 2011 年 7 月 5 日上午 9 时 36 分，北京地铁 4 号线动物园站，乘客乘坐电梯上行忽然发生事故，事故的始作俑者奥的斯成为众矢之的。奥的斯（中国）发表声明，对事件产生的影响表示深切歉意，并表示将配合相关部门做好事故调查和善后工作。11 月 25 日，北京市质监局披露"7·5"地铁 4 号线自动扶梯事故调查结果，认定这是一起责任事故，扶梯制造单位广州奥的斯电梯有限公司、日常维护保养单位北京奥的斯电梯有限公司负主要责任，奥的斯电梯（中国）投资有限公司由于未能及时发放有关技术文件，对本次事故负次要责任，并处以罚款。11 月 26 日，奥的斯发表声明表示，认同北京市质监局的调查结果，承认事故电梯存在设计缺陷。奥的斯中国公司人士表示相关善后赔偿工作已接近尾声，并称会配合京港地铁公司，确保所有受此事件影响的人得到妥善安排及补偿。

八月

危机品牌： 沃尔玛

危机起源： 品牌掺假

危机指数： ★★★

危机简述： 2011 年 8 月 24 日，重庆工商部门接到市民举报，称沃尔玛超市重庆凤天店用普通冷鲜肉假冒有"绿色食品"认证的"绿色猪肉"销售。经重庆工商局执法人员多方查探，发现沃尔玛在渝的 3 家超市中有此类待售的"绿色猪肉"。通过现场清点、调取查阅沃尔玛超市电子进销货记录以及对供货商的调查，执法人员发现其"绿色猪肉"购销量明显存在倒挂问题。重庆市工商局向媒体通报称，今年以来，重庆市内沙坪坝凤天店、大渡口松青路店、渝北舟家坝店等 3 家超市，涉嫌销售假冒"绿色食品"认证的猪肉 1178.99 公斤，涉案金额 4 万余元。国际著名销售连锁企业沃尔玛重庆店由于猪肉造假今天遭到重庆市工商局的通报。沃尔玛有 1178.99 公斤的"绿色猪肉"是用普通冷鲜猪肉冒充的，涉案金额达 4 万余元。这些假冒的"绿色猪肉"一直被以高出普通猪肉 4-10 元/公斤的价格出售。沃尔玛重庆店劣迹斑斑，2006 年以来，因销售过期食品、不合格食品、虚假宣传等问题，先后 20 次受到工商部门处罚，仅今年 1-8 月就达 8 次。

九月

危机品牌： 比亚迪

危机起源： 品牌安全性质疑

危机指数： ★★★★

危机简述： 2011 年 9 月 11 日，据央视《每周质量报告》报道，比亚迪 F3 车型在多起交通事故中，尽管车辆发生较猛烈的碰撞，有的还导致近乎"车毁人亡"的后果，但汽车上配备的安全气囊并未自动打开，没有起到"安全保护"的作用。事发后，车主在数月里，一直与比亚迪公司及 4S 店进行协商解决，均遭到推诿或强硬对待。比亚迪汽车近来遭受多个负面新闻重创，继"裁员门"后又曝出的产品质量问题，自主汽车品牌发展之路布满荆棘。

危机品牌： 西门子

危机起源： 品牌质量问题

危机指数： ★★★★

危机简述：2011 年 9 月，老罗英语培训创始人罗永浩连续发布微博，指责西门子冰箱存在"门关不严"问题。罗永浩的微博很快得到众多西门子用户的响应，最终形成西门子用户集体维权行动。11 月 20 日，罗永浩为首的西门子冰箱用户，到西门子公司北京总部进行"维权"，并现场砸了三台冰箱。当天晚间，西门子中国官方回应称，所涉冰箱产品系合资公司博西家电独立生产、销售并提供售后服务，产品并无质量问题，对此，罗永浩并不满意。12 月 20 日下午，罗永浩在北京海淀剧场举办沟通会，向媒体及网友表达对西门子冰箱门事件的看法，在现场进行了第二次砸西门子冰箱的行动。沟通会上，罗永浩向西门子家电提出三个要求：用客户留下的资料群发邮件和手机短信通知（冰箱门关不紧的问题）、所有西门子和博世品牌家电产品包装内夹一页通知、西门子家电的官方主页挂一年公告。

十月

危机品牌： 淘宝商城

危机起源： 提价风波

危机指数： ★★★★

危机简述：2011 年 10 月 10 日，淘宝商城官方发布了《2012 年度淘宝商城商家招商续签及规则调整公告》，将于 2012 年向商家收取的年费将从现行的每年 6000 元调整到 3 万元或 6 万元两档，大部分商家作为服务信誉押金的消费者保证金将从现行的 1 万元调整到 1 万元至 15 万元不等。年费和保证金的大幅提高使得许多淘宝商城的小卖家无力承担，不得不面临从商城退回到淘宝集市的选择。10 月 11 日晚间，淘宝商城受到数千自称"中小卖家"的网民集体"攻击"。10 月 12 日凌晨，淘宝官网发出紧急公告，称愿意接受任何对于淘宝商城规则的看法和建议，但绝不容忍因为有不同的意见而去侵害其他无辜商家的暴行，并称已向警方报案。10 月 15 日，淘宝商城官方微博发表《淘宝商城释疑 2012 新规》，从 16 个方面阐述了淘宝制定新规的初衷和目的，澄清集资谣言。10 月 17 日下午，阿里集团宣布增加投资 18 亿，马云于当日发表演讲，反淘宝联盟停止了攻击。11 月 29 日，淘宝冲突事件最终以和解收场。2012 年 1 月 11 日，淘宝商城在北京举行战略发布会，宣布更换中文品牌"淘宝商城"为"天猫"。

十二月

危机品牌：蒙牛

危机起源：品牌质量问题

危机指数：★★★★★

危机简述：2011 年 12 月 24 日，蒙牛乳业（眉山）有限公司生产的一批次产品被检出致癌物。蒙牛负责人解释是由于饲料因为天气潮湿发霉，原奶质检疏忽导致了问题发生，结果引发了公众的愤怒，蒙牛股价大跌，官网被黑。12 月 30 日晚间，国家质检总局发布公告，蒙牛被检乳品无问题，蒙牛股价上涨，同时蒙牛方面称"部分负责产品质量监控的高层已因本次事件被免职或遭受处分"。2012 年 1 月 10 日，"2011 中国健康年度总评榜"榜单揭晓，"蒙牛纯牛奶被检出强致癌物黄曲霉素"新闻入选最受网友关注的十大公共卫生事件里。

10.5 2012 年中国市场主要品牌危机事件回顾

2012 年，对于中国品牌来说是动荡的一年，尽管中国品牌总是不停步地向前发展，但任何前进总要伴随着大大小小的坎坷，以及需要不断修正的方向偏离。不仅是震惊全国的毒胶囊、酒鬼酒事件和药鸡门，诸如三亚欺客宰客、安信的毒地板、春秋航空的黑名单、光明牛奶的"酸败门"也在影响我们生活，同时给自身品牌带来毁灭性的打击。深究每一次的危机事件，其背后的原因往往只有一个字：利。作为企业，追逐利益本无可厚非，然而当企业以消费者的权益换取自身利益时，这种短视的经营行为尽管能获得一时的丰厚回报，葬送的却是企业的品牌与生命。那么面对危机，企业与社会组织又是如何解决的呢？接下来让我们一起回顾 2012 年的品牌危机事件吧！

一月

危机品牌：碧生源

危机起源：广告夸大虚假

危机指数：★★★★

危机简述：2012 年 1 月 12 日，由于广告存在违法、夸大宣传，碧生源控股有限公司遭到媒体的广泛质疑。以"碧生源常润茶，不要太瘦哦！"、"快给你的肠子洗洗澡吧！"等广告词疲劳轰炸消费者的碧生源广告，却赫然出现在广东省药监局《违法保健食品广告》的曝光名单中。广告宣传中将除口臭、色斑、痤疮甚至失眠健忘等都被纳入疗效范围。然而，这个标榜作用温和、对肠道无刺激的保健茶的主要成分却是番泻叶，为刺激性泻药，过肠黏膜和神经丛刺激肠蠕动，医学专家认为这并非保健产品，而是需要严格控制的泻药。碧生源的广告问题由来已久，在企业上市前三年因广告违规达23次。广告营销、品牌推广本是当今企业最常用的宣传手段，但通过虚假、夸大的手段宣传产品，毫无疑问是对消费者知情权的侵害。

危机品牌：三亚旅游业

危机起源：宰客事件频发

危机指数：★★★

危机简述：2012年1月28日，有网友在微博上发布消息称，朋友春节假期在三亚吃海鲜，三个普通的菜被宰近4000元，该帖很快激起热议，转发过万，引起众多曾在三亚有相似经历的网友的共鸣。舒适的气候、亮丽的海滨风光以及离岛免税的利好政策，为三亚带来了大批游客的同时，也让三亚旅游业的混乱无序暴露出来。海南省工商局提供的消费者投诉数据显示，服务类投诉仍是重灾区，主要集中在住宿、餐饮、旅游服务等方面。三亚作为我国东南沿海黄金海岸线上最美丽的旅游胜地，欺客宰客频频发生说明旅游管理水平和服务环境严重滞后。海南省包括三亚市政府对旅游产业的发展都抱有极高的热情，提高服务质量、政府协调和管理能力才能重塑三亚的旅游品牌和地区形象。

二月

危机品牌：归真堂

危机起源：活熊取胆

危机指数：★★★

危机简述：2012年2月1日，证监会创业板发行监管部公布的IPO申报企业基本信息表引起公众热议，位列第28位的归真堂因其不人道的"活熊取胆"的模式遭到众多动物保护人士的强烈抗议。此后，归真堂组织媒体开放参观以及专家公开评价称"取胆汁过程就像开自来水管一样简单、自然、无痛",但这些举动均未打消舆论的质疑。尽管熊胆入药已有上千年的历史,一直被视为中医的名贵药材,有退热清心、平肝明目等功能。但在富有爱心的公众眼中,这种取胆方式是极不人道的,是现代文明不能接受的。归真堂作为国内规模最大的熊胆产品研发生产企业之一,到企业遭遇利益与道德的博弈,挑战公众道德底线将给企业品牌带来负面效应,而活熊取胆的残忍手法更是与中药发展背道而驰。

三月

危机品牌: 大众汽车行业

危机起源: DSG 变速箱故障

危机指数: ★★★

危机简述: 3月15日上午,质检总局办公厅副主任刘洪生在"3·15"国际消费者权益日"落实《质量发展纲要》,提振安全消费信心"主题活动现场发布了2012年2类消费品产品质量国家监督抽查结果和2011年汽车产品缺陷信息投诉2方面情况。在这份质量发展纲要中,质检总局明确说明在消费者投诉信息中,比较典型的问题主要有:DSG变速器抖动、顿挫问题,安全气囊误爆问题;喇叭工作不良问题;发动机异常熄火问题;轮胎胎侧裂纹、鼓包问题。大众汽车的反应依然是认为此缺陷不涉及安全问题,可以通过相应的软件升级解决,所以他们采用通过网站公告和4S店电话通知的方式,请涉及的车主到店免费进行软件升级,而没有采取大规模召回的方式处理。但是,又有消费者投诉:他在3月17日到店进行软件升级后,感觉顿挫依旧、低速转弯时还是抖动、而且动力明显下降。有网站证实,类似的投诉在增加。

四月

危机产品: 老酸奶

危机起源: 含工业明胶

危机指数: ★★★★

危机简述: 4月9日,央视主播赵普发微博建议不要再吃老酸奶和果冻,相关内幕很可怕。有网友称，该微博指老酸奶和果冻中的增稠剂，有可能使用皮革炼制的工业明胶。最先发出微博的是央视主持人赵普，昨日中午他发微博称，来自调查记者短信：不要再吃老酸奶（固体形态）和果冻。尤其是孩子，内幕很可怕，不细说。果冻企业福建亲亲股份有限公司回应称，果冻的增稠剂中并不含明胶，而是卡拉胶，消费者可以放心食用。乳企则表示，大企业绝不可能使用工业明胶，而食用明胶对身体是无害的。食用明胶是胶原蛋白煮后的产物，从动物鲜皮、骨料内提胶，经过蒸发、干燥而混合形成的成品。日常生活中的果冻、酸奶、冰淇淋、糖果类、火腿肠、酱牛肉等食品，都含有食用明胶。工业明胶一些小工厂把垃圾中大量的皮革下脚料，当作生产工业明胶的原料，明胶中含有大量的铬、铅等重金属。

危机品牌： 医药行业

危机起源： 毒胶囊

危机指数： ★★★★

危机简述： 2012 年 4 月 15 日，一期名为《胶囊里的秘密》的节目，在中央电视台的《每周质量报告》中热播，而且一夕之间颠覆了整个医药行业。据调查，河北一些企业用生石灰处理皮革废料，熬制成工业明胶，卖给绍兴新昌一些企业制成药用胶囊，最终进入患者腹中。由于皮革在工业加工时，要使用含铬的鞣制剂，因此这样制成的胶囊，往往重金属铬超标。经检测，修正药业、通化金马等 9 家药厂 13 个批次药品，所用胶囊重金属铬含量超标。毒胶囊事件不仅使被曝光的 9 家企业名誉扫地，也让整个中国医药行业面临一场公关危机，声誉和形象受到重创。一切漠视消费者权益、漠视社会责任的企业品牌都是纸老虎，一贯依靠明星代言和广告轰炸的药企品牌，在这次"毒胶囊"风波中瞬间轰然倒塌。

危机品牌： 立顿茶包

危机起源： 含大量农药成分

危机指数： ★★★

危机简述： 中国经济网北京在 4 月 24 日的国际环保组织"绿色和平"报告中称：立顿绿茶、茉莉花茶和铁观音袋泡茶，均含有被国家禁止在茶叶上使用的高毒农药灭多威。此外，"立顿"铁观音还有被禁用的三氯杀螨醇，而"立顿"绿茶则含有国家规定不得在茶树上使用的硫丹。中国经济网记者调查发现，消息一经披露，立即在网上引起轩然大波，网民纷纷质疑，如此大品牌为何也陷入"质量门"的漩涡。对于网民的质疑，联合利华通过其官方微博表示："我们注意到绿色和平组织于今日发布了关于立顿的报告。对此联合利华中国郑重声明，作为负责任的跨国公司，联合利华中国一贯坚持高质量、保护消费者权益。我们生产的立顿茶系列饮品完全符合我国国家标准中关于农药残留的规定，是安全和合格的产品。记者注意到，虽然联合利华方面坚称其产品安全合格，但是，网民对于上述说法并不买账。网友"monoer_蔡如章"表示："除非你们拿出证明，否则谁乐意拿健康跟你们所谓的信用来打赌？反正我不会继续喝了。"

五月

危机品牌：王老吉

危机起源：商标归属权争夺

危机指数：★★★

危机简述：5月9日，持续一年多的王老吉归属之争终于水落石出，中国国际经济贸易仲裁委员会做出裁决，鸿道（集团）有限公司停止使用"王老吉"商标，广药集团最终胜出。不过，一纸判决书并没有使双方消停下来，加多宝的上诉，广药指责"75亿非法收入"，不管是商业技巧还是商标归属权争夺，结果只能是鹬蚌相争渔翁得利。在可口可乐、百事可乐等跨国巨头竞争中成长起来的王老吉创造了一个品牌神话，如今，这个神话正被内耗掉，而王老吉后代认为市场上王老吉被用于生产许多其他的品类，是违背了专注做凉茶的祖训，也极大稀释了王老吉的品牌价值。

危机品牌：摩托罗拉

危机起源：裁员

危机指数：★★★

危机简述：在今年5月份完成对摩托罗拉移动的收购后，谷歌（微博）对摩托罗拉移动做出的第一次改动便是裁员。摩托罗拉移动昨日发表声明称，将在全球裁减4000个工作岗位，并关闭或合并全球90家运营机构的三分之一。中国区也确认将裁员。今年第一季度，摩托罗拉移动净亏损8600万美元，二季度也未能扭亏为盈，仍亏损2.33亿美元，其中，移动业务亏损1.92亿美元，机顶盒业务亏损4100万美元。此次裁员的4000人占摩托罗拉员工总数的20%，根据摩托罗拉移动的声明，裁员的三分之一是在美国进行，三分之二是在美国之外的其他地区进行。摩托罗拉移动中国区产品PR经理司轩军昨日表示，这次裁员肯定会涉及中国区，至于北京办事处是否受影响，他仅表示"中国区是摩托罗拉移动最重要的市场"。

七月

危机品牌： 唯冠

危机起源： 商标争夺案

危机指数： ★★

危机简述： 7月2日，唯冠与苹果有关iPad商标争夺案终于落下了帷幕。6000万美元，成为苹果与唯冠和解的筹码。一向注重知识产权保护的苹果，这次在iPad商标上栽了跟头。6000万美元，对于苹果而言不过是九牛一毛；对于唯冠来说，却是"救命稻草"。唯冠通过正常合法的方式，争取自己的利益这无可厚非，因此苹果赔偿也是理所应当。尽管苹果公司获得其IPAD系列产品在中国内地的合法销售权，但也为自己当年低价收购唯冠大中华区商标时的"疏忽"买了大单，但是，唯冠的品牌价值及其影响力与苹果是不可能同日而语的，区别就在于创新，这对缺乏知识产权保护与创新的自主品牌而言值得深思。

危机品牌： 春秋航空

危机起源： 乘客黑名单

危机指数： ★★★

危机简述： 2012年7月7日，春秋航空的一份旅客"黑名单"引起了全社会的关注和指责。将"过度维权"的旅客拉入"黑名单"且拒绝为此类旅客提供服务，春秋航空的霸王行径不仅让乘客很受伤，也让自身品牌严重受损。乘坐过春秋航空的旅客普遍反映：与春秋航空低廉的票价相符的是其较低的服务水准，习惯性的飞机延误也是春秋航空的一大特色。为堵住旅客的悠悠众口，防止消费者维权，春秋航空设置"黑名单"毫无疑问是一种省时又省事的有效手段。然而，以低票价吸引客源只是一时之策，如果不能提供良好的服务，就毫无品牌可言，这样的短视企业终究只能昙花一现。无独有偶，在中国游客因日本"购岛闹剧"纷纷表示拒绝前往日本旅游之际，春秋航空却与日本政府联手推出"0元机票"以吸引游客，深深伤害了中国民众的民族感情。

危机品牌：茅台

危机起源：商标引争议

危机指数：★★★

危机简述：2012年7月，工商总局商标局公布"国酒茅台"商标通过初审。此前茅台共申请了9次国酒商标，均告失败。消息一出，国内白酒行业、消费者、社会舆论纷纷对茅台"黄袍加身"的行为表达了强烈不满。在三个月公告期内如果没有异议或异议无效，茅台将"转正"成为"国酒"，这虽然能够在相当程度上提升茅台的品牌价值，但公权力机关用国家信用为企业产品背书，这将有损正常的市场竞争，对其他酒企也是不利的。

九月

危机品牌：12306火车订票网站

危机起源：系统频频瘫痪

危机指数：★★★★

危机简述：2012年9月，刚刚完成技术升级重装上阵的12306火车订票网站，却因频频瘫痪惹人诟病，耗资3.3亿元的"新一代客票系统"被推入质疑的漩涡当中，新增的排号功能让消费者购票失败的概率大大增加，同时也让12306网站背上"内部留票"的骂名。承载着全球最大的人类迁徙的中国铁路系统，由于其脆弱的承载能力、屡禁不止的票贩子以及内部存在的腐败问题饱受公众的质疑。中秋、国庆长假相连更让人们思乡情切，临近假期，网民购票心切，这使得由太极股份主要负责技术服务支撑的铁道部唯一指定购票网站12306几度发生瘫痪。拒绝透明、排斥合作让铁道部服务品牌缺失，正如网友所说，技术层面的理由不过是借口，垄断才是12306网站瘫痪的真正原因。

危机品牌：汇源

危机起源：商标欺诈

危机指数：★★★★

危机简述：汇源果汁陷入"商标欺诈门"丑闻。炒得沸沸扬扬的王老吉商标案仍在继续，被国人熟知的饮料企业汇源果汁也打起了商标官司，原因是，公司收回云南一家合作伙伴的商标使用权后，被对方指其"涉嫌商标授权欺诈"。从汇源果汁与卡瓦格博的合作来看，似乎是一场"闹剧"，但是这场闹剧的背后暴露出的则是大企业管理问题和小企业在被"忽悠"之后的势单力薄。汇源称不赔偿。据媒体报道，此次商标授权纠纷缘于汇源饮用水与云南香格里拉卡瓦格博饮用水有限公司于2011年7月15日签署的合作协议，而汇源集团董事长朱新礼的亲侄子汇源集团总经理朱胜彪是此次合作的主导者，在朱胜彪的拍板下，汇源饮用水与卡瓦博格签署"汇源"商标授权用于生产饮用水，汇源饮用水公司一次性收取加盟费、技术服务费200万元，并且将款项汇入朱胜彪个人账号，同时汇给中间人王树平个人100万元。随后，汇源集团否认授权有效性并禁止卡瓦博格生产，双方陷入纠纷，朱胜彪也被解职。几经交涉以后，卡瓦博格于7月份起诉汇源集团合同欺诈，随后汇源反诉卡瓦博格违约。这场商标纠纷至今仍未结束。

十月

危机品牌：360浏览器

危机起源：质疑其安全性

危机指数：★★★★

危机简述：10月9日，转战搜狐微博的网络名人方舟子在其微博上称，360浏览器被媒体揭露并不安全，它会暗中收集用户的隐私资料，建议"像司马南这样的敏感人物尤其要注意上网安全，尤其对做'流氓软件'起家的人搞出来的东西要警惕"。次日，方舟子继续在其微博上提醒说，今年8月有国外网站指控360杀毒软件向用户假报微软系统有漏洞，然后把360浏览器伪装成微软补丁（文件名模仿微软补丁文件名）误导用户安装360浏览器，并附上国外网站对此事的分析。对于方舟子的提醒，司马南在微博上表示，已将360浏览器"下岗"，并质疑360手机用户隐私资料的行为无人监管。方舟子所说的"做'流氓软件'起家"当然有所指，不过周鸿祎（微博）先生先别气愤方舟子的人身攻击，当务之急是拿出证明360产品安全性的证据，这样说话才有底气。在这个节骨眼上，企业产品的声誉更重要。

十一月

危机品牌：酒鬼酒

危机起源：塑化剂事件

危机指数：★★★★

危机简述：2012 年 11 月 19 日，一则酒鬼酒塑化剂超标 260％的报道，引起了轩然大波。不仅导致酒鬼酒在超市下架，股价跌停，也引发白酒行业的大地震，使得整个白酒行业处于一片阴霾当中。其实，早在一年前，国家有关部门就已经命令禁止在酒类生产、贮存、销售过程中使用塑料制品，并要求加强对接触酒的塑料瓶盖的检测，由于并未引起白酒行业对这颗"时炸弹"的高度重视，最终酿成整个白酒行业的悲剧。塑化剂事件绝不是一个企业的问题，而是整个行业乃至有关部门的问题。因此，完善和制定各种检测标准，树立企业危机意识才能避免类似事情重复发生。否则，三聚氰胺对牛奶行业的影响就是前车之鉴。

十二月

危机品牌：六和集团

危机起源：速成鸡

危机指数：★★★★★

危机简述：2012 年 12 月 18 日，央视新闻频道曝光山东白羽鸡养殖黑幕。为让鸡多采食、长得快，当地很多养鸡场 24 小时照明，白羽鸡长期处于亚健康状态；为避免鸡死亡，"速成鸡"至少要吃 18 种抗生素和含有激素的违禁药物。这次，众多洋快餐品牌也深陷其中。这些抗生素鸡、激素鸡在没有经过检验检疫的情况下，被山东六和集团收购，每月约 40 吨这样的肉鸡供应到肯德基、麦当劳、吉野家等知名餐饮店，最终被端上消费者的餐桌。令人愤怒的"速成鸡"事件曝光后，除六和集团外，鸡肉产业链上下游的多个知名品牌都被牵扯其中，新希望、双汇等知名农业、食品企业品牌均受到强烈冲击。

10.6　2013 年中国市场主要品牌危机事件回顾

"君子有所为，有所不为"——是我国儒学代表作《论语》中的关乎名与利的经典箴言，其实经营品牌之道也应当秉承这样的传统美德。

2013 年之于中国品牌，有取得成绩后的光鲜，也有遭遇危机的窘迫。接下来，让我们一起回顾 2013 年关于品牌危机的那些事！

一月

危机品牌：中石化

危机起源：非洲牛郎门

危机指数：★★★★

危机简述：2013 年 1 月初，一位网友爆料中石化一位女处长身陷"非洲牛郎门"事件，将中石化致于舆论漩涡之中。这位知情人爆料的"非洲牛郎门"事件，是指安捷伦科技有限公司在中石化武汉乙烯项目中，在评标过程中让安捷伦非法降价 30 万美元低价中标，又相互配合威逼利诱武汉乙烯的用户，迫使他们同意将中标方案中一套价值 80 万美元的软件换成成本不足 10 万美元的软件。最终，安捷伦不仅非法中标，还多赚了 40 万美元。消息一出，舆论哗然，此贴在某社区论坛点击量已高达 9000 多次。

危机品牌：Soho 中国

危机起源：洗钱门

危机指数：★★★

危机简述：2013 年 1 月 31 日，有网民通过微博爆料称，陕西神木县"房姐"龚爱爱在北京的大部分房产，均来自 Soho 中国旗下的三里屯 Soho，并指出公司董事长潘石屹与龚爱爱串通洗钱。面对洗钱质疑，Soho 中国官方相当淡定，未采取任何公告形式予以澄清，只有 Soho 中国的当家人潘石屹夫妇不断通过微博表达意见。潘石屹回应称，"房姐"在 Soho 中国买房时，所持的身份证在签约时经公安部身份信息系统验证是有效的，办理银行贷款时也通过了银行征信系统审核，因此公司卖房给"房姐"符合法律程序。他表示，网上传言他及公司与龚爱爱串通洗钱属无稽之谈，称作为一家企业只能相信政府公开的信息，没有能力知道"房姐"到底有几个身份证及哪些是假身份证。Soho 中国 CEO 张欣也首度在微博上回应，表示 Soho 中国支持大力反腐，强调有关 Soho 中国串通洗钱和给购房者巨额回扣的指责都是造谣。

二月

危机品牌： 360

危机起源： 黑匣子及"棱镜门"风波

危机指数： ★★★

危机简述： 2013 年 2 月 26 日，360 搜索推出六个月、3B 大战高潮迭起之际，《每日经济新闻》组织匿名报道，用包含头版在内的五个整版刊登《360 黑匣子之谜》等一系列抹黑 360 公司及产品的文章，其报道内容虚假失实，并且文章中使用诋毁性语句超过 70 处，引爆舆论热点的同时，给正在全力推进搜索业务的 360 公司形成重创，引发了公众对 360 产品的质疑。

三月

危机品牌： 苹果手机

危机起源： 涉嫌歧视中国消费者事件

危机指数： ★★★

危机简述： 央视"3·15"晚会曝光称，苹果公司在中国售后政策涉嫌歧视，对出现故障手机，高度一体化的苹果手机除了少数部件外，不做维修，只整机交换，也就是以换代修。可是针对中国消费者，苹果交换的却并不是整机——新手机仍沿用旧后盖。小小后盖却大有文章，此举只是为了避开新机保修期重新计算的政策。国内外待遇有别，而这也是霸道的苹果拒不执行三包规定的借口。在涉嫌歧视中国消费者的行为被央视 3·15 晚会曝光后，苹果中国公司 16 日发表声明，虽然声称高度重视每一位消费者的意见和建议，但其中并无一丝道歉的意味，短短不到 200 字的声明被网友批为"官方回复假大空的经典范文"。

危机品牌： 大众汽车

危机起源： DSG 故障门

危机指数：★★★★

危机简述： 2013 年央视 315 晚会上，曝光大众汽车 DSG 存在问题。大众汽车车主称，大众汽车在公路上踩油门，车辆不走，不踩油门汽车反而加速。速腾、迈腾、高尔夫、尚酷、CC、斯柯达等大众汽车均存在 DSG 故障，可致汽车在行驶过程中突然失速或加速。其实大众 DSG 门早已不是新闻，2012 年初大众 DSG 变速器故障事件升级，国家质检总局约谈相关负责人，大众汽车仅仅承诺为故障车辆免费升级软件，依旧不肯召回问题车辆。两年过去了，大众汽车却迟迟没有给广大车主一个说法。

危机品牌： 乐蜂

危机起源： 假货门

危机指数：★★★★

危机简述： 近期，很多网友反映在乐蜂网上购买到假冒的化妆品和护肤品。为摆脱售假嫌疑，乐蜂网不断高调对外发布各种言论，包括"品牌商不合作，我们就串货"、"辨别网站是否售假的方法之一，就是向商家索要发票。"、发布化妆品电商行业报告称业内销售的都是假货唯独乐蜂网是真品等雷人言论。2013 年 3 月 25 日，为让消费者相信他们销售的是正品，乐蜂网对外展示数十张品牌授权书。雅诗兰黛、迪奥、海蓝之谜等国际大牌授权并不在以上品牌授权书之列。业内人士表示，由于雅诗兰黛官方代理作为雅诗兰黛在大陆唯一的授权机构，非由此渠道销售的雅诗兰黛产品均不会享受相应的服务和质量承诺，因此，乐蜂网销售的雅诗兰黛难逃销售假货嫌疑。

危机品牌： 宝马、奔驰

危机起源： 车内有异味

危机指数：★★★★

危机简述： 2013 年 3 月，有媒体指出部分奔驰、宝马等豪车车内存在污染，并进一步质疑，奔驰 C 级、E 级、宝马 3 系、5 系、奥迪 A6、Q5 等样品的阻尼片中均含有 70 号沥青成分，可能释放有毒有害气体。对此，国家质检总局缺陷产品管理中心日前已正式对北京奔驰、华晨宝马和一汽奥迪相关车型使用含有致癌物质沥青材料车用阻尼片一事，展开调查。在调查的同时，众多无法忍受车内异味而选择维权的车主并没有得到豪车厂商的有效回应，消费者的苦恼仍未得到解决。

五月

危机品牌：广药集团

危机起源：加多宝红罐之争

危机指数：★★★★

危机简述：一直以绿盒示人的广州医药集团有限公司在收回"王老吉"商标后，随即推出红罐王老吉，市场上出现了加多宝红罐凉茶和广药生产的红罐凉茶两种包装十分相似的产品同时销售的局面，由此引发了广药集团与加多宝关于商品"包装装潢"的法律争端。"红罐之争"双方于2013年5月8日再次进行了证据交换，于2013年5月15日再次开庭，红罐装潢权归属见分晓。王老吉与加多宝之间关于谁是正宗凉茶的战争旷日持久，在对峙过程中，双方都要小心翼翼，毕竟一个不慎都可能引发品牌信任危机。

六月

危机品牌：葛兰素史克

危机起源：贿赂中国高管事件

危机指数：★★★★

危机简述：2013年6月27日下午，有微博爆料称GSK位于上海的总部以及北京的分公司被警方调查，有高管被带走。6月28日，长沙警方在微博上公布，葛兰素史克有高管涉嫌经济犯罪而被当地公安机关调查。就在此前不久，葛兰素史克中国区的研发中心深陷论文造假风波，有高管甚至因此而被开除。这一连串的风波使得近年来发展势头迅猛的葛兰素史克中国公司陷入空前动荡。

七月

危机品牌：肯德基

危机起源：冰块细菌严重超标事件

危机指数：★★★★

危机简述：2013年7月20日，央视财经频道《是真的吗？》节目曝光了一则令人惊讶的消息，其调查人员在肯德基、真功夫和麦当劳崇文门店，购买可食用冰块，并送往北京市理化分析中心进行检测。结果显示，肯德基、真功夫和麦当劳三家的食用冰块菌落总数严重超标，而肯德基以菌落总数 2000cfu/ml，甚至超出马桶水的菌落总数的 13 倍，让社会各界一度崩溃。21 日，肯德基就相关事件做出回应，表示"深表歉意，公司品管部门已到涉事的北京崇文门餐厅了解情况，并监督餐厅立即按照标准严格清洁消毒制冰机和相关设备"。不过，对于肯德基的回应，有消费者认为值得商榷，"仅仅把责任归咎于单个店铺无助于问题的解决"，有网友也指出，"这是一个链的问题，说明整体有整改的需要"。

八月

危机品牌： 恒天然

危机起源： 疑似肉毒杆菌风波

危机指数： ★★★★

危机简述： 2013 年 8 月 4 日，新华社报道，澳洲农林渔业部于 4 日发表的最新声明指出，全球最大乳制品加工企业新西兰恒天然集团其浓缩乳清蛋白粉产品可能含肉毒杆菌后，新西兰当局宣布全球召回 1000 吨可能遭到污染的乳制品。一时间，舆论震惊。一直以来将国外奶粉奉为安全标兵的国内消费者，顿感愤怒和恐慌。恒天然也因此从"绿色安全"的神坛跌下深渊。

危机品牌： 光大证券

危机起源： 乌龙指事件

危机指数： ★★★★

危机简述： 2013 年 8 月 16 日，所有的股民小伙伴们毕生难忘，上午 11 时 05 分天量资金杀入，石化双雄和众多银行等众多权重股均出现大单成交，股价集体瞬间涨停，出现历史上绝无仅有的"秒杀"行情。上证综指几分钟内百点攀升，暴涨超 5%。正当所有人都打听是不是政府出台什么"超级利好"，传出光大证券"乌龙指"消息，简单地说，就是下单按键按错了，将"一股"按成了"一手"（100 倍），原本 7000 万股按成了 7000 万手，增加 100 倍的量。国外有个词专门形容这种笨手笨脚，它就是"fatfinger"。当市场了解股市暴涨源自于"乌龙指"，市场开始迅速回落，打回原形，但是很多投资者已经遭遇亏损，有一些人则在高位了结获利。光大证券的"乌龙指"则引发无数的猜测和愤懑，"阴谋论"占了上风。

九月

危机品牌： 多美滋

危机起源： "行贿门"事件

危机指数： ★★★★

危机简述： 2013 年 9 月 16 日，"多美滋"被媒体曝光为了抢占更多的市场份额，行贿医生和护士给出生的婴儿喂自己的品牌奶粉，让婴儿对奶粉的品牌产生依赖，从而达到长期牟利的目的。这事实的揭露，引发公众愤怒，"多美滋"奶粉企业陷入极大的品牌危机。

十月

危机品牌： 大众点评

危机起源： 半价麦当劳团购成闹剧

危机指数： ★★★★

危机简述： "仅售 9.9 元，价值 19.5 元超值团购套餐，全国 119 城 704 店通用"，2013 年 10 月 28 日大众点评网推出的这款麦当劳团购，以几近半价的优惠幅度很快吸引了大量消费者的关注。尽管不支持随时退款和过期退款，且仅限于 14：00 - 17：30 和 20：00 - 23：00 两个时间段使用，但麦当劳此前从未开展过团购活动，这次可选择的餐品内容又与麦当劳超值午市套餐和晚市套餐很相似，且有效期从"2013 - 11 - 01 至 2014 - 10 - 31"，长达一年之久，怎么看都是一个"划算"的团购。一时间，快餐爱好者们奔走相告，纷纷下单抢购，该团购在大半天内卖出了 226329 份，结果麦当劳方面否认开展过团购合作，导致该产品提前下架，并引发消费者对大众点评"虚假团购"的质疑。

十一月

危机品牌： 搜狗

危机起源： 信息泄漏

危机指数： ★★★★

危机简述： 2013 年 11 月 5 日上午有网友在国内某安全论坛上发帖称使用 QQ 账号登录搜狗浏览器，可以查看到数千其他用户包括 QQ、邮箱、支付宝、银行等涉及用户财产的个人账户信息，甚至可以直接进入其他人的支付宝进行转账购物，或者支付交易，随后该论坛上还出现了演示用户隐私泄露过程的视频资料。对此搜狗公司发布官方声明，称经技术团队查证，确认不存在此类现象。

危机品牌： 统一、康师傅

危机起源： 重金属超标事件

危机指数： ★★★

危机简述： 2013 年 11 月 13 日，台湾媒体送检市面上 7 款方便面油包，发现均含有重金属。其中在大陆最受欢迎的两款方便面——"康师傅香辣牛肉面"、"统一老坛酸菜牛肉面"也同时被验出含有砷、铅、铜等重金属。报道一出，立刻引起外界恐慌。康师傅、统一公关负责人第一时间向外辟谣，声称符合国家食品安全标准，亦不存在安全隐患。与此同时，两家方便面却不约而同急急对产品做降价促销处理。这一场将统一、康师傅等巨头悉数卷入的重金属风波，无疑又给方便面行业蒙上了一层阴霾。

危机品牌： 中石化

危机起源： 黄岛输油管道爆炸事件

危机指数： ★★★

危机简述： 2013 年 11 月 22 日凌晨 3 时，位于青岛经济技术开发区秦皇岛路与斋堂岛街交会处的中石化管道公司输油管线破裂，原油泄漏。上午 10 时 30 分左右，管道公司和黄岛油库在清理油污过程中，开发区海河路和斋堂岛街交会处发生爆燃，距此地约 1 公里外的雨水管道末端入海口处发生原油燃烧，事故共造成 62 人死亡。

十二月

危机品牌： 贵州百灵

危机起源：乙肝新药受调查

危机指数：★★★★

危机简述：2013 年 12 月 12 日，据上海证券报报道称，从国家食药监局获悉，贵州百灵的重磅乙肝新药——替芬泰最新审批状态变更为"审批完毕——待制证"，这意味着该乙肝药获得国家药监部门认可，即将进入临床试验阶段。受以上传闻影响，贵州百灵昨日申请临时停牌一天。贵州百灵在公告中表示，国家食药监局官网上查询的"办理状态"不能确认研发项目的审评结果，目前公司尚未收到相关部门下发的书面通知，替芬泰临床申请是否获得批准须经国家食品药品监督管理局审批。

危机品牌：康泰

危机起源：疫苗事件

危机指数：★★★★

危机简述：12 月 17 日，深圳一名新生婴儿接种乙肝疫苗 68 分钟后死亡。至此，近一个月时间全国已发生四起疑似"疫苗致死"案，涉案疫苗全都由深圳康泰公司生产。20 日，国家食药监总局、国家卫计委要求暂停使用深圳康泰公司的全部批次重组乙肝疫苗。"疫苗致死事件"不仅引起舆论哗然，更让全国的新生儿家庭感到恐惧。

10.7　2014 年中国市场主要品牌危机事件回顾

在移动互联网快速发展、社交媒体多种多样、意见领袖层出不穷的今天，负面消息竟很少被专业媒体记者多方证实和考证。因此，提高危机公关的能力，逐渐成为企业不得不面对的问题。

机构和企业对于危机公关处理有着 5S 原则，即承担责任原则、真诚沟通原则、速度第一原则、系统运行原则、权威证实原则。然而现实状况却不如人意，往往在遇上意外性、聚焦性、破坏性和紧迫性的危机事件后，多数企业和机构都无法冷静面对，从而导致更大的信任危机。接下来，让我们一起回顾 2014 年发生的那些品牌危机事件！

一月

危机品牌：星巴克

危机起源：新品咖啡致腹泻

危机指数：★★★★

危机简述：星巴克的新年新品咖啡——栗香咖啡，惹了些麻烦。2014 年 1 月 15 日，新浪微博某团队因这款咖啡有近 30 人腹泻，而其后星巴克的善后和微博上发布的公告，却暴露了之前高价门中没有显示出来的跨国企业的通病：傲慢、缓慢、以及略显傲娇。虽然没有如央视等强势媒体的跟进，这场危机还控制在相对小的范围，但星巴克中国可能真的需要反思一下危机应对这道题，这和新媒体无关，但和星巴克的口碑和粉丝忠诚度息息相关。

二月

危机品牌：赛百味

危机起源：被曝食品内含漂白剂成分

危机指数：★★★

危机简述：2014 年 2 月 9 日，据中新社报道，全球连锁快餐业者 Subway（赛百味）的面包内因含有化学物质偶氮二甲酰胺（Azodicarbonamide），于美国时间 2 月 6 日自主宣布停用此成分。当晚，赛百味在其中国官方网站回应称：中国所售产品不含此物质。据媒体报道，赛百味方面承认在北美出售的食物中有 Azodicarbonamide 化学成分，这是一种面粉漂白剂，也被用于瑜伽垫和鞋底，在欧盟、澳大利亚等地被明令禁止用于食物。世卫组织曾将它与呼吸、过敏和哮喘等联系在一起。该消息被网友描述成"赛百味承认食物中有鞋底成分"，在微信、微博中被不断转发，引发部分消费者担忧。

危机品牌：禾绿回转寿司

危机起源：被举报使用变质食材

危机指数：★★★★

危机简述：情人节前夕，有人举报禾绿回转寿司蓝色港湾店（以下简称禾绿蓝港店）操作人员用过期食材为顾客制作食物。2 月 17 日至 2 月 23 日期间，记者卧底进入该寿司店调查。经过为期一周的卧底调查，记者发现，操作人员确实使用大量过期的食材，例如豆腐、猪扒等制作食物。并且，将寿司等食物回收，将中间的刺身剥出，重新制作成食物卖给顾客。此事一经爆料，引发公众广泛讨论，禾绿回转寿司店内食品安全性受到质疑，其品牌形象受到冲击。

危机品牌：支付宝

危机起源：取缔余额宝风波

危机指数：★★★

危机简述：支付宝旗下的余额宝来势凶猛，让大批中国人把存在银行的钱取了出来，改存余额宝。2014年2月21日，央视证券资讯频道执行总编辑兼首席新闻评论员钮文新发博文《取缔余额宝》称：余额宝是趴在银行身上的"吸血鬼"，典型的"金融寄生虫"，应该取缔。此言一出，不少拥护余额宝的网友在微博发起"该再次存点钱进余额宝"活动，抵制所谓的取缔余额宝的行为。支付宝事件持续发酵。在央视评论员炮轰余额宝，称余额宝是寄生虫应该取缔之后，支付宝官方微博也在第一时间做出卖萌回应——《记一个难忘的周末》。

危机品牌：尼康

危机起源：相机黑斑门

危机指数：★★★

危机简述：D600率先在美国和英国上市后就深陷"黑斑门"，在2013年2月22日，尼康发表公告，承认一些用户指出使用尼康D600数码单反相机拍摄时，照片上会出现多个颗粒状影像。当时尼康给出的解决办法是让用户按照用户手册（第301–305页）关于"清洁影像感应器"进行清洁，或用气吹手动清洁，或者到尼康售后服务中心进行清洁。2014年2月26日，尼康再度发表公告，表示将免费替所有出现进灰问题的全幅单反D600用户进行检查、清洁，并进行快门等相关零部件的更换。据悉，尼康在处理D600"黑斑门"事件时内外有别，据外媒报道，欧洲部分用户把机身内部进灰的D600相机送到服务站除尘后收到了全新的D610相机，而在法国，进灰D600换全新D610的代价也仅需要支付很小一笔费用，但是在中国，遭受D600进灰困扰的用户显然没能受到如此待遇，尼康在拖延一年之后给出的解决办法仅是免费清洁而已。尼康如此差别对待用户，难免让中国消费者寒心。

三月

危机品牌：马来西亚航空

危机起源：马航 MH370 失联

危机指数：★★★★★

危机简述：2014 年 3 月 8 日凌晨 1 时 20 分，由马来西亚飞往北京的马来西亚航空公司 MH370 航班与地面失去联系。飞机失联后，马航及马来西亚政府多次召开新闻发布会、家属沟通会与媒体和乘客家属进行沟通，然而其沟通并未取得如期效果，甚至，马航在对飞机失联的各种可能性依次否认后，3 月 24 日晚突然召开发布会，在没有飞机碎片和黑匣子等证据的情况下，仅凭卫星数据就断定飞机终结于南印度洋，无人生还。在整个事件过程中，自始至终，马方缺乏系统的危机应对策略，尤其对于信息的发布，马航除了 "no idea"，就是不断地否认、否认再否认，拖延、隐瞒事件真相，导致危机急剧蔓延，将马航以及马来西亚政府的形象拉入谷底。随后的马航 MH‑17 被击落事件，更让意图复兴的 "马航之路" 计划再次受挫。2014 年 12 月 4 日，马来西亚航空公司宣布 2014 年 12 月 15 日 8 时将正式停牌，退出交易。

四月

危机品牌：特斯拉

危机起源：订单门

危机指数：★★★

危机简述：2014 年 4 月，北京、上海两地陆续有预定特斯拉的客户收到提车通知，但一批去年便向特斯拉预订车辆且交了 25 万订金的车主发现，特斯拉并未按照承诺的以预付款的先后顺序提车。为了讨回 "公道"，4 月 14 日，一封由 23 名特斯拉中国客户委托起草的律师函寄往了特斯拉中国，指称：特斯拉在客户不知情情况下，违背承诺擅自单方面改变交车顺序，未履行交车义务，构成 "虚假承诺"，涉嫌对消费者欺诈；并明确要求特斯拉中国公开道歉、尽快按照承诺履行交车并赔偿经济损失。该事件引发公众对特斯拉的质疑，降低对其的信任度。业内人士分析，特斯拉 "订单门" 的出现，核心原因是充电网络、体验店和服务中心扩张的速度，无法与持续增长的订单数量匹配，根源则是特斯拉中国管理的混乱。

危机品牌：百度

危机起源："旺旺贷"圈钱数千万跑路

危机指数：★★★

危机简述：2014年4月，曾经在百度加V认证推广的P2P理财网站——"旺旺贷"圈钱数千万跑路。由于投资者对"百度信誉V"的信任导致轻信"旺旺贷"承诺，一时间"百度信誉V"的专业性遭受多方面质疑。面对舆论，百度宣布提供400万元保障金赔偿受骗投资人，并着手清理不良P2P平台。

危机品牌：肯德基

危机起源：变形鸡翅

危机指数：★★★

危机简述：2014年4月30日15时1分，粉丝数尚未过万的今日启东论坛通过官微@今日启东论坛发布了一条肯德基"变形怪鸡翅"的图文微博。图中的鸡翅从边缘伸出一只鸡爪，形状甚是奇怪。单从图片来看，着实令人触目惊心，顿感厌恶。一时间，肯德基成为众矢之的，其食品安全问题也受到网友的强烈质疑。值得注意的是，舆情的进一步恶化，则是由于肯德基在微博回应中一次"精心策划"的危机公关，引起了网友的愤慨与抗议。

五月

危机品牌：搜房网

危机起源："搜房网"在5年内端口费用涨10倍遭多地房产中介联合抵制

危机指数：★★★★

危机简述：2014年5月，由于"搜房网"在5年内端口费用涨10倍，遭到杭州9家房产中介联合抵制，9家房产中介下架他们在搜房网杭州站的所有房源。这9家公司为我爱我家、链家地产、华邦地产、盛世管家、易居臣信、信宜地产、中正地产、财富置业、卓家地产。9家房产中介垄断了杭州当地市场80%以上的二手房房源，因此网上更是爆出搜房网杭州市场面临无房可搜的局面。之后，重庆、北京、青岛、深圳以及河南省等地的多家中介公司纷纷抵制搜房网。

六月

危机品牌：今日头条

危机起源：涉嫌转载内容侵权

危机指数：★★

危机简述：2014年6月，"今日头条"在收获红杉资本的1亿美元投资后，遭到广州日报、长沙晚报、搜狐等公司的频频发难，陷入了版权纠纷。今日头条CEO张一鸣在接受媒体采访时表示，"今日头条"不是转载，也不侵权，而只是导流，但也承认部分做法"有争议"。同期，网上也有传闻，搜狐之所以突然发难最主要的原因还是在于自身新闻客户端的发展遇到了瓶颈。

七月

危机品牌：福喜

危机起源：使用过期劣质肉事件

危机指数：★★★★

危机简述：2014年7月20日，2014年7月20日，据上海广播电视台电视新闻中心官方微博报道，麦当劳、肯德基等洋快餐供应商上海福喜食品公司被曝使用过期劣质肉。上海食药监部门已经要求上海所有肯德基、麦当劳问题产品全部下架。上海电视新闻记者卧底多月，调查上海福喜食品公司，发现了让人触目惊心的食材是如何有组织地流向麦当劳、肯德基、必胜客的，2014年7月20日晚节目播出后，上海食药监部门连夜出击，其进车间时一度被阻，最终，上海食药监部门表示部分文字证据已被控制。

危机品牌：小米手机

危机起源：数据掺假

危机指数：★★★

危机简述：7月22日，小米科技在官网上推出了"2014小米年度发布会直播"、"砸金蛋"活动，根据直播网页顶部红色粗体数字的提示，共有超过 2 亿人次在线观看了其发布会，回帖超过 2 亿条。然而有记者在第三方网站上查询到，小米网站全站在 22 日~23 日的真实 PV（访问量）数据只在百万量级，如果分配到直播网站，其真实 PV 仅在十万量级，对此小米科技相关负责人回应道，"我们并没有说我们的 PV 是两亿次，每看一张图片就记录 1 个人次，而之所以不按照 PV 数统计观看人次，是为了提升'用户体验'"。接着，7 月 31 据台湾媒体报道，监管机构接到民众举报并在调查中发现，台湾小米公司去年 12 月举办的三次网络购买红米手机活动，每次实际提供的购买资格数比广告宣称手机数要少，小米惯用的 "XX 秒已售罄" 之类的内容涉及广告不实，监管机构以违反公平交易法对台湾小米公司开出 60 万元新台币罚单。对此小米打出这样"诚挚"的歉意，"对不起，我们的确少了 30 台！30 台！就这点还算事？"早在 2012 年 8 月，一家媒体从小米代工方"英华达"日均产能及配送方"如风达"的配送情况提出疑问，称小米销售的真实数据与宣传的 300 万销售数量相差甚远，另外，小米官网当时 20 多万的日均 IP，按照电商访问量转化率 2% 计算，小米当时每日销量只有 4000 余部，与"英华达"产能相符。

危机品牌：聚美优品

危机起源：深陷假货门

危机指数： ★★★

危机简述：2014 年 7 月底，聚美优品网站的第三方商户"祥鹏恒业"涉嫌售假，其整个运作产业链被曝光，而后，聚美消息称陈欧暴怒宣布"砍掉整个奢侈品部门"，质问在场高管"只审资质文件管什么用？"12 月 16 日，聚美优品被美国 Milberg LLP 法律事务发起集体诉讼，导致股价缩水了近 70%，随后，陈欧发表题为《你永远不知道，陈欧这半年在做什么》的长微博回应在美被诉讼。

八月

危机品牌：锤子手机

危机起源：Zealer 发布的锤子手机测评结果

危机指数： ★★★

危机简述：Zealer 是国内热门的手机评测工作室。2014 年 8 月 1 日，Zealer 发布了关于锤子手机 Smartisan T1 的评测视频，其创始人王自如称 T1 算不上"东半球最好用"的手机，还列举了诸多弊端。此举刺激了锤子手机创始人罗永浩。罗永浩公开表示："王自如你别瞎猜，有时间去优酷公开辩论。"2014 年 8 月 27 日 19 时，两人如约在优酷面对面 PK，双方就"锤子手机是否易碎""散热设计是否有问题"等话题展开了激烈辩论。此次优酷约架引起 250 万人围观，被网友称为"决战优酷之巅"。

九月

危机品牌：苹果

危机起源：iPhone6 弯曲门

危机指数：★★★

危机简述：2014 年 9 月 19 日，iPhone6 及 iPhone6 Plus 开售后，有用户抱怨：当穿着紧身牛仔裤，并习惯性地把 iPhone6 Plus 放入裤子后袋中时，却发现这款超薄手机"极易折弯"。这起事件被称为"弯曲门"，迅速传遍互联网。22 日，"弯曲门"视频出现在社交网站上，迅速吸引广大"果粉"的目光，截至 24 日中午便已收获逾 600 万次点击。对于用户的抱怨，苹果公司表示："在正常使用情况下，iPhone 出现弯曲的情况极其罕见。"并强调所有设备在发售前须经过一系列"严格"物理性能测试，"iPhone 6 和 iPhone 6 Plus 达到或超出了我们所有的高质量标准，经得起日常使用"。

十月

危机品牌：沃尔玛

危机起源：给胖女孩贴标签

危机指数：★★★

危机简述：2014 年 10 月 27 日，万圣节前夕，消费者在浏览全美最大零售商沃尔玛的万圣节促销网页时，赫然发现，加大款的衣服上竟然贴着"胖女孩专属"。都说顾客就是上帝，这种公然挑衅上帝的行为想必后果也是可想而知。据悉，在网友们纷纷留言表示愤怒后，沃尔玛网站现将标签改为"加大号万圣节女装"。而沃尔玛的发言人表示，贴该标签的行为确实有欠妥当，他们为此道歉并保证不会再出现该类事件。即便及时进行公关，但品牌损害已经形成了。

危机品牌： 红十字会

危机起源： 灾难中不是救助灾民而是维护公共关系

危机指数： ★★★★

危机简述： 红十字会有着130年的历史，在全世界都有高度的品牌认可度。但是，2014年10月，有报道称，在飓风桑迪这样的大灾难中，红十字会竟然花费更多财力去维护公共关系，而不是救灾本身。报道一出，红十字会遭到各界强烈谴责，遇上品牌美誉度危机。

十一月

危机品牌： 贷帮网

危机起源： 坏账难兜底

危机指数： ★★★

危机简述： 2014年11月6日，有媒体曝出"贷帮网"发生了一笔1280万元的坏账。这笔坏账是由于"贷帮网"的合作机构前海融资租赁有限公司私自将借贷的资金用于房产开发，而该房产项目涉嫌违纪，楼盘被法院暂时查封，最终导致1280万元的借贷款无法按时归还。贷帮网CEO尹飞高调表示，拒绝为坏账兜底，公司死掉也愿做第一个践行者。

危机品牌： 现代牧业

危机起源： "病牛门"事件

危机指数： ★★★

危机简述： 2014年11月11日，新京报获悉现代牧业宝鸡牧场因私自出售42头被检测出带病的奶牛遭到动物检疫部门和公安机关调查，并有4人被拘留。次日，这批病牛被农业部门捕杀深埋，现代牧业股价随之大跌。11月13日，现代牧业对外表示，这批牛被检测认定为病牛可能是因为曾注射过疫苗的缘故。现代牧业的这一说法因奶牛已被深埋而难以被证实。在因"病牛门"事件被媒体拉至放大镜下之后，现代牧业的其他问题随后被曝光，一时间，现代牧业安全性遭到强烈质疑。

十二月

危机品牌：12306

危机起源：信息泄露

危机指数：★★★★

危机简述：2014 年 12 月，12306 网站被爆出包括账号、明文密码、身份证邮箱在内的 10 多万用户信息遭到泄露。12306 官方第一时间声明信息泄露与己无关，随后两名犯罪嫌疑人被警方抓获，紧接着 12306 网站悬赏查找漏洞，加入了"补天"漏洞响应平台；还发布了几项政策，包括打击、举报屯票倒票行为，火车票价格部分下调等。

10.8 2015 年中国市场主要品牌危机事件回顾

翻过一页，已是崭新的一年，回顾 2015，我们发现，在互联网时代，自媒体发展越来越成熟，网络事件此起彼伏，时而静悄悄，时而波浪翻腾，强大的网络能量掀起了强大的爆发力。

如今，信息传播渠道的多样化、时效的高速化、范围的全球化，消费者权利意识的觉醒与法律意识的提高等，都使各类危机的传播速度与传播范围大幅度增加，面对危机，公关表示"压力山大"。但是，任何品牌的发展都不是一帆风顺的，只有在危机来临时积极应对，变通处理，才能抵御危机的侵袭，维护品牌形象。

那么究竟 2015 年发生了哪些品牌危机事件呢？接下来，让我们一起回顾！

一月

危机品牌：聚美优品

危机起源：一封邮件引发的查封传闻

危机指数：★★

危机简述：2015 年 1 月 6 日，记者收到一封自称聚美海外业务员工的人士发来的邮件，邮件称"2014 年 9 月珠海海关查到聚美优品的供应商 2000 万走私化妆品。随后执法部门对供货单和物流信息进行追查，发现大部分的走私品流入聚美优品公司的仓库。聚美位于北京的仓库被查封。"按照该发件人表述，事件发生后，聚美一直对内对外封锁消息，仓促更换仓库。相关人员被执法机关带走后，聚美高层被迫疏通关系，进行公关，孙姓总监被释放，目前，海外业务副总裁叶飞已回到国内。记者向多位记者求证时发现，多位记者的邮箱均接收到了此"爆料"邮件。随后，记者第一时间采访到聚美优品 CEO 陈欧。"这个真是扯淡，欢迎媒体朋友过去参观。"陈欧如是对记者否认。

危机品牌：腾讯

危机起源：微信瘫痪

危机指数：★

危机简述：2015 年 1 月 19 日上午 10：30 左右，不少在刷朋友圈的小伙伴们都发现，微信又"抽搐"了。朋友圈、短消息均显示无法正常收发。这种现象持续了 10 - 15 分钟，造成了部分用户聊天中断。记者了解到，这已经是不到一个月时间内，微信第二次出现故障。以往每次微信发生大面积故障事件，腾讯微信团队均会在其官方微博上发表声明，解释故障发生的原因以及解决方案。但此次故障发生后，腾讯微信团队的官方微博、微信派、微信公众号集体"失声"。记者随后致电微信官方客服，客服回复称，上午的故障是由后台升级所致，在 11 点左右已经恢复。在网络上，广大网友对微信一次次出现故障，表现出了宽容的态度。有一种说法认为，微信在庞大用户规模下，对于服务器要求更高，腾讯需要提高自己在后台服务器上的技术保障。

危机品牌：阿里巴巴

危机起源：淘宝与工商总局呛声

危机指数：★★★

危机简述：2015 年 1 月 23 日，国家工商总局公布 2014 年下半年网络交易商品定向监测结果，宣称淘宝网正品率最低，仅为 37.25%。1 月 27 日，淘宝官方微博上发了一篇名为《一个 80 后淘宝运营商小二心声》的公开信，质疑工商总局的调查方式和结果，直接喊话国家工商总局网络监管司司长刘红亮："您违规了，别吹黑哨！"从当天到 29 日，双方针锋相对，先后以官方回应、官网发白皮书、投诉网监司司长刘红亮、声明组织"打假特战营"等方式互相"驳斥"。1月30日，工商总局发布消息称，张茅局长在工商总局会见马云，马云称阿里巴巴将配合政府打假，加强日常线上巡查和抽检。国家工商总局发言人强调，此前发布的白皮书，是行政指导座谈会会议记录，不具有法律效力。至此，双方握手言和。

四月

危机品牌：加多宝

危机起源：加多宝"涉嫌侮辱英雄"事件

危机指数：★★★

危机简述：2015年4月13日，加多宝在香港《文汇报》刊登广告："加多宝凉茶2014年再次销量夺金，多谢@香港，一家人，一条心。"发起"多谢行动"第一弹。随后，加多宝与微博名人"作业本"互动，恭喜作业本与"烧烤"齐名，表示若作业本开烧烤店就送10万罐凉茶。而早在2013年，"作业本"曾在微博上发段子"由于邱少云趴在火堆里一动不动，最终食客们拒绝为半面熟买单，他们纷纷表示还是赖宁的烤肉较好。"对此，加多宝回应称"对作业本发生在2013年的微博事件毫不知情"，同时认为是"竞争对手恶意拿作业本2013年的微博截图（在发布之后旋即删除）与多谢行动海报刻意嫁接到一起，刻意混淆视听，误导不明真相的网友。"

危机品牌：360

危机起源：360被爆软件测评作弊

危机指数：★★★★

危机简述：2015年4月30日晚，三家国际知名杀毒软件评测机构 AV－Comparatives（简称 AV－C）、AV－TEST 和 Virus Bulletin（简称 VB）联合发布声明指责中国安全厂商奇虎360作弊，送测的产品与中国版本有异，并宣布取消360产品今年以来获得的所有认证和评级。消息公布后，业界纷纷表示震惊。而事件的主角360公司则连续进行了多次的危机公关，先是发声明承认送测版本与中国版本有差异，但不承认作弊；接着，又将战火引到腾讯、百度身上，特别提出腾讯的电脑管家将同样被取消认证；最后，又以海外安全厂商担忧360崛起为由，360遭遇不公正待遇为由，宣布退出 AV－Comparatives 的例行评测。

五月

危机品牌：乐视

危机起源：乐视手机无限期延迟供货传闻

危机指数：★★

危机简述：2015 年 5 月 12 日晚间，有微博大 V 发布消息称，因为乐视公布手机行业成本底价，揭开了队友们的"底裤"，并坚持按量产成本定价，引发竞争对手和供应链厂商的强烈不满，导致联合封杀，面临无限期延迟供货的窘况。对此，乐视移动公司总裁冯幸回应称，为了用户利益，乐视坚持量产成本定价，5 月 19 日乐视手机将会正常开售。乐视创始人贾跃亭指出，希望友商和乐视一起，去渠道化、去品牌溢价，让硬件免费、流量免费，让用户只为自己认可的价值买单，供应链伙伴非常认同乐视模式，积极协同。

危机品牌：一汽－大众奥迪

危机起源：长春暴雨，奥迪新车被淹

危机指数：★★★★

危机简述：2015 年 5 月 17 日－5 月 18 日期间，一场突如其来的暴雨夹杂着冰雹袭击了长春，这场暴雨造成了长春城区多处发生了严重积水，位于长春的一汽－大众奥迪停车场，二百多辆新车全部被暴雨浸泡，图片被放到网上，引发热议，将一汽－大众奥迪引入一场公关危机事件。这场舆论漩涡来得有些突然。5 月 21 日一汽－大众奥迪发布官方声明，就车辆进水一事做出回应，证实了由于长春暴雨导致了 283 辆奥迪 A6L 浸泡受损，并确保这些车辆不会进入销售渠道。5 月 22 日，为彻底平息媒体和消费者担忧，奥迪再次发布公告，并且将 283 辆受损车底盘号全部公布。

危机品牌：支付宝

危机起源：光缆被挖断，支付宝瘫痪

危机指数：★★★★★

危机简述：2015 年 5 月 27 日晚上 18 点左右，杭州、上海、武汉等地的用户纷纷反映支付宝 PC 端和移动端均无法使用支付转账功能，余额宝也不能显示

余额。事件发生半个小时后，支付宝在微博上回应称，事故是杭州市萧山区某地光纤被挖断造成，运营商正在抢修，支付宝工程师正紧急将用户请求切换至其他机房，资金安全不会受到影响等。随后的时间内，支付宝在微博上通报抢修进程。并在晚上7：30，再发官微表示，系统恢复正常服务。整个系统瘫痪时间2.5小时。事故结束后，支付宝发布官方声明，再次解释整个事件起因，对用户表示歉意，并对用户关心的问题一一进行解答，并表示会推进技术的升级改造。

危机品牌：携程

危机起源：员工失误，携程瘫痪

危机指数：★★★★

危机简述：2015年5月28日中午11时左右，携程官网、APP同时崩溃。将近两个小时后，携程才发表声明，简单表示服务器遭到不明攻击，正在紧急恢复。随即，这份声明被携程删除。接着，据说是携程内部泄露的言论称，是服务器某根目录被删除了，备份都被干掉了。同时，网上也传出携程数据库被物理删除的说法。这之后，携程网站才提示用户可以改访问艺龙，但很快，承载不了过大流量的艺龙网也挂了。直到晚上23：29，携程才恢复正常。携程官微发布声明称，数据没有丢失。第二天早上，携程发布官方解释，称是由于员工错误操作，删除了生产服务器上的执行代码导致。

六月

危机品牌：神州专车

危机起源：神州专车"怪蜀黍"发起撕逼大战

危机指数：★★★

危机简述：2015年6月25日，神州专车在微博平台上公布了一组以"Beat U，我怕黑专车"为主题的系列广告，矛头直指Uber，广告中请到了著名演员吴秀波、海清等代言，文案以偏概全，用各种公开的、隐晦的、诋毁的、暗示的措辞，暗示用户使用Uber会遭遇"坏蜀黍司机"、"隐私被买卖"、"毒驾、酒驾、醉驾"等情况。该海报一时在微博、微信疯传，如此赤裸裸地攻击对手，使得嘘声与骂声齐鸣，遭到网友联手指责和抛弃，神州专车吴秀波的海报中，将"怪蜀黍"错打成"怪蜀黎"，也引发了网民嘲讽，更使得该专车公众形象遭受严重损害。

危机品牌：珍爱网

危机起源："人贩子一律死刑"的争论

危机指数：★★

危机简述：2015年6月17日，一个倡议在网络上迅速蔓延，内容为"建议国家改变贩卖儿童的法律条款。拐卖儿童判死刑！买孩子的判无期！"并配了一张小男孩儿流泪的照片。微信朋友圈中，以"来自XX（城市）的XX（人名）做出了承诺"为链接，进行了一场声势浩大的接力活动。微博上更有王宝强、娄艺潇等艺人，以及众多大V的争相转发，并呼吁：不求点赞，只求扩散。一时间，这一话题引起了社会各界的广泛关注和热议。在这场关于法律和情感的论战中，有网友注意到了倡议发起人，是名为"新风向公益宣传"的个人微信公众号，它的注册时间是6月17号下午，而网上却查不到有关"新风向公益"的基本信息。同时，疯转的图片下方有"感谢珍爱网友情支持"的字样，点击链接就会进入珍爱网的注册页面。有网友表示："你在朋友圈接力坚持贩卖儿童判死刑，那是在帮别人赚钱。"尽管珍爱网于18日下午发表声明，称此事是"个别员工未经批准擅自启动的营销行为"，并对该事件所造成的困扰，致以真诚的歉意。但并没有澄清自己仅是借势营销，还是该事件的策划者。无论如何，这种利用公众情感进行商业宣传的做法，都受到了网友的强烈谴责。

七月

危机品牌：京东

危机起源：六六维权，京东"看人下菜碟"

危机指数：★★★★

危机简述：2015年7月11日，作家六六发了一条微博，称自己在京东上购买的天天果园水果是烂的，要求退款却被拒绝。作为一名拥有1000多万粉丝的女作家，这条微博一面世，立刻引来大量关注。一个小时后，天天果园即联系六六提出全额退款。六六拒绝后，京东和天天果园又相继联系商讨退款，天天果园还邀请六六为其质量监督员。7月13日，六六再次在微博上发表名为《我要的是公平》的文章，拒绝和解。7月14日，天天果园在微博上公开道歉，京东进行转发并表示要加强自身服务。正当舆论趋缓时，王思聪却在 7 月 18 日转发六六微博，表示自己也拥有同样经历。7 月 19 日，京东官方微博向王思聪道歉。然而，事情反而引来了更多的质疑：为什么王思聪就能得到公开道歉？"看人下菜碟"的帽子，就这样戴在了京东的头上。

危机品牌：优衣库

危机起源：三里屯优衣库试衣间不雅视频传播

危机指数：★★★★

危机简述：2015 年 7 月 14 日晚，一则优衣库三里屯视频的消息在微博热传，随后在微信上视频分享和朋友圈恶搞随之跟上。在 7 月 15 日一早，优衣库三里屯视频门已经火爆整个网络。虽然微博话题已经早早被撤除，视频源也大部分被销毁。但有关这件事的讨论和图片分享已经难以遏制。围绕视频门是策划好的事件营销还是和品牌方无关的突发事件争议一直持续，大家一直想关注作为无法逃脱该事件对品牌营销的优衣库会如何回应。2015 年 7 月 15 日 10 点 19，优衣库官方微博终于对此事回应，并且对该条回应关闭网友评论功能。

危机品牌：E 租宝

危机起源：E 租宝是传销集团传闻

危机指数：★★★

危机简述：2015 年 7 月 27 日，一封题为"E 租宝员工泣血求助，曝光钰诚集团为中国最大传销集团！！！"的网帖在社交媒体广泛传播，文章作者自称是钰诚集团下属互联网金融平台 E 租宝员工，细数了 E 租宝背后钰诚集团几大罪状和自己被拖欠工资并被威胁始末。7 月 29 日，金易融（北京）网络科技有限公司发布《关于 E 租宝网络不实言论的严正声明》，"相关网帖中声明的内容，均为不实消息，是对钰诚集团及 E 租宝的恶意中伤。"声明中表示，网帖中提及的安徽振戎网络科技有限公司，与金易融公司无任何股权与隶属关系，更不存在所谓的传销与非法集资。并称，对于恶意传播谣言等行为，会积极使用法律武器以保护公司合法权益。声明还表示，"公司已在第一时间向公安机关及网络信息主管部门反映情况，有关部门正在调查中。"

八月

危机品牌： 魅族

危机起源： 魅族系统隐私泄漏事故

危机指数： ★★★★

危机简述： 2015 年 8 月 19 日消息，有不少网友反映魅族 Flyme OS 系统出现隐私泄漏事故，自己的通讯录、短信、通话记录、便签等内容同步过来出现很多陌生信息。对此魅族官方回应，异常原因为"由于程序 BUG，在多线程的一个场景中，标识错位引起。"并表示"期间，部分用户的同步数据如通话记录、短信等受到了影响，表现为数据错乱。基本不会对便签、云相册造成影响。"IT 垂直媒体 DoNews 编辑称，从官方公布的异常时间线来看，魅族在 8 月 18 日 18：00 版本发布后，半小时发现了异常，在 20：40 确定原因，23：53 确认方案。到 8 月 19 日 01：30 受影响账号数据开始回档。微博认证用户"IT 观察猿"表示，魅蓝 NOTE 用户爆料 flyme OS 信息泄露事件，再次引发用户对智能设备安全性的担忧，而魅族官方迟迟不回应，也引发用户们不满，网友纷纷调侃 flyme 坐实 bugme 的称号。未来云时代，公众的个人隐私只能依托于企业的社会责任感。

九月

危机品牌： 绝味鸭脖

危机起源： 新闻报道绝味鸭脖卫生状况堪忧

危机指数： ★★★

危机简述： 9 月 2 日，南昌三套政法频道"特攻组"节目的记者对"绝味鸭脖生产基地——江西阿南食品有限公司"进行暗访调查，当时就发现该公司的卫生状况简直不堪入目，该事件一时间成为媒体及社会关注的焦点。报道出来后，绝味公司出台了漏洞补救措施，对涉事门店停业整顿，要求涉事门店邀请相关主管行政机构监督，得到地方主管机关的认可后，才能重新开业。无论是媒体还是消费者，都在观望这个风雨 10 年的鸭脖连锁领导品牌，如何面对危机的态度和行为。

危机品牌：滴滴出行

危机起源：滴滴出行与印度牙医 logo 撞车

危机指数：★★★

危机简述：2015 年 9 月 9 日，滴滴打车宣布更名为滴滴出行，并发布了新 logo。但消息刚发出，即被人指出，其新 logo 与印度某牙医机构的标识构图极其相似，并且挑战某"水果"的广告用语也不规范。滴滴立即在微博上删除了公告。当天中午，滴滴出行在官微回应称，创意撞车纯属意外，发布前两天，滴滴创意人员才看到了印度类似作品——"见鬼了！"但滴滴仍然保留了这个最符合产品内涵的方案，并表示已在和对方沟通进行处理。

危机品牌：新浪微博

危机起源：微博故障

危机指数：★★★★

危机简述：2015 年 9 月 12 日清晨，新浪微博出现大面积故障，大量网友反馈新浪微博账号登录异常。具体表现为微博刷新不出内容，提示账号异常，微博用户不存在等。从 8 时 30 分至 10 时，澎湃新闻多次拨打新浪微博客服电话均显示忙碌。8 时 34 分，新浪@微博客服发布公告：由于系统服务异常，导致微博刷新失败、个人主页异常以及客户端报错的问题攻城狮们正在紧急的修复当中，由此给您带来的不便深表歉意，感谢您的耐心等待和对我们工作的理解。目前部分功能正在恢复中，具体修复进度请您关注官方账号最新动态。10 时，澎湃新闻搜索发现，大量网友仍在微博上吐槽，有网友称一开始以为手机坏了；有的以为网络出现故障；还有的卸载掉软件重装，结果发现依然显示用户不存在……还有不少网友以为自己的账号被封。截至澎湃新闻发稿，新浪微博已恢复正常。目前异常原因尚不明晰。

危机品牌：大众

危机起源："排放门"事件

危机指数：★★★★

危机简述：2015 年 9 月 18 日，美国相关部门正式披露了大众集团旗下柴油发动机涉嫌作弊的问题，作为德国重要的汽车巨头，大众从这一天开始便笼罩在"排放门"的阴霾之下。在短短的一个月内，大众集团面临高层的人事变动、蒸发的市值、巨额的罚款、百万计的待召回车辆、品牌信誉的缺失和德国制造口碑的受损等诸多问题。9月24日，在国内的大众两大合资厂家，上海大众和一汽大众在同一天发表声明，此次排放门和中国市场没有关系，第一时间撇清关系。大众汽车集团（中国）2015年9月底再次发声明称，大众汽车集团（中国）进口搭载了 EA189 四缸柴油发动机的大众进口 Tiguan（途观）共计 1946 辆，有可能受到影响。在中国销售的部分途观车辆接受调查。

危机品牌： 苹果

危机起源： 新闻报道苹果多款应用感染病毒

危机指数： ★★★★

危机简述： 2015年9月20日，央视新闻报道多款 iOS 应用被置 Xcode 病毒，受到感染的 App 大概有 350 余款。对于此事，苹果一直沉默不语。9月21日，苹果官方终于做出回应。苹果强调，这次安全事件，是黑客诱骗应用开发者使用了修改过的苹果应用开发工具 Xcode，从而将恶意代码注入至这些应用。此外，苹果还表示，已经从 App Store 删除了这些基于伪造工具开发的应用，同时正在与开发者合作，确保他们使用合适版本的 Xcode 去重新开发应用。据了解，有多名开发者已收到了来自苹果的下架通知，同时，苹果还说明了重新上架的条件：首先开发者需要通过官方渠道下架 XcodeGhost 感染的软件，然后再对软件进行重新编译，最后是提交软件等待审核。

十月

危机品牌： 青岛

危机起源： 天价虾引发青岛形象危机

危机指数： ★★★

危机简述： 2015年10月4日，肖先生在青岛市乐陵路"善德活海鲜烧烤家常菜"吃饭遭遇宰客事件引发网友热议。点菜时，肖先生曾详细询问过菜价，问大虾38元究竟是一份还是一只，当时老板说38元一份。但在结账时，老板却称大虾价格为38元一只，之后该消费者投诉没有得到妥善及时处置。肖先生亲属事后把遭遇发到了网上，引起了社会对青岛旅游乱象、整治不力的吐槽，也让山东省苦心塑造的"好客山东"品牌毁于一旦。10月7日，一组以《至少，青岛还有他们》为题的图片，通过当地媒体官方微博在网络广为发布。所配文字直指报道"放大了事件对青岛形象的影响"，所以，为了表现"山东人也会反抗，这是孔子之乡，俺们都是实在人"，当地推出了这组"多数人在默默无闻地为这座城市付出"的工作镜头。这有点像青岛形象的危机公关，又有点像自说自话的"青岛自信"。组镜头包括的"多数人"，有救生员、建筑工人，还有安检员、环卫工人、公交车场充电工人等，属于每座城市都四处可见、在工作岗位上默默奉献的人，他们确实令人敬佩，但他们的存在并不意味着这座城市就千好万好完美无缺。

十一月

危机品牌： 中国电信

危机起源： 流量无故流失

危机指数： ★★★

危机简述： 2015 年 11 月 1 日 13 点 40 到到 16 点 20，这 3 个小时内，中国电信陆陆续续发了 7 条信息给广州龙小姐，告知她电话号码用了近 23G 流量，必须补缴 1100 多元的上网流量费才能开回机，而龙女士表示，手机明明放抽屉里充电，3 小时却消耗了 23G 流量。此事引起众多用户晒出自己流量"疯跑"的情况，营运商缺乏监管的质疑舆论不断升级。经记者了解，中国电信官方给出调查结果，表示 11 月 1 日用户龙女士反映其手机产生超量流量（23GB），通过用户上网记录清单和手机日志的关联分析，中国电信公司技术人员与手机厂商工程师确认：11 月 1 日和 8 日产生异常流量是由于手机终端应用软件重复下载大流量文件造成的。

危机品牌： 恒大

危机起源： 擅自更换球衣广告

危机指数： ★★★

危机简述： 2015 年 11 月 21 日，亚冠决赛在阿尔阿赫利和广州恒大之间发生。作为恒大俱乐部赞助商的东风日产启辰却无心观赛，他们发现恒大没有按照合同规定在决赛中穿上印有"东风日产启辰 T70"广告的球衣，而是穿着印着"恒大人寿"字样的球衣。东风日产要求恒大能够给予公开的解释说明，同时还保留进一步行动的权利。11月23日，恒大方面首次承认在球衣胸前广告问题上出现违约，并表示在事情发生后一直积极与东风日产方面进行友好协商。另据恒大方面称，自己早在一个月前就已就回购胸前广告事宜与东风日产方面进行了电话、信函沟通，希望能回购决赛次回合比赛胸前广告的权益，但东风日产方面却拒绝了恒大的请求，由于双方直到赛前仍沟通无果，因此恒大方面决定单方面更换胸前广告，但此说法被东风日产否认。

十二月

危机品牌：奥迪

危机起源：奥迪新车搁浅事件

危机指数：★★★★

危机简述：2015年12月3日，全新一代奥迪Q7将在海南三亚上市，奥迪选择包下整个蜈支洲岛，改名为Q7 ISLAND。活动现场，为强调新一代奥迪Q7有更强劲的越野性能，在媒体记者的试驾环节，一辆奥迪Q7被开到海边沙滩上。结果越陷越深，动弹不得，在借助其他车辆和工具后才成功上岸。奥迪Q7搁浅的照片和视频，第一时间就发到朋友圈里，通过社交媒体快速传播。事发后不久，奥迪发布一张图，公布事情的最新进展，内容包括：车辆已成功上岸，专家检测显示，车辆性能完好、电子系统没问题等。有业内人士当晚百度"奥迪Q7"，发现与相关新闻少之又少。当晚汽车类自媒体也对此事集体失声。

危机品牌：唯品会

危机起源：出售假冒伪劣产品

危机指数：★★★★

危机简述：月初，有网友发帖爆料，唯品会在12月7日至11日推出的大型酒类促销活动中，涉嫌出售假冒茅台酒。随后有报道援引贵州茅台集团人士称，茅台与唯品会没有业务关系。唯品会官方发言人表示，目前茅台官方授权网站公司正在针对"假茅台"的事情进行调查。据初步了解，公司的茅台酒供应商是有拿到官方供货资质的，唯品会也尽到了资质审查的义务。唯品会同时决定，自昨日起，将主动联系购买了该专场相关商品的903位消费者进行退货退款，并对退回的商品封存调查。若调查结果发现存质量问题，将对消费者进行赔偿。

参 考 文 献

【1】余明阳. 中国品牌报告 2007［M］. 上海：上海交通大学出版社，2007.

【2】谢范科、罗险峰. 市场风险预警［M］. 石家庄：河北科学技术出版社，1999.

【3】胡树华. 产品开发预警管理［M］. 石家庄：河北科学技术出版社，1999.

【4】张云起. 营销风险预警与防范［M］. 北京：商务印书馆，2001.

【5】余廉、高凤彦. 企业营销预警管理［M］. 石家庄：河北科学技术出版社，1999.

【6】余明阳、杨芳平. 品牌学教程［M］. 上海：复旦大学出版社，2005.

【7】刘凤军. 品牌运营论［M］. 北京：经济科学出版社，2000.

【8】苏勇、孙小平. 品牌通鉴［M］. 上海：上海人民出版社，2003.

【9】陆娟. 现代企业品牌发展战略［M］. 南京：南京大学出版社，2002.

【10】朱延智. 企业危机管理［M］. 北京：中国纺织出版社，2003.

【11】孙日瑶. 品牌经济学［M］. 北京：经济科学出版社，2005.

【12】史安斌. 危机传播与新闻发布［M］. 广州：南方日报出版社，2004.

【13】游昌乔. 危机公关：中国危机公关典型案例回放及点评［M］. 北京：北京大学出版社，2006.

【14】施振荣. 全球品牌大战略［M］. 北京：中信出版社，2005.

【15】王方华. 营销伦理［M］. 上海：上海交通大学出版社，2005.

【16】王方华、李乃和. 营销工程［M］. 上海：上海交通大学出版社，2006.

【17】赵景华、陈加奎、张骏生. 关于企业危机管理三个学派的评述［J］. 煤炭经济研究，2005（8）.

【18】魏立尧、陈凯. 企业危机管理理论评述与扩展［J］. 华东经济管理，

2005（6）.

【19】佘丛国、席酉民. 我国企业预警研究理论综述 [J]. 预测，2003（2）.

【20】张兵武. 品牌危机的自救与自缚 [J]. 广告大观（综合版），2006（6）.

【21】沈云林. 近因效应与品牌危机 [J]. 企业管理，2005（10）.

【22】李兴国. 从"感受"的视角解析品牌危机 [J]. 国际新闻界，2006（3）.

【23】刘庆玉、吴烽. 企业品牌危机预警系统的构建 [J]. 云南财贸学院学报，2005（8）.

【24】吴旭燕. 基于 AHP 的企业品牌危机模糊综合评价 [J]. 科技进步与对策，2005（3）.

【25】王知津、宋正凯. 品牌危机中的竞争情报 [J]. 情报理论与实践，2006（3）.

【26】沈海中. 品牌危机影响中如何安抚经销商 [J]. 现代家电，2005（10）.

【27】杨茂盛、郑悦. 外资并购所引起的品牌危机 [J]. 统计与决策，2003（11）.

【28】徐华松. 品牌护盾——品牌危机管理与公关的撒手锏 [J]. 江苏科技信息，2004（8）.

【29】王逸凡、曾朝晖. 品牌危机管理 [J]. 北京工商，2003（5）.

【30】宗永建. 跨国公司品牌危机：原因探析及其启示 [J]. 江苏商论，2006（1）.

【31】华梅芳. 对外资企业品牌危机的思考 [J]. 2005（12）.

【32】林景新. 本土品牌与跨国品牌：一种危机两种命运 [J]. 大经贸，2005（8）.

【33】林开勇. 诚信危机：中国企业品牌战略面临的突出问题 [J]. 黑河学刊，2005（7）.

【34】齐璇. 国外品牌涉"红"不倒与中国品牌闻风就垮——中外企业应对媒体突发危机差异对比 [J]. 中国质量与品牌，2006（8）：62－65.

【35】佘世红. 品牌道德："危机"下的品牌发展新论 [J]. 中国品牌，2007（1）.

【36】景进安. 品牌个性稀释危机及其防范 [J]. 科技进步与对策，2006（5）.

【37】符莎莉. 品牌空心化危机［J］. 商业经济与管理，2003（3）.

【38】陈曙亮、陈颖生. 品牌危机的心理学解读［J］. 商业时代，2006（28）.

【39】鄂立特. 多国行业品牌危机与我国企业的发展契机［J］. 经济工作导刊，2001（3）.

【40】杨林. 我国企业合资中的品牌危机及其对策［J］. 福建标准化信息，1997（3）.

【41】王连森. 品牌资产及其衡量与创建［J］. 山东经济，2005（1）.

【42】于春玲、王海忠、赵平. 品牌权益理论及其实证研究评述［J］. 财经问题研究，2005（7）.

【43】潘成云. 逆名牌效应：理论与实证分析［J］. 当代财经，2005（11）.

【44】沈海中. 品牌危机影响中如何安抚经销商？［J］. 现代家电，2005（16）：28-29.

【45】孙多勇、鲁洋. 危机管理的理论发展与现实问题［J］. 江西社会科学，2004（4）.

【46】尧军文、王小萍. 品牌安全基本内容［J］. 郑州航空工业管理学院学报，2004（2）.

【47】汤少梁. 基于顾客与经销商关系的品牌关系研究［J］. 商业研究，2005（20）.

【48】谢旭. 基于利益关系的管理［J］. 管理经纬，2006（6）.

【49】卢泰宏基于品牌关系的品牌理论：研究模型与展望［J］. 商业经济与管理，2003（2）.

【50】张燚、张锐. 论生态型品牌关系的框架构建［J］. 管理评论，2005（1）.

【51】刘华军. 品牌信用及其经济学分析［J］. 山东经济，2006（7）.

【52】贺爱忠. 西方品牌理论的新发展［J］. 经济学动态，2005（11）.

【53】江明华、董伟民. 价格促销的折扣量影响品牌资产的实证研究［J］. 2003（5）.

【54】盛伟忠. 基于顾客品牌权益的品牌传播体系构建［J］. 当代经济，2004（8）.

【55】余明阳、舒咏平. 论"品牌传播"［J］. 国际新闻界，2002（3）.

【56】余明阳. 品牌竞争力的理论综述及因子分析 ［J］. 市场营销导刊，2006（6）.

【57】胡大立、谌飞龙等. 品牌竞争力的内涵及其源流分析 ［J］. 经济问题探索，2005（10）.

【58】胡大立、谌飞龙等. 品牌竞争力的生成及其贡献要素优势转化机制分析 ［J］. 科技进步与对策，2005（7）.

【59】文汝田. 电子商务时代的顾客关系管理系统 ［J］. 财贸研究，2002（2）.

【60】江富强. 安内抚外——企业应慎重应对品牌危机 ［J］. 中国品牌，2007（3）.

【61】宗永建. 跨国公司品牌危机：原因探析及其启示 ［J］. 江苏商论，2006（1）.

【62】宗永建. 历史教科书事件引发的日本跨国公司品牌危机及其启示 ［J］. 机电信息，2005（11）.

【63】乃风. 谁掀起了外资品牌危机风爆 ［J］. 国际公关，2005（4）.

【64】王兴元、李建伟. 论名牌危机及其管理控制 ［J］. 科学学与科学技术管理，2002（5）.

【65】田建华、曹明亮、顾树林. 从"娃哈哈遭遇达能强行并购事件看品牌的危机公关" ［J］. 现代管理科学，2007（7）.

【66】孟华兴、黄荣. 基于信任恢复的品牌危机处理策略 ［J］. 产业与科技论坛，2007（8）.

【67】刑晓柳、董本宽. 企业文化对品牌危机管理的作用机理 ［J］. 企业改革与管理，2007（9）.

【68】韦晓菡. 线析品牌危机的成因与类型 ［J］. 经济与社会发展，2007（5）.

【69】辛爱云. 区域品牌的危机与对策 ［J］. 商场现代化，2007（18）.

【70】环球. 从危机到商机——中美史克 PPA 事件危机管理案例 ［J］. 公关世界，2002（8）.

【71】江富强. 3.15 消费日解读企业品牌危机 ［J］. 中国品牌，2007（3）.

【72】谭丽雅. 商务部首次发布《中国品牌发展报告（2006）》，我国的品牌发展存在九大差距 ［N］，中国剪报，2007－2－9.

【73】于晶波、俞岚. 经济透视：政府推动正加力，中国顺差疾进品牌突围 [N]. 中新社惠州，2007 – 7 – 22.

【74】乌家培. 大家都要重视品牌效应 [N]. 品牌导报，2004 – 12 – 15.

【75】俞丽虹、孔徒. 国际名牌遭遇"品牌危机" [N]. 国际商报，2007 – 2 – 8.

【76】王佳. 拉拉宝贝，第 N 个奥运擦边球 [N]. 中国经营报，2008 – 3 – 10.

【77】李媛. 高通胀下，感应消费之变 [N]. 中国经营报，2008 – 3 – 10.

【78】王佳. fans 产品，奥运特许的空白 [N]. 中国经营报，2008 – 3 – 10.

【79】张翼. "双防"依然是头等大事 [N]. 中国经营报，2008 – 3 – 10.

【80】贺正楚. 企业危机管理：组织与组织管理的视角 [D]. 中南大学，2004.

【81】李侠. 基于突变机制的企业危机管理 [D]. 四川大学，2006.

【82】杨剑英. 基于企业文化视角的营销危机管理研究 [D]. 南京理工大学，2006.

【83】李蔚. 企业营销安全及其预警体系研究 [D]. 四川大学，2002.

【84】卢冰. 企业品牌危机管理研究 [D]. 厦门大学，2002.

【85】蒋波. 论企业品牌危机管理 [D]. 武汉理工大学，2006.

【86】钟唯希. 品牌预警管理研究 [D]. 武汉理工大学，2003.

【87】于治江. 品牌关系管理研究 [D]. 东北财经大学，2004.

【88】许基南. 品牌竞争力研究 [D]. 江西财经大学，2004.

【89】李伟. 跨国企业品牌危机管理研究 [D]. 哈尔滨工程大学，2007.

【90】蜥蜴团队. 明星之死与品牌危机——乐无烟纪念傅彪公关企划案 [EB/OL]. http://mkt. icxo. com/htmlnews/2006/09/19/946158_0. htm2006 – 09 – 19/2007 – 12 – 10.

【91】顾环宇. 2004 品牌危机全回顾 [EB/OL]. http://www. globrand. com/2004/12/08/20041208 – 64445 – 1. shtml,2004 – 12 – 08/2007 – 12 – 10.

【92】庞亚辉. SK – Ⅱ：危机之殇痛骨髓[EB/OL]. http://www. efu. com. cn/data/2007/2007 – 02 – 07/185309. shtml,2007 – 02 – 07/2007 – 12 – 10.

【93】《中国名牌》杂志社. 2007 中国十大品牌危机榜[EB/OL]. http://news. vnet. cn/info/73/332592. html,2008 – 1 – 20/2008 – 2 – 10.

【94】顾环宇. 2005 品牌危机全回顾[EB/OL]. http://www. globrand. com /

2005/12/09/20051209 – 105816 – 1. shtml, 2005 – 12 – 09/2007 – 12 – 20.

【95】顾环宇. 2006 品牌危机全回顾 [EB/OL]. http://www. chinavalue. net/ article/50815. html, 2007 – 01 – 21/2007 – 12 – 20.

【96】顾环宇、陈喆. 2007 品牌危机全回顾 [EB/OL]. http://blog. sina. com. cn/s/ blog_550f745501008gu4. html, 2008 – 01 – 15/2008 – 01 – 21.

【97】林景新. LG 翻新事件 2007 年网络危机公关第一案 [EB/OL]. http:// www. Onexin. com/index. php/viewthread – 149525. html, 2007 – 10 – 08/2008 – 1 – 17.

【98】姚芃. 郭德纲首次承认代言有违规 [EB/OL]. http://ent. xmnext. com/star/2007/06/11/761194. html, 2007 – 06 – 11/2008 – 01 – 17.

【99】白红义. 摩托罗拉配合调查手机电池爆炸致死事件 [EB/OL]. http:// tech. sina. com. cn/t/2007 – 07 – 04/07001596807. shtml, 2007 – 07 – 04/2007 – 12 – 20.

【100】张不扬. 2007 年国内十大品牌危机公关 [EB/OL]. http://www. chi-navalue. net/ Article/Archive/2008/1/18/96237. html, 2008 – 01 – 18/2008 – 02 – 21.

【101】[法] 让·诺尔·卡菲勒. 战略性品牌管理 [M]. 北京：商务印书馆，2000.

【102】[美] 凯文·莱恩·凯勒. 战略品牌管理 [M]. 北京：中国人民大学出版社，1998.

【103】[美] 大卫·达勒桑德罗、米歇尔·欧文斯. 品牌战——创建有竞争力品牌的十大规则 [M]. 北京：企业管理出版社，2001.

【104】[美] 劳伦斯·巴顿. 组织危机管理 [M]. 北京：清华大学出版社，2002.

【105】[美] 菲利普·科特勒. 营销管理 [M]. 上海：上海人民出版社，2003.

【106】[澳] 罗伯特·希尔. 危机管理 [M]. 北京：中信出版社，2004.

【107】[美] 戴维·阿克. 危机顾问 [M]. 北京：中国劳动社会保障出版社，2005.

【108】[美] 马克·戈尔. 情感品牌 [M]. 海口：海南出版社，2004.

【109】[德] 马克斯·韦伯. 新教伦理与资本主义精神 [M]. 上海：上海三联书店，1987.

【110】[美] 史蒂文·芬克. 危机管理 [M]. 北京：中国人民大学出版社，2002.

【111】［美］诺曼·R·奥古斯丁. 危机管理［M］. 北京：中国人民大学出版社，2001.

【112】Aaker, D. A. *Managing Brand Equity：Capitalizing on the Value of a Brand Name*［M］. New York：Free Press, 1991.

【113】Hermann, Charles F. ed. *International Crisis：Insights From Behavioral Research*. New York；Free Press, 1972.

【114】Steven Fink. *Cisis Management：Planning for the Invisibl*［M］. New York：American Management Association, 1986.

【115】Philip Henslowe. *Public Relations：A Practical Guide to the Basics*［M］. London：The Institute of Public Relations, 1999.

【116】Ian. I. Mitroff & Christime M. Pearson. *Crisis Management：A Diagnostic Guild for Improving your Organization' s Crisis – Preparedness*［M］. San Francisco：Jossey – Bass Publishers, 1993.

【117】keller, K. L. *Strategic Brand Management*［M］. Beijing：Prentice Hall and Renmin University of China Press, 1998.

【118】W. Chan Kin, Renee Mauborgne. *Blue Ocean Strategy：How to Great Uncontested Market Space and Make the Competition Irrelevent*. Harvard Business School Publishing Corporation, 2004.

【119】Al Ries, Jack Trout. *Positioning*. Mcgraw – hill, Znc, 2001.

【120】Scott Davis. *Be real, and be prepared, when the crisis hits*［J］. Brandweek. New York：Aug 9, 1999.

【121】George Vernadakis. *Where marketers fear to tread：Firestone' s wheel of misfortune*［J］. Advertising Age. Chicago：Aug 21, 2000.

【122】Sarah Veysey. *To manage brand risk, be aware, plan, communicate. Business Insurance*［J］. Chicago：May 14, 2001.

【123】Stewart Yerton. *Struggling Hawaii companies face brand crisis*［J］. Pacific Business News. Honolulu：Nov02, 2001.

【124】Anonymous. *PR firm brands crisis management*［J］. The Ecologist. Sturminster Newton：Jun, 2002.

【125】Asiainfo. Daily China News. *Chinese Ceramics Faces Brand Crisis*［J］. Dallas：Aug 6, 2002.

【126】 Peter Farquhar. *Editorial*: *Uncovering brand gremlins and other hidden perils* ［J］. *Joural of Brand Management. London*: *Aug*, 2003.

【127】 SinoCast. *3rd China Credit Fortum to be held in Hainan* ［J］. Chian Business Daily News. London: Dec1, 2003.

【128】 John D Kemp, Ben Tesdahl, Maria Spindel. *Association Management* ［J］. Washington: Nov, 2004.

【129】 Juan Forero. New York Times. *The (American) Selling of the (Bolivian) President* ［J］, 2002. New York Times. New York, N. Y.: Feb 26, 2006.

【130】 Nirmal Kumar and Nader Tavassoli. *Dell should listen_ pruduct recalls can be good nirmalya kumar and nader tavassolt* ［J］. Financial Times. London Aug 16, 2006.

【131】 J. Walter Thompson Co. *Studying the brand crisis* ［J］. Marketing magazine, Jul, 1994.

【132】 Catterall, Mark. *Ford faces brand crisis* ［J］. Automotive News Europe. Aug28, 2000.

【133】 Smith, Craig. *Innovation is the way to reawaken that Disney magic* ［J］. Marketing. Oct3, 2002.

【134】 Cunningham, Lawrince F. *Perceptions of airline service quality pre and post* ［J］. Public Works Management and Policy. Jul, 2004.

【135】 Dunne, David. *Crisis? Whatcrisis?* ［J］. Marketing Magazine, Oct1, 2005.

【136】 Marchese, Lisa, Simmons, Rachel. *The United Nations*: *Fractured* ［J］. Business Week Online. Aus4, 2005.

【137】 White, Amy. *Half measures won' t do for vanilla* ［J］. Media Asia. Dec8, 2005.

【138】 Sudhaman, Arun. *Cola majors weather India crisis* ［J］. Midia Asia. Oct20, 2006.

【139】 Fredrik Lange. *A Disaster Is Contagious*: *How a Brand in Crisis Affects Other Brands* ［J］. Journal of Advertising Research, Dec, 2006.

【140】 Laczniak, Russell. *Consumer's Responses to Negative Word – of – Mouth Communication*: *An Attitude Theory Perspective* ［J］. Journal of ConsumerPsychology,

Jur, 2001.

【141】 AAKER, Jennirer, Sucan Rournier, and S. AdamBrasel. *When Good Brands Do Bad* 〔J〕. journa of Consumer Research, Jur, 2004.

【142】 Dawar, Niraj, and Madan M. Pillutla. *Impact of Product – Harm Crises on Brand Equity*：*The Moderating Role of Consumer Expectations* 〔J〕. Journal of Marketing Research, Feb, 2000.

【143】 Dean, Dwane Hal. *Consumer Reaction to Negative Publicity* 〔J〕. Journal of Marketing Research, Feb, 2004.

【144】 Farquhar, P. H. *Managing Brand Equity* 〔J〕. Marketing Research, 1989, (30)：24 – 33.

【145】 Shocker, D. A, Rajendra K. S and Robert W. R. *Challenges and Opportunities Facing Brand Management*：*An Introduction to the Special Issue* 〔J〕. Journal of marketing Research, 1994, (31)：149 – 158.

【146】 Keller, K. L. *Conceptualizing Measuring and Managing Customer – based Brand Equity* 〔J〕. Journal of marketing, 1993, (57)：1 – 22.

【147】 Kell, L. *Building Customer – based Brand Equity* 〔J〕. Marketing Management, 2001, (32)：15 – 19.

【148】 Laura Tucker and T. C. Melewar. *Corporate Reputation and Crisis Management*：*The Theat and Manageability of Anti – corporatism* 〔J〕. Corporate Reputation Review, Vol. 7, No. 4, 2009, pp. 377 – 387.

【149】 Mooweon Rhee and Pamela R. Haunschild. *The Liability of Good Reputation*：*A Study of Product Recalls in the U. S. Automobile Industry* 〔J〕. Organization Science, Vol. 17, No. 1, January – February 2006, pp, 101 – 117.

【150】 Brenda J. Wregley, Shizuko Ota and Akie Kikuchi. *Lightning Strikes twice*：*Lessons learned from two food poisoning incidents in Japan* 〔J〕. Public Relations Review, 2006 (32)：349 – 357.

【151】 中国品牌总网. 08 年中国十大危机公关事件点评_ 【品牌时评】〔EB/OL〕.(2015 – 09 – 08)〔2016 – 1 – 19〕. http：//news. ppzw. com/article_show_133213_7. html.

【152】 中国论文网. 2008 年中国十大企业网络危机事件 〔EB/OL〕. (2015 – 09 – 10)〔2016 – 1 – 19〕. http：//www. xzbu. com/2/view – 488386. htm.

【153】王生升. 2008 年十大危机公关案例点评 ［EB/OL］. （2015 - 09 - 11）［2016 - 1 - 19］. http://blog. sina. com. cn/s/blog_55dc9d050100cyax. html.

【154】豆丁网. 从三鹿问题奶粉事件看企业品牌危机管理 ［EB/OL］. （2015 - 09 - 08）［2016 - 1 - 19］. http://www. docin. com/p - 89026995. html.

【155】百度文库. 三鹿奶粉事件的危机公关分析 ［EB/OL］. （2008 - 05 - 22）［2016 - 1 - 19］. http://wenku. baidu. com/view/715616b165ce050876321330. html.

【156】王生升. 2008 年十大危机公关案例点评 ［EB/OL］. （2008 - 06 - 05）［2016 - 1 - 19］. http://blog. sina. com. cn/s/blog_55dc9d050100cyax. html.

【157】中国论文网. 2008 年中国十大企业网络危机事件 ［EB/OL］. （2008 - 06 - 05）［2016 - 1 - 16］. http://www. xzbu. com/2/view - 488386. htm.

【158】中国品牌总网. 08 年中国十大危机公关事件点评_ 【品牌时评】 ［EB/OL］. （2008 - 06 - 05）［2016 - 1 - 20］. http://news. ppzw. com/article_show_133213_7. htm.

【159】品牌中国网. 从短信门事件看分众无线的危机公关 ［EB/OL］. （2015 - 09 - 08）［2016 - 1 - 19］. http://zt. brandcn. com/fenzhongwuxian/080407_127072. html.

【160】世界品牌实验室. 分众传媒短信门事件：怒其不争哀其不幸 ［EB/OL］. （2008 - 5 - 22）［2016 - 1 - 19］. http://brand. icxo. com/htmlnews/2008/04/06/1268083. htm.

【161】品牌中国网. 分众无线的尴尬挣扎 ［EB/OL］. （2008 - 06 - 05）［2016 - 1 - 19］. http://zt. brandcn. com/fenzhongwuxian/080407_127067. html.

【162】中金在线. 身陷短信门，分众的危机公关怎过关 ［EB/OL］. （2008 - 06 - 05）［2016 - 1 - 19］. http://news. cnfol. com/080327/101,1609,3961626,00. shtml.

【163】新浪博客. 论文：分众传媒之于本土传媒产业经营创新的启示 （三） ［EB/OL］. （2008 - 06 - 05）［2016 - 1 - 19］. http://blog. sina. com. cn/s/blog_4cef15cc0100f6v1. html.

【164】道客巴巴. 2008 年中国十大危机公关事件点评 ［EB/OL］. （2015 - 09 - 08）［2016 - 1 - 19］. http://www. doc88. com/p - 664169543739. html.

【165】中华文本库. 公关事件 ［EB/OL］. （2008 - 05 - 22）［2016 - 1 - 19］. http://www. chinadmd. com/file/teuspez3xxrzc6v6cacaccvu_1. html.

【166】危机公关提示：美的应向刘翔学危机公关_ 品牌推广_ 网络品牌营销策略 http://www.litangpr.com/weijigongguan/4094.html.

【167】新浪博客. 刘翔退赛，最佳危机公关案例［EB/OL］.（2008 - 06 - 05）［2016 - 1 - 19］. http://blog.sina.com.cn/s/blog_4c5487970100aies.html.

【168】中国鞋网. 从刘翔摔倒看耐克的公关危机处理［EB/OL］.（2008 - 06 - 05）［2016 - 1 - 19］. http://www.cnxz.cn/news/201208/20/279185.html.

【169】道客巴巴. 从刘翔退赛看企业的危机营销［EB/OL］.（2008 - 06 - 05）［2016 - 1 - 19］. http://www.doc88.com/p - 3109057133460.html.

【170】CNET 科技资讯网. 金错刀：刘翔退赛 10 亿元品牌链下的危机公关［EB/OL］.（2008 - 06 - 05）［2016 - 1 - 19］. http://www.cnetnews.com.cn/2008/0819/1072096.shtml.

【171】新华网广东频道. 案例一：丰田汽车召回门［EB/OL］.（2015 - 09 - 08）［2016 - 1 - 19］. http://www.gd.xinhuanet.com/newscenter/ztbd/2011 - 01/06/21803839.html.

【172】道客巴巴. 广汽丰田如何应对当前"召回门"公关危机［EB/OL］.（2015 - 09 - 10）［2016 - 1 - 19］. http://www.doc88.com/p - 8979998459744.html.

【173】百度文库. 对丰田汽车召回门事件的思考［EB/OL］.（2015 - 09 - 11）［2016 - 1 - 19］. http://wenku.baidu.com/view/925e311aa8114431b90dd856.html.

【174】百度文库. 丰田召回门事件中的危机公关分析［EB/OL］.（2015 - 09 - 15）［2016 - 1 - 19］. http://wenku.baidu.com/view/287cc64ef7ec4afe04a1dfbe.html.

【175】人民网. 丰田"召回门"事件的危机公关［EB/OL］.（2015 - 09 - 09）［2016 - 1 - 19］. http://theory.people.com.cn/GB/11127188.html.

【176】豆丁网.【精品PPT】公司危机公关丰田公司召回门事件［EB/OL］.（2015 - 09 - 09）［2016 - 1 - 19］. http://www.docin.com/p - 392591618.html.

【177】新浪博客. 五粮液涉嫌违反证券法规［EB/OL］.（2015 - 09 - 08）［2016 - 1 - 19］. http://blog.sina.com.cn/s/blog_b3ee35230101crpp.html.

【178】豆丁网. 五粮液危机公关分析［EB/OL］.（2015 - 09 - 10）［2016 - 1 - 19］. http://www.docin.com/p - 572173006.html.

【179】道客巴巴. 从《中国五粮液会计造假案》谈会计诚信问题［EB/OL］.（2015 - 09 - 11）［2016 - 1 - 19］. http://www.doc88.com/p - 938465766286.html.

【180】中国经济网. 五粮液违反证券法［EB/OL］. （2015－09－15）［2016－1－19］. http://finance. ce. cn/sub/2009zt/wly/.

【181】娄向鹏. 美的公司——紫砂锅使用有害化工原料［J］. 法人. 2011（02）：48－49.

【182】程行欢，孙晶. 美的又陷"改口门"事件. 金羊网－羊城晚报发布时间：2010年5月30日第三版.

【183】王炜. 肯德基深陷"秒杀门"［J］. 质量与标准化. 2010（7）：16－18.

【184】郭立场. 黄曲霉毒素会不会成为压垮蒙牛的最后一根稻草？［J］. 广西质量监督导报. 2012（1）：14.

【185】袁滢，罗丹丹. 浅谈企业危机公关：以双汇"瘦肉精"事件为例［J］. 东方企业文化. 2011（24）：225，219.

【186】陈雨. 从"双汇"瘦肉精事件浅析我国食品企业危机管理的对策［J］. 企业文化. 2011（10）.

【187】田晓菁. 双汇危机考量企业品牌危机处理［J］. 中华商标. 2011（5）：14－16.

【188】魏宇昕. 跨国企业危机公关应对策略研究：以肯德基速成鸡事件为例［J］. 新媒体与社会. 2013（4）：231－263.

【189】李炯. "加多宝"与王老吉的商标之争：论加多宝的公关危机和渠道策略管理［J］. 语文学刊. 2015（3）：71－72.

【190】陈佳正. "加多宝"大战"王老吉"［J］. 时代人物. 2012（12）：112－113.

【191】肖映红. 浅析新环境下加多宝的营销策略［J］. 时代经贸. 2012（14）.

【192】尹晓鹏，秦洋. 首因效应与品牌再造：以加多宝整合营销策略为例［J］. 大江周刊（论坛）. 2013（8）.

【193】杜文汉. 加多宝：借势大事件打造大品牌刺激大销量［J］. 成功营销. 2012（5）：40.

【194】中国公关网. 关键点：2013十大品牌危机公关案例研究报告［EB/OL］. （2014－01－06）［2016－3－06］. http://www. chinapr. com. cn/templates/T_Second/index. aspx?

【195】中国论文网. 基于苹果公司"双重标准"案例的危机管理分析［EB/OL］.

（2014 – 10 – 28）［2016 – 3 – 06］. http://www. xzbu. com/3/view – 6264150. html.

【196】关键点传媒. 2013 年十大品牌危机公关案例研究报告［EB/OL］. （2014 – 04 – 06）［2016 – 3 – 06］. http://wenku. baidu. com/link? Url.

【197】中国论文网. 从危机公关 5S 原则看农夫山泉"标准门"事件［EB/OL］. （2013 – 12 – 24）［2016 – 3 – 06］. http://www. xzbu. com/2/view – 4707063. html.

【198】中国演讲网. 2013 年危机公关文案案例：恒天然肉毒杆菌事件［EB/OL］. （2013 – 09 – 11）［2016 – 3 – 06］. http://www. yanjiang. com. cn/qiye/fanwen/gongguan/2013/0911/11111. html.

【199】红网. "恒天然"危机公关带来的启示［EB/OL］. （2013 – 08 – 07）［2016 – 3 – 06］. http://www. yanjiang. com. cn/qiye/fanwen/gongguan/2013/0911/11111. html.

【200】新华网. 恒天然式"危机公关"让中国消费者很受伤［EB/OL］. （2013 – 08 – 12）［2016 – 3 – 06］. http://news. hexun. com/2013 – 08 – 12/157015580. html.

【201】关键点传媒. 2014 年十大品牌危机公关案例研究报告［EB/OL］. （2015 – 01 – 26）［2016 – 3 – 06］. http://www. kptpr. com/qita/xinwen/523. html.

【202】徐丹. 失败的危机公关等于新危机［EB/OL］. （2014 – 03 – 11）［2016 – 3 – 06］. http://jb. sznews. com/html/2014 – 03/11/content_2803084. htm.

【203】《国企》杂志. 危机公关的黑镜子：携程泄密门自说自话［EB/OL］. （2015 – 02 – 26）［2016 – 3 – 06］. http://finance. sina. com. cn/leadership/mroll/20150226/135721598370. shtml.

【204】周炳良. 一汽 – 大众奥迪车辆"被泡"72 小时危机公关［EB/OL］. （2015 – 05 – 26）［2016 – 1 – 19］. http://www. suche. com. cn/news/201505/2015052610105398. html.

【205】中国搜索汽车. 真成"水货"了？也谈停车场奥迪泡水事件［EB/OL］. （2015 – 05 – 21）［2016 – 1 – 19］. http://auto. chinaso. com/detail/20150521/10001000032615214321998874774 31516_1. html.

【206】车透社. 奥迪被"水淹七军"后的 72 小时都发生了啥［EB/OL］. （2015 – 05 – 23）［2016 – 1 – 19］. http://auto. sohu. com/20150523/n413616409. shtml.

【207】浙江在线 – 钱江晚报. 支付宝昨短暂失灵，原来是光纤被挖断了

[EB/OL]. (2015 – 05 – 28) [2016 – 1 – 19]. http://biz. zjol. com. cn/System/2015/05/28/020671601. shtml.

【208】前瞻网 – 头条前瞻. 支付宝出现网络故障官方称光纤被挖断事情没这么简单 [EB/OL]. (2015 – 05 – 28) [2016 – 1 – 19]. http://t. qianzhan. com/int/detail/150528 – 44042817. html.

【209】财新网. 中国电信证实：支付宝系统瘫痪事件确系"挖断光纤" [EB/OL]. (2015 – 05 – 28) [2016 – 1 – 19]. http://news. eastday. com/eastday/13news/auto/news/china/u7ai4028882_K4. html.

【210】财经天下. 光纤被挖断致支付宝故障，去中心化支付系统迫在眉睫 [EB/OL]. (2015 – 05 – 29) [2016 – 1 – 19]. http://sichuan. hexun. com/2015 – 05 – 29/176301576. html.

【211】admin. 滴滴打车新 LOGO 发布，被指撞车印度牙医 LOGO [EB/OL]. (2015 – 09 – 08) [2016 – 1 – 19]. http://www. xiusheji. net/article – 1822 – 1. html.

【212】张珣. 滴滴新 logo "撞衫" 印度牙医哥，是真"见鬼了"吗？[EB/OL]. (2015 – 09 – 10) [2016 – 1 – 19]. http://www. cyzone. cn/a/20150910/280255. html.

【213】i 黑马. 10 大互联网危机公关事件：什么才是解围的正确姿势？[EB/OL]. (2015 – 09 – 11) [2016 – 1 – 22]. http://www. yixieshi. com/it/22555. html.

【214】重庆商报. 滴滴出行回应 LOGO 被指抄袭：灵感相似绝非抄袭 [EB/OL]. (2015 – 09 – 15) [2016 – 1 – 19]. http://news. sina. com. cn/o/2015 – 09 – 15/doc – ifxhtvkk5832972. shtml.

【215】汇桔网. 滴滴打车品牌升级，却惊现连环"撞车"事件！[EB/OL]. (2015 – 09 – 09) [2016 – 1 – 19]. http://www. wtoip. com/news/a/20150909/9596. html.

【216】许安心. 品牌危机的事前管理研究 [J]. 中国科技信息. 2011（8）.

【217】中国名牌. 2008 品牌危机全回顾 [EB/OL]. (2009 – 01 – 07) [2016 – 3 – 12]. http://news. xinhuanet. com/classad/2009 – 01/07/content_10618518. htm.

【218】中国名牌. 2009 品牌危机全回顾 [EB/OL]. (2010 – 01 – 07) [2016 – 3 – 12]. http://wenku. baidu. com/link? url = Pj5lLQhpIQv0CRlW60Or7KYhZ2Ha t9fH1AujXlHqeDlnkmKHIDL5eIfgOS0tbfQ5jMwsrgUeMwE4LguNsYsQZPP5WCgzMezcW KAKrYUa_c3.

【219】豆丁网. 2010 品牌危机全回顾［EB/OL］.（2015 – 10 – 18）［2016 – 3 – 12］. http：//www. docin. com/p – 1325514796. html.

【220】豆丁网. 2011 年度中国十大品牌危机事件及其影响［EB/OL］.（2013 – 12 – 18）［2016 – 3 – 12］. http：//www. docin. com/p – 739767186. html.

【221】品牌中国网. 2012 中国品牌年度盘点：十大危机事件［EB/OL］.（2013 – 01 – 10）［2016 – 3 – 12］. http：//news. brandcn. com/pinpaixinwen/130110_342245_2. html.

【222】百度文库. 关键点传媒：2013 年十大品牌危机公关案例［EB/OL］.（2014 – 04 – 06）［2016 – 3 – 12］. http：//wenku. baidu. com/link？url.

【223】我爱公关网. 关键点传媒发布 2014 年上半年十大危机公关案例［EB/OL］.（2014 – 07 – 08）［2016 – 3 – 12］. http：//news. 5ipr. cn/agency/20140718/16910. html.

【224】ec 品牌观察. 2015 年度十大危机公关事件大盘点［EB/OL］.（2015 – 12 – 11）［2016 – 3 – 12］. http：//blog. sina. com. cn/s/blog_6e5d29350102w0dx. html.

【225】许安心. 跨国公司在华品牌危机及启示［J］. 福建论坛，2011（1）.

【226】许安心. 品牌危机产生机理的综合模式研究［J］. 福建农林大学学报，2007（5）.

【227】许安心. 基于品牌生命周期视角的品牌危机产生机理研究［J］. 技术经济，2007（11）.

【228】许安心. 品牌危机产生机理分析［J］. 商业时代，2007（31）.

【229】许安心. 品牌危机预警管理研究［J］. 科技和产业，2009（3）.

【230】许安心. 品牌危机中的机会捕捉与利用［J］. 科技和产业，2010（4）.

【231】许安心. 基于品牌利益关系人理论的品牌危机应急处理对策研究［J］. 中国城市经济，2011（6）.

【232】许安心. 品牌危机的事前管理［J］. 中国科技信息，2011（4）.

【233】许安心. 品牌危机后的品牌传播策略研究［J］，中国科技信息，2011（6）.